本书受浙江大学管理学院出版资助

项目调度的数学模型
与启发式算法

寿涌毅 著

MATHEMATICAL MODELS
AND HEURISTICS OF
PROJECT SCHEDULING

———

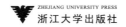
ZHEJIANG UNIVERSITY PRESS
浙江大学出版社

图书在版编目(CIP)数据

项目调度的数学模型与启发式算法 / 寿涌毅著. --

杭州 : 浙江大学出版社,2019.12

　　ISBN 978-7-308-19924-7

Ⅰ.①项… Ⅱ.①寿… Ⅲ.①项目管理—数学模型—
启发式算法—研究 Ⅳ.①F224.5

中国版本图书馆 CIP 数据核字(2020)第 006899 号

项目调度的数学模型与启发式算法

寿涌毅　著

责任编辑	陈佩钰	
文字编辑	陈逸行	
责任校对	高士吟	
封面设计	棱智广告	
出版发行	浙江大学出版社	
	(杭州市天目山路148号　邮政编码310007)	
	(网址:http://www.zjupress.com)	
排　　版	杭州朝曦图文设计有限公司	
印　　刷	杭州高腾印务有限公司	
开　　本	710mm×1000mm　1/16	
印　　张	15.25	
字　　数	225千	
版印次	2019年12月第1版　2019年12月第1次印刷	
书　　号	ISBN 978-7-308-19924-7	
定　　价	68.00元	

前　言

在现代商业社会与人们的日常生活中,项目无所不在。事实上,项目管理实践至少可以追溯到4500年前,古埃及人留下的令人称奇的金字塔就是醒目的证据。即便是多项目管理,也至少可以追溯到2000年前,雄伟的长城就是多项目管理的杰作。现代项目管理是在第二次世界大战之后发展起来的,阿波罗登月计划就是非常典型的现代项目,这时人们已经开始运用运筹学来指导项目管理实践,尤其是在项目调度领域发展出了各种技术。

笔者从博士阶段开始进行项目管理领域的学术研究,任教至今一直从事项目管理领域的教学与科研。本书是笔者在项目调度领域的第二本著作,已出版的第一本著作《资源受限多项目调度的模型与方法》专注于项目调度问题的数学模型和求解算法,本书对第一本著作做了修订和更新,修正了前书的错漏之处,对项目调度问题做了拓展并相应补充了粒子群优化算法,在粒子群优化算法与蚁群优化算法基础上进一步构建了更一般化的多智能体优化算法架构。此外,本书还将项目调度问题拓展到资源组合选择与调度问题,定义了相关数学模型并给出了相应的求解算法。本书是笔者在项目调度研究领域学术成果的汇总,也希望能对该领域有所贡献。

本书共三大部分。第一部分包括第1章到第3章,介绍项目调度研究所涉及的问题。第1章从项目生命周期角度,解释了项目调度的前因后果。第2章对项目调度问题涉及的各种要素逐一进行回顾,包括任务工期、约束条件,以及常见的各类项目调度目标函数,从而建立起单项目调度问题数学模型,并在此基础上拓展到多项目调度问题数学模型。第3章综述了现有文献中的各类项目调度问题特征参数,介绍了常用的单项目调度算例库,并采用全因子设计方法,构造了多项目调度算例库。

第二部分包括第4章到第6章,覆盖了项目调度的各类传统网络技术和简单启发式算法。第4章为项目网络时间分析。第5章阐述基于优先规则的启发式算法,详细分析常见的进度生成机制和各类优先规则,以及基于进度生成机制的多项目调度抽样算法。第6章则在逆向进度生成机制基础上给出正向逆向迭代算法,该算法可用于改进已有的项目进度计划。

第三部分包括第7章到第12章,介绍了项目调度领域的元启发式算法以及对一些扩展问题的求解。第7章介绍项目调度领域最常见的元启发式算法,即遗传算法,详细分析各种可行的染色体编码方案与各类遗传算子。第8章介绍群体智能算法中较常见的蚁群优化算法,并构造了用于多目标项目调度的多种群蚁群算法。第9章介绍粒子群优化算法,并构造了用于抢占式项目调度的粒子群优化算法。第10章介绍多智能体优化算法,给出了适用于抢占式项目调度的多智能体优化系统架构设计。第11章针对多项目调度问题设计了多单位组合拍卖机制,用于分解多项目调度问题,从而更有效地进行资源分配和进度安排。第12章拓展介绍了项目组合选择与调度问题,并构造了用于求解问题的双层决策算法。

在此要特别感谢笔者历年来的研究生,包括傅奥、李敏、王伟、姚伟建、宋淳江、赖昌涛、李菲、王承超、彭晓峰、李盈、相雯雯、胡文锦等。他们参与了相关的研究课题,本书的算法和文字中也包含了他们的不懈努力和智力贡献。

还要感谢国家自然科学基金面上项目、国家自然科学基金青年科学基金项目、浙江省自然科学基金杰出青年项目及教育部留学回国人员科研启动基金提供科研资助。感谢浙江大学管理学院为本书的出版所提供的支持和帮助。最后,本书的顺利出版离不开浙江大学出版社各位编辑的辛勤工作,在此一并致谢。

目　　录

第1章　项目计划与项目调度

项目管理的重要性已经毋庸赘言。根据统计,全球经济活动有30%是采用项目形式执行的(Turner,2008)。按项目方式管理(management-by-projects)在全世界范围内日益流行,也使得项目管理成为商学研究的重要领域。Kwak和Anbari(2009)对英国《金融时报》认定的商学研究顶级期刊进行了统计,发现其中有16种都涉及项目管理。

Kolltveit等(2007)则对项目管理研究领域的文献做了内容分析,发现多数学者都非常重视任务视角的研究,尤其强调项目的计划与控制。事实上,项目管理最重要的工作,就是项目的计划、调度、控制,这三部分也恰恰就是Kerzner(2017)著名的项目管理手册副标题的三个关键词。

1.1　项目计划

任何一个项目都会经过不同的发展阶段,因此可以区分其生命周期。但是,鉴于项目的复杂性和多样性,目前并没有统一的项目生命周期划分标准(Kerzner,2017)。Demeulemeester和Herroelen(2002)认为可以将项目生命周期划分为五个阶段,分别是概念阶段、定义阶段、计划阶段、调度阶段、控制阶段。

在概念阶段,需要明确项目需求。在明确需求后,就转入定义阶段,首先就是要确定项目目标(objectives)。项目目标可能是开发新技术,可能是占领新市场,也可能是降低生产成本,不一而足。很多情况下,项目不仅仅只有一个目标,而是有多个互相关联的目标。比如,加速新产品研发和占领新兴市场就是两个互相关联的目标。有的时候,目标非常明确,比如在年末降低

10%的生产成本;但有的时候目标又比较模糊,比如在市场上领先于竞争对手。通常,项目经理无法同时满足所有目标,因此需要给这些目标赋予不同的优先级。以比较数学的术语来说,项目经常是具有不同权重的模糊的多目标问题。

在确定项目目标后,需要考虑如下四个问题(Kerzner,2017):(1)要实现项目目标,需要完成哪些主要工作,这些工作要素是如何互相关联的?(2)哪些职能部门应当为达成项目目标负责,为落实主要工作负责?(3)公司或组织是否能够提供项目所需的资源?(4)项目的信息流是什么样的?

这四个问题非常基础和重要。第一个问题涉及如何分解项目目标,并确定为实现项目目标所必须完成的各项工作。通常,可以用工作说明(statement of work,SOW)对这些工作和工作范围加以描述。Kerzner(2017)阐述了SOW对于项目管理的重要性和编制SOW的基本流程。在有必要的时候,还可以为SOW编制单独的项目明细表(project specifications),以确认关于设备、材料、工时的各项估计。毫无疑问,项目明细表的细小变动都有可能显著影响项目进度和项目成本。为了进一步分析项目的主要工作,尤其是工作之间的相互关系,一般需要开发项目的工作分解结构(work breakdown structure,WBS)。编制WBS是项目计划过程中非常重要的一步。WBS是以项目交付物(deliverables)为导向的一个树状结构,用于分解整个项目的各项工作,并为后续项目调度与控制提供基础。关于编制WBS的详细说明,可以参考美国项目管理协会(Project Management Institute,PMI)的WBS实践标准(Project Management Institute,2001)。

在完成SOW和WBS的编制后,需要落实执行WBS各项工作的职能部门。经常可以在WBS基础上,结合组织结构确定职责矩阵(Kerzner,2017)。职责矩阵(responsibility matrix)也经常被称为直线责任图(linear responsibility chart,LRC)或职责分配矩阵(responsibility allocation matrix,RAM)。职责矩阵的目的,在于将WBS中的各项工作分配给具体的部门、岗位或者个人,并明确各参与者的不同职责。

在明确了各职能部门的职责后,需要确定是否有项目所需的资源来支持各责任部门即将开展的各项工作。项目通常会涉及的资源主要包括资金、人力、设备、设施、材料、信息及技术。项目经理首先要在 WBS 的基础上明确项目需要哪些资源,也就是编制项目资源需求(resource requirement)计划,用于说明 WBS 各组成部分所需资源的种类和数量。因为项目经理并不直接控制上述所需资源,而且这些资源往往为不同的部门所调用,所以如何确保资源在所需时间准时到位就成为一个关键问题。因此,就需要知道各类资源的所需时间,这就要求项目经理需要编制项目进度计划,以回答不同任务分别在什么时候开始。这一过程,就是项目调度(project scheduling)过程,通常是在 WBS 和资源需求计划基础上进行的。但是,由于项目进度计划所需的资源未必都能非常理想地得到满足,所以通常还需要参照资源供给情况进行调整,也就是再计划。其中,人力资源是非常特殊的一类资源,因而人力资源配备(staffing)也成为特别棘手的一个问题(Tukel and Rom,1998)。但是,由于传统的网络计划技术只能进行时间分析,资源调度(resource scheduling)常常为项目经理所忽视(Herroelen,2005)。

在完成工作分解、职责分配及资源需求计划后,还有一项重要的工作,就是信息管理。这也容易被许多项目组织所忽视。由于项目的各组成部分和资源往往分散在不同职能部门,甚至不同企业,而这些任务之间又需要相互沟通和反馈,因此对项目的信息流加以规划和管理,就成为影响项目执行效率的重要因素。在项目进度计划中,通常只有具体的工作才分配工时。传统的项目管理软件并不提供信息流管理方面的支持。但是,Brooks(1995)指出,信息沟通所消耗的时间,恰恰是造成"人月神话"的重要原因。目前,项目信息流管理工具还不是很多,设计结构矩阵(design structure matrix,DSM)是这方面的重要发展(Browning,2001,2016;Yassine,2004)。

项目计划非常重要。《中庸》说,"凡事豫则立,不豫则废"。西方也有类似的谚语,"If you fail to plan,you plan to fail"。但是,世上并不存在完美的计划。虽然对于项目成功和失败并没有一致的理解(Baccarini,1999;Kerzner,2017),但是实证研究表明项目失败率非常显著(El Emam and Koru,2008),因此人们难免有"为什么项目总是失败"的感叹(Matta and Ashkenas,2003)。Pinto 和 Mantel(1990)发现计划失效是项目失败的重要原因之一,对于研发项目而言,不合理的调度尤其容易导致项目失败。

1.2 项目调度

项目计划阶段的主要工作在于明确需要执行哪些任务以达成项目目标。而项目调度则在于如何有效地完成上述任务。项目调度是项目计划的下一个阶段,所提供的项目基准计划(baseline plan)则成为后续项目控制的基准。简言之,项目调度本质上就是安排 WBS 中所列举的各项任务的开始时间,并为任务分配所需的资源。

从早期的项目管理技术开始,项目调度就成为许多项目管理软件的基本功能。传统的项目计划方法,如关键路线法(critical path method,CPM)或计划评审技术(project evaluation and review technique,PERT),在编制初始计划时并不考虑有限资源对项目进度的负面影响,而是在形成初始计划后再考虑资源约束,进而对时间计划进行后续调整。这样的计划方式所得的进度计划往往不是最优的方案。因此,在 CPM 与 PERT 之后,学术界与产业界已开发出各类精确算法或启发式算法,对实际项目调度问题进行更合理的求解。

如何编制项目基准计划,使其满足任务之间的优先关系,能够有效利用项目组织的有限资源,并且实现项目的既定目标,这就是项目调度阶段的主要工作和最大挑战,也是本书后续各章的主题。

1.3 多项目管理

当我们谈论项目管理时,容易陷入一个误区,就是以单个的项目为分析对象,假设它们可以成为孤立的封闭系统,从而使我们的各种分析和决策都能够尽量简化。但现实并非如此。根据 Lova 和 Tormos(2001)在西班牙瓦伦西亚地区的调查,84% 的企业在多项目环境中开展项目作业,项目之间共享各类资源。Turner(2008)则估计至少有 90% 的项目是在多项目环境中执行的。

多项目(multiple projects/multi-project)是指同时进行的多个项目,这些项目的规模、重要性、进展状况可能各不相同,但是共享一组有限资源

（Fricke and Shenhar，2000）。多项目也经常被称为项目组合（portfolio）。与多项目相类似的一个概念是项目群（program），也译为项目集，是指若干有内在联系的项目，为了组织利益而进行集成与管理（Turner，2008）。而当这些项目分别独立管理时，由于项目之间的相互联系，组织利益无法得到有效保障（Lycett et al.，2004）。比较项目组合与项目群两个概念的差异，可以发现，项目群有着共同的交付物（产出），而项目组合则有着共同的资源投入（Turner，2008）。一个项目群也可以是一个项目组合的构成部分（Project Management Institute，2006）。

　　程铁信等（2004）回顾了国际项目管理协会（International Project Management Association，IPMA）自20世纪60年代以来历次国际会议的主题，发现项目管理研究热点从网络计划技术、项目管理实施、项目管理组织逐步向集成化项目管理发展。而对于集成化项目管理来说，多项目管理就成为非常核心的问题。

　　与单项目管理相比，多项目管理更加困难重重，面临更高的失败风险（Gutjahr，2015）。Van Der Merwe（1997）指出，多项目管理最主要的风险即来自缺乏对项目的协调与控制。而项目协调与控制的困难，很大程度上来自多项目管理中管理界面增加所导致的巨大复杂性（Payne，1995）。Engwall和Jerbrant（2003）通过案例研究指出，资源分配是多项目管理的最大挑战，因为存在多个项目之间的资源竞争和冲突。Fricke和Shenhar（2000）的案例研究也证实，资源管理是多项目管理与单项目管理的重要区别。这就涉及多项目调度中非常核心的资源配置问题。如果进一步将环境动态性纳入考虑，那么由于项目之间的竞争造成不确定性进一步上升，多项目管理将更加困难（Eskerod，1996）。因此，面对这样的动态复杂性，需要对项目进行系统思考（Yeo，1993）。

　　由于多项目管理的复杂性，就比较容易理解为什么存在大量有关单项目调度的文献，而多项目调度方面的文献则相对较少（Herroelen，2005），尽管项目实践中大量存在着多项目环境。事实上，多项目调度可以在许多场合得到应用，例如涉及多个项目之间的人员调配（Dean et al.，1992），新产品开发项目之间的资源分配（方炜、欧立雄，2005），甚至于互联网服务器的计算资源配置都可以看作一个多项目调度问题(Lee and Lei,2001)。多项目调度也在企业实践中取得了一定成效,例如Bowers等(1996)尝试在服装制造企业中推广多项目调度方法,研究发现多项目调度方法能够使案例企业劳动生产率提高5.1%。

　　基于以上考虑,本书尝试对项目调度进行研究,不仅考虑单项目调度,同时也针对多项目调度的特点设计相应的多项目调度数学模型与求解算法,以期对提升项目管理绩效有所贡献。

第2章　项目调度问题数学模型

任何一个项目都需要完成一系列具体的任务,这些任务之间一般存在逻辑上的优先关系,同时每项任务的执行又需要特定的资源。项目调度就是要合理分配这些资源,恰当地安排这些任务的开始时间,从而优化既定的一个或若干个目标函数。

资源受限项目调度问题(resource-constrained project scheduling problem,RCPSP),或称资源约束下项目调度问题,即要求在满足项目内部优先关系和资源约束的前提下,合理安排项目的进度计划,从而优化项目预期目标。

本章旨在建立资源受限项目调度问题的数学模型,包括多项目调度问题的模型。从项目调度问题涉及的任务工期、约束条件及目标函数出发,首先介绍常见的任务工期估计方法,然后对各类约束条件进行详细综述,总结各类项目调度目标函数,并在此基础上给出资源受限项目调度问题的数学模型。最后,进一步讨论多项目调度问题的特点,并给出资源受限多项目调度问题的数学模型。

2.1　任务工期

项目一般由一系列的任务(task)构成。在不同情景中,任务也可能被称为活动(activity)或工作(job)。当一个项目通过工作分解结构(WBS)明确了所需要执行的任务之后,需要分析各个任务的属性以及任务之间的相互关系,然后才可以对任务进行调度,从而编制合理的项目进度计划。在编制WBS时即需要明确的任务属性,主要包括:任务工期、任务所需资源、任务所需费用等。

任务工期(duration)也被称为作业时间,是指完成一项任务所需的时间,也就是一项任务的延续时间。任务工期具体采用什么时间度量单位随任务属性而定。一般来说,任务工期取决于任务的工时定额。毫无疑问,完成任务工期估计是开展项目调度的前提条件。但要精确地估计任务工期往往非常困难,因为很多项目缺乏足够的历史数据而只能依赖于主观判断。此外,在任务工期估计过程中,由于存在组织文化和不同利益相关者的潜在利益冲突等原因,往往存在种种不利于准确估计的因素(Goldratt,1997)。

2.1.1 确定型时间估计

当项目环境不确定性较低时,可以采用单一时间估计(single-time estimate)方法,即对一项任务所需的作业时间,仅确定一个时间值。估计时,应以完成各项任务可能性最大的作业时间为准,并不需要考虑火灾或水灾等意外状况。这种方法适用于在有类似的工时资料或经验数据可供借鉴,且与任务相关的各类因素比较稳定的情况下使用。

此外,在进行上述时间估计时,一般假设执行任务所需的资源是充足的,相关的前置任务均已完工,并且不需要考虑潜在的任务间资源冲突问题。

在很多情况下,会发现可以采用不同的方式来完成同一项任务,即可以投入不同的资源组合或资源数量,使得完工所需的工期产生变化。这就是所谓的时间—资源权衡(time/resource trade-off)问题,或称为时间—资源交换问题。通常每个任务会限定有限种时间资源模式,每一种执行模式(execution mode)也可以称为一个情景,对应一个特定的任务工期和一组特定的资源及其需求量。由于不同资源的费率通常是不同的,因此当项目成本成为一个考虑因素时,任务的不同执行模式必然导致需要对时间和费用进行权衡,即产生所谓的时间—费用权衡(time/cost trade-off)问题(Leyman et al.,2019)。上述两类权衡问题的实质都涉及不同任务执行模式之间不同资源组合的权衡。由此可见,在编制WBS时,就需要考虑不同资源组合的可得性及其对任务工期的影响。

2.1.2　概率型时间估计

当项目环境存在不确定性时,采用单一时间估计方法估计任务工期往往存在较大的误差,因此项目评审技术(program evaluation and review technique,PERT)建议采用三点时间估计方法来获得更可靠的工期估计。

一般认为任务工期服从正态分布(normal distribution)或贝塔分布(beta distribution),如图 2.1 所示。

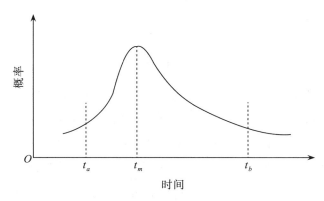

图 2.1　项目任务时间的贝塔分布

此时可以分别估计任务工期的三个时间值,然后应用概率方法估算任务工期的平均值和方差。这三个时间估计值分别为:(1)最乐观时间(optimistic duration estimate),以 t_a 表示,指在最顺利情况下完成任务所需的最短时间;(2)最保守时间(pessimistic duration estimate),以 t_b 表示,指在最不利情况下完成任务所需的最长时间;(3)最可能时间(most likely duration estimate),以 t_m 表示,指在一般情况下完成任务所需的最可能时间。

有了上述三个时间估计值之后,任务工期的平均值和标准方差可分别计算如下(Kerzner,2017):

$$t_e = \frac{t_a + 4 \cdot t_m + t_b}{6} \tag{2.1}$$

$$\sigma = \frac{t_b - t_a}{6} \tag{2.2}$$

但是,Moder 和 Rodgers(1968)指出,上述估算公式的适用前提是 t_a 和 t_b

分别是最极端情形下的估计,也就是说 t_a 和 t_b 分别对应于工期分布的下限和上限。Moder 和 Rodgers(1968)认为要估计严格意义上的工期上下限是不现实的,因此提出采用工期时间分布的第 5 和第 95 个百分位数来估计 t_a 和 t_b,相应的标准方差估计公式修改为:

$$\sigma = \frac{t_b - t_a}{3.2} \tag{2.3}$$

Cottrell(1999)则在任务工期服从正态分布的假设上,对 PERT 进行简化,提出了新的估计公式:

$$t_e = t_m \tag{2.4}$$

$$\sigma = \frac{t_b - t_m}{1.645} \tag{2.5}$$

其中,t_b 仍然是指工期分布的第 95 个百分位数对应的时间估计。新的估计公式不再需要估计最乐观时间,而只需要估计其余两个时间值。

除此之外,尚有其他各类不甚常用的工期估计公式(Keefer and Verdini,1993)。如果取消工期分布服从正态分布或贝塔分布的假设,而认为其服从平均分布(uniform distribution)、三角形分布(triangular distribution)或伽马分布(gamma distribution)的话,则需要采用完全不同的工期估计公式(Demeulemeester and Herroelen,2002)。

此外,部分学者采用模糊集对任务工期进行估计(Wang,2002;王宏等,2006)。

2.2 约束条件

经典的项目调度问题主要涉及两类约束,一类是任务之间存在的逻辑约束,另一类是资源稀缺性造成的资源约束。有些研究则进一步涉及其他类型的约束。

2.2.1 优先关系

通常,项目的一系列任务及其相互关系可以表示为一个节点式(activity-on-node,AON)有向网络,或称为单代号网络。在 AON 网络中,每一节点表示一个任务,箭线则表示任务之间的逻辑关系。图 2.2 给出了一个 AON 网络的示例。其中,节点 3 和节点 6 之间的箭线表明任务 3 完成之后任务 6 才可以开始,这就意味着任务 3 和任务 6 之间存在着优先关系(precedence relation),而任务 3 即称为任务 6 的紧前任务(immediate preceding activity),任务 6 为任务 3 的紧后任务(immediate succeeding activity)。一项任务可以有多个紧前任务,如图 2.2 中的任务 6,这意味着该项任务必须在其所有紧前任务完成后才可以开始;一项任务也可以有多个紧后任务,如图 2.2 中的任务 3。

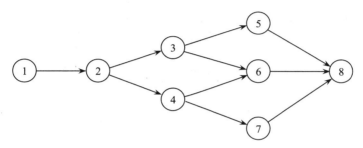

图 2.2　节点式项目网络图

通常情况下,为方便项目调度算法,要求对项目网络图中的各节点依次编号。原则上要求编号小的任务可以是编号大的任务的前导任务(preceding activity),但编号小的任务不可以是编号大的任务的后续任务(succeeding activity)。

此外,通常任务 1(或任务 0)是一个虚拟任务(dummy activity),不需要任何资源,工期为 0,没有任何紧前任务,是唯一的起始任务(start activity)。如果项目的任务数量记为 J,则项目的最后一个任务,即任务 J,也要求是一个虚拟任务,不需要任何资源,工期为 0,没有任何紧后任务,并且是唯一的结束任务(end activity)。因此,一般设定任务 1 的开始时间为 0,这时任务 J 的完成时间 c_J(或开始时间 s_J)即等同于整个项目的完工时间。

AON 网络图可以采用 $J \times J$ 的相邻矩阵(adjacency matrix)加以描述。如果 AON 网络节点编号遵循拓扑关系的话,对应的相邻矩阵必然是上三角形矩阵(upper triangular matrix)。图 2.2 所对应的相邻矩阵如图 2.3 所示。

$$\begin{bmatrix} - & 1 & & & & & & \\ & - & 1 & 1 & & & & \\ & & - & & 1 & 1 & & \\ & & & - & & 1 & & \\ & & & & - & & & 1 \\ & & & & & - & & 1 \\ & & & & & & - & 1 \\ & & & & & & & - \end{bmatrix}$$

图2.3　AON网络图的相邻矩阵

多数研究只关注如上所述的完成－开始型紧前关系,但上述紧前关系可以拓展到更一般的逻辑关系,即所谓的搭接关系(precedence diagramming constraint)。共有四种类型的搭接关系(Elmaghraby and Kamburowski, 1992),如图2.4所示。

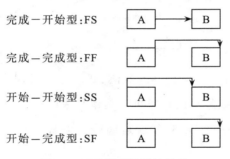

图2.4　四种类型的搭接关系

完成－开始型(finish-start,FS)表示任务 B 在任务 A 完成之前不能开始;完成－完成型(finish-finish,FF)表示 B 在 A 完成之前不能完成;开始－开始型(start-start,SS)表示 B 在 A 开始之前不能开始;而开始－完成型(start-finish, SF)则表示 B 在 A 开始之前不能完成。其中,FS 型最为常见。FF 型和 SS 型关系也很常见,可以表示某项任务与其紧后任务在某种程度上同时进行。

在图2.4中,任务 A 和任务 B 之间存在搭接关系。但在某些情况下,要求任务 B 在任务 A 开始或完成一段时间之后才可以开始或完成,即两者之间存在着时间上的滞后。因此,可以进一步在上述搭接关系中引入时间滞后(time-lag)的概念。如果滞后量为负数,例如任务 B 在任务 A 完成之前一段时

间即可以开始,则称为提前量(lead)。一般而言,可以将任务 A 与任务 B 之间存在的搭接关系表示为:

$$XY = lag \qquad (2.6)$$

其中,$X, Y \in \{S, F\}$,lag 为两项任务之间的滞后量,一般为整数,如果滞后量为负整数即表示提前量。式(2.6)即表示:任务 B 的事件 Y,只能在任务 A 的事件 X 发生且经过一个滞后量 lag 之后,才可以发生。例如,$lag = 5$ 表示任务 A 开始并经过 5 个单位时间之后,任务 B 才可以完成;而 $lag = -5$ 则表示任务 A 开始之前的 5 个单位时间之后,任务 B 才可以完成。

　　搭接关系拓展了传统的优先关系,可以描述更一般性的任务之间的关系。搭接关系在项目调度中引用了一些新的特性。例如,在传统项目网络图中,任务工期的缩短总是有利于提前完成项目总工期。但是当存在搭接关系时,缩短一个任务的工期可能反而导致项目总工期的延长,在某些情况下甚至导致项目网络图是不可行的(Elmaghraby,1995)。毫无疑问,搭接关系增加了项目调度的复杂性。如果不特别注明,本书所指称的优先关系仍然是传统的 $lag = 0$ 的搭接关系。

　　任务之间的逻辑关系也可以采用箭线式(activity-on-arrow,AOA)网络图表达。AOA 网络图,又称双代号网络图,因为在箭线式网络中,任务由连接两个节点的箭线表示,每个任务因此就可以采用这两个节点的数字来标识。相应地,AON 网络图则被称为单代号网络图。在我国,AOA 网络图应用相当普遍。AOA 网络适用于对项目现金流的分析。图 2.2 中 AON 网络所表示的项目也可以采用图 2.5 所示的 AOA 网络图进行描述。在该 AOA 网络图中,箭线 1-2 表示原 AON 网络图中的任务 1(节点 1),箭线 2-3 表示任务 2,箭线 3-4 表示任务 3,以此类推,箭线 7-8 表示任务 8。值得注意的是,在 AOA 网络中经常存在虚拟任务,如图中的箭线 4-6 和箭线 5-6。这是因为在 AOA 网络中两个节点之间只允许存在一条箭线,为了区分平行的任务 5(箭线 4-7)和任务 6(箭线 6-7),需要额外的虚箭线加以表示。

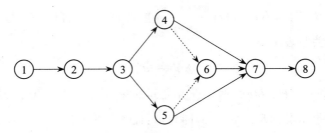

图2.5　箭线式项目网络图

对项目网络图的详细说明可以参考综述(Elmaghraby,1995)。在本书中,如果不特别注明,所采用的网络图均为 AON 网络图。

在一般的项目网络图中不允许出现回路(loop)和反馈。但在图解评审技术(graphic evaluation and review technique,GERT)中可以突破上述限制(Moore and Taylor,1977;Taylor and Moore,1980)。此外,在产品开发类项目中,近年来越来越多地采用设计结构矩阵(design structure matrix,DSM)或依赖结构矩阵(dependency structure matrix,DSM)分析任务之间的逻辑关系与信息传递,而其中一般都存在一定数量的反馈(Chen et al.,2003;Maheswari and Varghese,2005)。

2.2.2　资源约束

对于实际项目而言,资源是非常重要的约束。因此有必要对资源加以分类研究。由于不同研究的关注点和研究角度不同,在项目管理领域文献中存在不同的资源分类。例如项目人力资源管理研究会区分不同类型的人力资源,而项目成本管理会区分不同的财务资源。根据 Kolisch 和 Padman(2001)的整理,现有项目调度领域文献中的项目资源基本上可以分为四类:可更新资源、不可更新资源、双重限制资源以及部分可更新资源。

1.可更新资源

可更新资源(renewable resource)在每个时段的供应量是有限的,但并不随着项目的进展而消耗,例如固定的劳动力,一般的机器、设备、场地、人力资源等。

参考 Brucker 等(1999)提出的符号体系,可更新资源约束可以表示为:

$$\sum_{j \in A_t} r_{jk}^{\rho} \leqslant R_k^{\rho}, \qquad \forall k, t \qquad (2.7)$$

其中，R_k^{ρ} 表示可更新资源 k 的供给量（容量），r_{jk}^{ρ} 为任务 j 对可更新资源 k 在单位时段内的需求量，A_t 表示在时段 t 处于执行状态的任务集合，$A_t = \{j | j \leqslant J \wedge s_j \leqslant t < s_j + p_j\}$。

2.不可更新资源

不可更新资源（nonrenewable resource），或称为消耗性资源，在项目启动时即确定总量，并随着项目的进展而逐渐消耗，例如各种原材料，不可再生的能源等。

不可更新资源约束可以表示为：

$$\sum_{j=1}^{J} r_{jk}^{v} \leqslant R_k^{v}, \qquad \forall k \qquad (2.8)$$

其中，R_k^{v} 表示第 k 种不可更新资源的总量，r_{jk}^{v} 表示任务 j 所需要的第 k 种不可更新资源的消耗量。

3.双重限制资源

双重限制资源（doubly-constrained resource）是指在项目各阶段供应量有限，并且在整个项目中的总量也受限制，例如资金就是典型的双重限制资源。双重限制资源可以用一种可更新资源和一种不可更新资源加以描述（Talbot，1982）。

4.部分可更新资源

部分可更新资源（partially renewable resource）是指在部分时段内受限的资源（Bottcher et al.，1999）。例如，在某一时段，因为劳动合同的要求，工人每周工作时间会存在上限。Bottcher 等（1999）指出，可更新资源与不可更新资源均可以用部分可更新资源加以表述。如果一种部分可更新资源的定义区间扩大到整个项目执行区间，该资源实际上就成了不可更新资源；如果分别定义每一个时段的不可更新资源，则对应的不可更新资源约束事实上退化成可更新资源约束。Bottcher 等（1999）将面临部分可更新资源约束的项目调度问题称为 RCPSP/π。

对不可更新资源、双重约束资源以及部分可能性资源的分析增加了项目调度的柔性,但同时也增加了项目调度问题的复杂度。本书主要讨论可更新资源对项目调度的影响。在不特别说明的情况下,资源约束即指可更新资源约束,式(2.7)中的资源容量 R 和资源需求量 r 也分别省略代表可更新资源的上标 ρ。

在项目实践中,很多时候为方便描述,通常将资源需求附加在项目网络图中。图2.6给出了一个示例性的 AON 项目网络图。该项目实例来自知名的 Patterson 算例库(Patterson,1984),包括2个虚拟任务(任务1和任务9),7个非虚拟任务。项目涉及一种可更新资源,该资源的容量为4个单位。每个任务的工期(p_j)与资源需求量(r_j)均可以标注在 AON 网络图中,如图2.6所示。如此,即可以完整地描述一个项目的任务工期、紧前关系及资源约束。

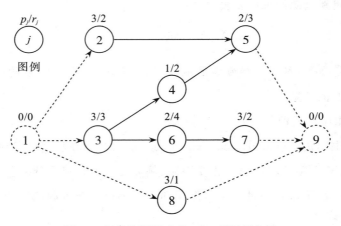

图2.6 标注资源需求的 AON 项目网络图

2.2.3 时间约束

除了紧前关系与资源约束外,在某些特定情形下,项目的执行还面临时间约束(temporal constraint)。通常,一项任务在其所有紧前任务完成后即可开始,但是可能存在额外的时间上的要求使得该任务无法即刻开始。目前文献中常见的主要有两类时间约束(Chen et al.,1997)。一种是时间窗约束,另一种是时序约束。由于增加了约束条件,项目工期通常会显著延长,而项目调度的复杂性也急剧增加(Kreter et al.,2016)。

时间窗约束(time-window constraint)限制任务在特定时间区域内启动,即任务受传统的紧前关系限定其开始时间外,还受时间窗限制其可行的开始时间。时间窗设定两个任务的开始时间与完成时间之间的最大及最小滞后量(Bartusch et al.,1988)。对于一对给定的任务 i 与 j,其时间窗约束可以表示为:

$$s_i + l_{ij}^{\min} \leqslant s_j \leqslant s_i + l_{ij}^{\max} \tag{2.9}$$

其中,$l_{ij}^{\min}$($l_{ij}^{\max}$)表示任务 j 相对于任务 i 的最小(最大)开始-开始滞后量(start-to-start lag)。因此,$W_{ij} = [s_i + e_{ij}^{\min}, e_{ij}^{\max}]$ 对于任务 j 就构成了一个相对于任务 i 的时间窗。类似地可以定义基于其他三类搭接关系的时间窗约束。

时间窗约束事实上是紧前关系的一种拓展。设定 $l_{ij}^{\max} = \infty$,即得到时间窗 $W_{ij} = [s_i + l_{ij}^{\min}, \infty]$,这时式(2.9)就退化成传统的紧前关系或搭接关系约束。此外,任务的到达时间(release time)和截止时间(due date)也可以采用时间窗约束的形式进行表达。例如,任务的截止日期可以表示为该任务与虚拟任务 1 之间的最大开始-完成滞后量(maximal start-to-finish lag)。因此,有些学者认为时间窗约束就是对任务之间的搭接关系的全面描述,也称其为通用优先关系(generalized precedence relation,GPR)。

时序约束(time-schedule constraint)则限制任务只能在一组特定的开始时间序列(ordered list of scheduled start times)上开始(Chen et al.,1997)。交通时刻表是一类常见的情形。当所有紧前任务已经完成,而下一个可行的开始时间还没有到的时候,任务只能等待,因此就造成额外的等待时间(waiting time)。值得注意的是,等待时间不同于传统网络分析中的自由时差(free float)。等待时间是一种浪费,由于资源的闲置造成了额外的成本;而自由时差对项目经理来说则意味着便利,甚至可以带来收益,因为项目经理可以有意识地利用时差来推迟部分任务。简而言之,等待时间增加调度的刚性,而自由时差则增加调度的柔性。

2.3 目标函数

一个项目在确定项目范围之前就已经有了基本的项目目标,并通过 WBS 等工具逐步明确其主要目标。一般认为项目的目标至少应该包括时间、费用以及质量三个维度,如图 2.7 所示。

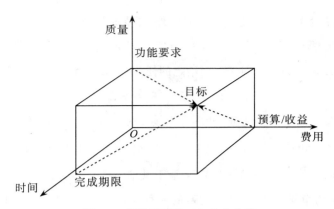

图 2.7　项目目标的三个基本维度

　　项目进度计划最基本的一类目标就是时间类的目标,希望项目尽可能在短时间内完成或尽可能按制度的时间计划完成。但是项目进度计划必然涉及资源,如何提高资源利用效率就成为一个课题;资源自然又引出费用问题,一方面希望降低费用并且提高项目收益;另一方面,项目要达成好的质量,提高客户满意度,还需要关心项目进度计划的质量。

2.3.1　时间类目标函数

　　项目工期最小化是最常见的项目调度目标函数。从关键路线法开始,项目工期最小化就成为项目管理的一个重要目标。用 c_j 表示第 j 个任务的完成时间,则该目标函数可表示为:

$$\min c_J \tag{2.10}$$

　　当然,项目工期最小化并不是进度管理唯一的要求。很多时候,项目合同会对交付日期有要求,而项目经理出于管理目的(如外包、资源调配等),会对各任务的开始或完成时间有要求。

　　任务延迟(lateness)一般是指任务完工时间与截止时间(due date)之差:

$$L_j = c_j - d_j \tag{2.11}$$

　　在项目环境具有不确定性的情况下,项目完工时间与项目截止时间的偏差可以反映项目进度计划的质量(Van de Vonder et al.,2007),或者说质量鲁棒性(quality robustness),可以表示为:

$$\min E\left|c_j - d_j\right| \tag{2.12}$$

其中，$E(\cdot)$表示期望。

任务延迟可能是正的，也可能是负的。负的延迟也就表明任务提前完工。在很多情况下，项目经理只关心任务是否拖期，这时就采用任务拖期（tardiness）进行衡量（寿涌毅、姚伟建，2009）：

$$T_j = \max\left\{0, c_j - d_j\right\} \tag{2.13}$$

类似地，如果只关心任务是否提前完工，可以度量任务提前期（earliness）：

$$E_j = \max\left\{0, d_j - c_j\right\} \tag{2.14}$$

通常情况下，各个任务的重要性会有差异，例如资源需求量或资源成本不同，或是否为关键任务等。因此，一般会给各个任务赋予不同的权重w_j。因而对整个项目而言，常用的目标函数是加权拖期最小化（Valls et al.，1999）：

$$\min \sum_{j=1}^{J} w_j \max\left\{0, c_j - d_j\right\} \tag{2.15}$$

有的时候，不需要关心各个任务的拖期情况，而只分析项目完工时间与项目截止时间的差异，这时可以采用的目标函数是项目拖期最小化（Lawrence and Morton，1993）：

$$\min \max\left\{0, c_J - d_J\right\} \tag{2.16}$$

当项目环境具有不确定性时，任务的开始时间或完成时间会有一定的变动，而这样的变动通常会为项目管理带来困难，项目经理一般希望这样的变动能够最小化（李洪波、徐哲，2014）。因此，对于随机资源受限项目调度问题（stochastic resource-constrained project scheduling problem）而言，任务开始时间平均绝对偏差加权和通常被用于衡量项目进度计划的稳定性（Herroelen and Leus，2004），或者说解的鲁棒性，可用式(2.17)表达：

$$\min \sum_{j=1}^{J} w_j E\left|\bar{s}_j - s_j\right| \tag{2.17}$$

其中，$\bar{s}_j$是任务j的实际开始时间，s_j为项目进度计划指定的开始时间。

2.3.2 资源类目标函数

资源通常作为项目的约束加以考虑,但在某些情况下也成为需要优化的决策目标。在现有文献中,资源类目标函数相对较少,主要有以下两类。

第一类关心的是为了获得足够资源而支付的总成本,即资源可用量成本问题(resource availability cost problem, RACP):在给定项目截止日期的要求下,如何确定可更新资源的供应量,以最小化项目资源总成本(Demeulemeester,1995;Mohring,1984;Yamashita et al.,2007)。其目标函数可表示为:

$$\min \sum_{k=1}^{K} C_k(R_k) \tag{2.18}$$

其中,$C_k(R_k)$为资源 k 的成本函数,一般为非递减函数。

第二类则是在给定资源的条件下,无须关心资源成本,但需要优化资源的使用,即资源均衡(resource leveling)问题:在满足项目截止日期的要求下,设计一个可行的项目进度计划,并尽可能均衡各类资源的需求状况。资源均衡问题可以有不同的目标函数,一般希望资源需求的波动水平最小,进而采用各时段资源需求与平均需求的偏差的平方和作为目标函数,也可以简化为各时段资源需求的平方和。对单一资源 k 来说,其目标函数可表示为(Son and Skibniewski,1999):

$$\min \sum_{t=1}^{c_J} \left(D_{kt} - \bar{D}_k\right)^2 \tag{2.19}$$

其中,D_{kt} 为项目中时段 t 对资源 k 的总需求:

$$D_{kt} = \sum_{j \in A_t} r_{jk} \tag{2.20}$$

而 $\bar{D}_k$ 则表示资源 k 在整个项目工期内的平均资源需求水平:

$$\bar{D}_k = \frac{1}{c_J} \sum_{t=1}^{c_J} D_{kt} \tag{2.21}$$

当涉及多种资源时,一般可以选择最小化式(2.19)的加权和:

$$\min \sum_{k=1}^{K} w_k \sum_{t=1}^{c_J} \left(D_{kt} - \bar{D}_k\right)^2 \tag{2.22}$$

当项目人力资源是各类项目资源中的重要因素时,人力资源的均衡问题是一个需要认真分析和优化的问题。

2.3.3　财务类目标函数

在项目执行过程中,不可避免地涉及现金流。如果现金流对项目管理存在显著影响,就必须考虑项目的财务指标。通常,在任务执行过程中会涉及现金流出,而在项目完成时或部分里程碑事件时会发生现金流入。财务指标中最重要的就是项目净现值(net present value,NPV)。自从 Russell(1970)提出项目净现值最大化问题以后,该问题已经获得了广泛的研究(Leyman and Vanhoucke,2017;Zheng et al.,2018;何正文等,2005;何正文等,2016)。如果将每个任务的现金流简化为任务完成时的净现金流(net cash flow,NCF),则该问题的目标函数可以表达为(Elmaghraby and Herroelen,1990;Vanhoucke et al.,2001):

$$\max \sum_{j=1}^{J} NCF_j \exp(-\alpha c_j) \qquad (2.23)$$

其中,NCF_j 为任务 j 在完工时的净现金流,α 为折扣率。如果记 $\beta = \exp(-\alpha)$,则式(2.23)可以改写为:

$$\max \sum_{j=1}^{J} NCF_j \beta^{c_j} \qquad (2.24)$$

2.3.4　质量类目标函数

项目质量构成项目三大目标的重要组成部分。实证研究证实,项目经理通常觉得提升项目质量比缩短项目工期更加重要(Tukel and Rom,1998)。但是,要度量项目进度计划的质量并不容易,因此在项目调度领域的现有文献中较少有对质量类目标函数的研究。Icmeli-Tukel 和 Rom(1997)提出项目进度计划的质量会影响项目返工次数,并因此额外发生成本,所以需要最小化返工次数与返工成本(estimated rework times and costs)。

2.3.5　常规目标函数与非常规目标函数

一般而言,最小化项目总工期是项目调度的基本目标,在此基础上可以进一步考虑其他项目目标。最小化项目总工期被认为是项目调度的常规目标函数（regular objective function），因为在通常情况下，提前任何一项任务的开始时间，都可能有助于缩短项目总工期。除最小化项目总工期外，最小化项目总成本、最小化项目拖期一般也被认为是常规目标函数，因为提前任务完工时间通常也可以改进这类目标函数值（Herroelen et al.,1998）。

但是，也存在所谓的非常规目标函数（non-regular objective function）。对于这类目标函数，提前一项任务的完成时间或开始时间，可能无助于改善其目标函数值。在某些情形下，延缓任务的完成时间或开始时间，反而有助于改善目标函数值。例如，项目净现值就是这类目标函数的典型代表，因为在不改变其他因素的前提下，延缓任务开始时间很可能意味着推迟现金流出，从而可能改善项目净现值。

由于目标函数在性质上存在差异，对于这两类目标函数，必然要求有不同的项目调度方式。目前的研究主要以常规目标函数为主，对非常规目标函数的研究在已有文献中相对较少。

表2.1总结了RCPSP研究领域常见的目标函数。

表2.1 单项目调度问题常见目标函数

目标函数	公式	参考文献
项目总工期	$\min c_J$	Brucker et al.(1999)
加权任务拖期	$\min \sum_{j=1}^{J} w_j \max\left\{0, c_j - d_j\right\}$	Valls et al.(1999)
项目拖期	$\min \max\left\{0, c_J - d_J\right\}$	Lawrence and Morton(1993)
资源总成本	$\min \sum_{k=1}^{K} C_k\left(R_k\right)$	Yamashita et al.(2007)
资源均衡	$\min \sum_{k=1}^{K} w_k \sum_{t=1}^{c_J}\left(D_{kt} - \bar{D}_k\right)^2$	Son and Skibniewski(1999)
项目净现值	$\max \sum_{j=1}^{J} NCF_j \exp\left(-\alpha c_j\right)$	Elmaghraby and Herroelen(1990)

值得指出的是，在项目实践中，一个项目经常会涉及多个项目目标，因此也就成为多目标项目调度优化问题。再者，对于多个并行项目而言，每个项

目都可能有一到多个项目目标,这些项目目标可能各不一致甚至相互冲突,于是就构成了复杂的多目标多项目调度优化问题。

2.4　单项目调度问题数学模型

2.4.1　基本模型

资源受限项目调度问题可以采用单代号方式描述为如下的有向图 $G=(V,E)$:项目包含一组共 J 个任务,其集合记为 V,第 j 项任务的工期为 p_j;任务的开始时间记为 s_j,完成时间记为 c_j,假定每一项任务均不可中途暂停,因此任务的完成时间为 $c_j=s_j+p_j$;任务 j 完工时的净现金流记为 NCF_j。任务之间存在紧前关系,即有向图 G 中的弧集 E,如果任务 j 与任务 h 之间存在紧前关系 $(h,j)\in E$,则任务 j 必须在任务 h 完成之后才能开始。记任务 j 的紧前任务集合为 p_j。假设任务之间只涉及基本的紧前关系,不存在回路与反馈。

项目涉及 K 种可更新资源,其中第 k 种资源的容量为 R_k;第 j 项任务在执行时需要若干种资源,其对第 k 种资源的需求量为 r_{jk};项目在某一时刻对任一资源的需求不能超过该资源的容量。

对资源受限项目调度问题的求解,就是要寻找合适的进度计划为每个任务确定一个可行的开始时间。项目进度计划可以表示为一个 J-元组: $S=(s_1,s_2,\cdots,s_J)$。该计划同时满足紧前关系与资源约束,并最优化项目的目标函数。

表 2.2 列出了单项目调度问题的常用符号。

表 2.2　单项目调度数学模型符号列表

符号	说明
j	任务序号, $j=1,2,\cdots,J$;其中 J 为项目所含任务总数量
t	时段序号, $t=0,1,2,\cdots,T$;其中 T 为项目工期上限
k	资源序号, $k=1,2,\cdots,K$;其中 K 为项目所需可更新资源种数
p_j	任务 j 的工期
d_j	任务 j 的截止时间

续表

符号	说明
P_j	任务j的紧前任务集合
s_j	任务j的开始时间
c_j	任务j的完成时间,$c_j = s_j + p_j$
A_t	在时刻t处于工作状态的任务集合,$A_t = \{j \mid j \in V \wedge s_j \leqslant t < s_j + p_j\}$
R_k	可更新资源k的供给量
r_{jk}	任务j每期所需的可更新资源k的数量
NCF_j	任务j在完工时的净现金流

如此,则基本的 RCPSP 可以描述为:

$$\min c_J \tag{2.25}$$

s.t.

$$s_j \geqslant \max_{h \in P_j} c_h, \qquad \forall j \tag{2.26}$$

$$\sum_{j \in A_t} r_{jk} \leqslant R_k, \qquad \forall k, t \tag{2.27}$$

目标函数为项目工期最小化。式(2.26)要求项目进度计划遵循任务之间的紧前关系,任何任务的开始时间必须大于等于其所有紧前任务完成时间的最大值。式(2.27)要求项目进度计划满足资源约束,在任何时刻,项目对任一可更新资源的总需求不能超过其供应量。

对于式(2.25)至(2.27)所示的 RCPSP,也可以采用 0-1 规划的形式加以描述。所采用的决策变量 x_{jt} 定义如下:

$$x_{jt} = \begin{cases} 1, & \text{任务}j\text{在时间段}t\text{完成;} \\ 0, & \text{其他} \end{cases} \tag{2.28}$$

则上述 RCPSP 可表示为:

$$\min \sum_{t=0}^{T} (t \cdot x_{jt}) \tag{2.29}$$

s.t.

$$\sum_{t=0}^{T} x_{jt} = 1, \quad \forall j \tag{2.30}$$

$$\sum_{t=0}^{T}(t-p_j)x_{jt}-\sum_{t=0}^{T}t\cdot x_{ht}\geqslant 0\,,\quad \forall h\in P_j,\forall j \tag{2.31}$$

$$R_k-\sum_{j=1}^{J}r_{jk}\sum_{\tau=t}^{t+p_{ij}-1}x_{jt}\geqslant 0\,,\quad \forall k,t \tag{2.32}$$

$$x_{jt}\in\{0,1\}\,,\quad \forall j,t \tag{2.33}$$

式(2.30)要求一项任务在开始之后不能被抢占,必须连续执行直到完成;式(2.31)表达项目内部各任务之间的紧前关系,即一项任务必须在其所有紧前任务完成之后才能开始;式(2.32)则限制了任一时刻所有进行中的任务对任一资源的总需求不能超过该资源的供给量;式(2.33)定义了决策变量的可行域。

上述 RCPSP 问题已被证明为 NP-hard 问题(Demeulemeester and Herroelen,2002)。因此,对于大型的项目调度问题,精确算法无法有效地进行求解,这也是项目调度领域的学者侧重于启发式算法研究的重要原因。

2.4.2　拓展模型

在基本 RCPSP 的基础上,可以进一步对项目调度数学模型进行扩展。

首先,在基本 RCPSP 中,组成项目的任务被认为是不可抢占的(non-preemptive),任务被要求一次性执行完毕,不允许出现中断后再次执行的情况。而事实上,很多项目在执行过程中,由于资源的限制,需要在不同任务之间合理调配资源以尽可能提高资源的利用率,所以中断执行中的任务是较为常见的做法。如果允许任务抢占,在很多情况下可以更有效地调配资源,从而提高资源利用效率,一般可以更有效地优化项目目标。因此,抢占式资源受限项目调度问题(preemptive resource-constrained project scheduling problem,PRCPSP)在近年来开始得到关注(Demeulemeester and Herroelen,1996;Van Peteghem and Vanhoucke,2010;寿涌毅等,2014a)。当然,这类问题的计算复杂性也相应急剧增加。如果允许任务中断,在某些情况下还需要考虑任务的重启成本或资源在不同任务间的转移时间(Suresh et al.,2015;Vanhoucke and Coelho,2019)。

针对 PRCPSP,Lino(1997)总结了任务"抢占"的三种模式,即:(1)无抢占;(2)每项任务最多可被抢占一次;(3)每项任务允许抢占任意次。在此基础上,Ballestín等(2008)将 PRCPSP 问题进一步描述为 m_PRCPSP 问题,其中 m 为非负整数,表示所有任务最多允许被抢占 m 次,且如果发生抢占,则必须发生在整数时刻。另外,对于任意一项任务,允许被抢占的次数在数值上不大于任务工期的整数值。由此可以看出,0_PRCPSP 等同于 RCPSP,对应于 Lino(1997)提到的模式 1;而 1_PRCPSP 则对应 Lino(1997)的模式 2;m_PRCPSP 是最一般化的 PRCPSP,对应于 Lino(1997)的模式 3。显然,PRCPSP 问题是 RCPSP 问题的扩展。由于 RCPSP 是一个 NP-hard 问题,因此 PRCPSP 也是一个 NP-hard 问题。

一项任务还可能存在多种执行模式,不同模式下任务执行所需的资源不同,工期和费用也会相应发生变化。因此,多模式资源受限项目调度问题(multi-mode resource-constrained project scheduling problem,MRCPSP)就成为基本 RCPSP 的一类重要扩展(Damak et al.,2009;Jarboui et al.,2008;Lova et al.,2009;Mori and Tseng,1997;Van Peteghem and Vanhoucke,2010)。

在经典项目调度问题中,项目任务的工期都是确定的(deterministic),或者说,采用的是传统 CPM 方式的单一时间估计。但是,实际上很多情形下任务工期具有不确定性,其工期在一定程度上是随机的(stochastic)。近年来,随机性资源受限项目调度问题(stochastic resource-constrained project scheduling,SRCPSP)已经成为项目调度研究的热点(Herroelen and Leus,2004;Herroelen and Leus,2005;Van de Vonder et al.,2007)。

此外,还可以在任务之间的逻辑关系、资源约束及时间约束上进一步拓展 RCPSP 问题。例如,很多产品开发类项目是基于 DSM 进行规划的,其项目调度方式就有很大差别(Chen et al.,2003;Maheswari and Varghese,2005;褚春超等,2006)。作为一般紧前关系的拓展,搭接关系也增加了项目调度问题的复杂性。De Reyck 和 Herroelen(1998)分析了搭接关系项目网络的求解算法。之后,De Reyck 和 Herroelen(1999)进一步将其拓展到多模式 RCPSP。Neumann 和 Schwindt(1997)分析了时间窗约束对项目调度的影响与应用。Chen 等(1997)则分析了同时具有时间窗约束与时序约束下的项目调度问题。

很多研究关注到其他类型的项目调度目标函数。净现值最大化是其中最受关注的一类问题。目前对资源受限项目调度问题主要是从时间角度进行研究,即考虑如何合理分配资源并安排进度,使得项目在最短时间内完成。但对于相当多的大型工程项目而言,尤其当项目时间跨度较长时,对于项目执行过程中发生的现金流的管理就成为一个重要问题,因为资金的时间价值差异可能非常显著。因此,如何合理安排项目进度计划,从而最大化项目净现值就成为一个更合适的项目优化目标。目前,涉及现金流的资源受限项目调度问题(resource-constrained project scheduling problem with discounted cash flows,RCPSPDCF)已经成为一个重要的研究领域,但由于RCPSPDCF问题的复杂性,缺乏成功的最优化算法(Herroelen and Gallens,1993;Herroelen et al.,1997;Leyman and Vanhoucke,2015),主要采用各类启发式算法进行求解(Abbasi and Arabiat,2001;Icmeli and Erenguc,1994;Padman et al.,1997;Ulusoy and Ozdamar,1995)。

2.4.3 分类系统

对于各类项目调度问题的分类,可以参见文献(Brucker et al.,1999;Herroelen et al.,1999;Herroelen et al.,2001),本书采用Herroelen等(1999)的分类系统。

一个单项目调度问题可以用$(\alpha|\beta|\gamma)$来表示。其中,α描述项目资源特征,β描述任务特征,γ描述项目绩效指标。

1.资源特征

资源特征α最多包含三个参数α_1、α_2、α_3。

参数α_1描述资源种类,$\alpha_1 \in [\circ, 1, m]$。其中,$\circ$为空符号(empty symbol),表示该参数取缺省值,可以不必另行表达。参数取值解释如下:

$\alpha_1 = \circ$　　　　项目调度问题不涉及资源;

$\alpha_1 = 1$　　　　只有一种资源;

$\alpha_1 = m$　　　　一共有m种资源。

参数α_2描述资源类型,$\alpha_2 \in [\circ, 1, T, 1T, v]$。参数取值解释如下:

$\alpha_2 = °$ 对资源类型不加以限制；

$\alpha_2 = 1$ 可更新资源；

$\alpha_2 = T$ 不可更新资源；

$\alpha_2 = 1T$ 同时涉及可更新资源和不可更新资源（包括双重约束资源）；

$\alpha_2 = v$ 部分可更新资源。

参数 α_3 描述资源供应状况，$\alpha_3 \in [°, va, \bar{a}, v\bar{a}]$。参数取值解释如下：

$\alpha_3 = °$ 资源供应量为常量；

$\alpha_3 = va$ 资源供应量为变量；

$\alpha_3 = \bar{a}$ 随机资源供应量不随时间变动；

$\alpha_3 = v\bar{a}$ 随机资源供应量随时间变动。

2.任务特征

任务特征 β 最多包含九个参数。

参数 β_1 描述任务抢占可能性，$\beta_1 \in [°, pmtn, pmtn\text{-}rep]$。参数取值解释如下：

$\beta_1 = °$ 不允许抢占；

$\beta_1 = pmtn$ 允许抢占，为抢占—继续（preemption-resume）类型；

$\beta_1 = pmtn\text{-}rep$ 允许抢占，为抢占—重复（preemption-repeat）类型。

参数 β_2 描述任务优先关系，$\beta_2 \in \{°, cpm, min, gpr, prob\}$。参数取值解释如下：

$\beta_2 = °$ 不存在优先关系；

$\beta_2 = cpm$ 没有滞后量的完成—开始型优先关系，即 CPM 模型中的关系；

$\beta_2 = min$ 存在滞后量的搭接关系；

$\beta_2 = gpr$ 存在最大及最小滞后量的通用优先关系；

$\beta_2 = prob$ 随机网络，任务优先关系无法事先确定。

参数 β_3 描述任务准备时间(ready time)[①]，$\beta_3 \in \{°, \rho_j\}$。参数取值解释如下：

$\beta_3 = °$ 　　　　所有任务的准备时间为 0；

$\beta_3 = \rho_j$ 　　　　任务准备时间各不相同。

参数 β_4 描述任务工期，$\beta_4 \in \{°, cont, d_j = d, \bar{d_j}\}$。参数取值解释如下：

$\beta_4 = °$ 　　　　　　整数工期；

$\beta_4 = cont$ 　　　　连续工期；

$\beta_4 = (d_j = d)$ 　　　所有任务工期均为 d；

$\beta_4 = (\bar{d_j})$ 　　　随机工期。

参数 β_5 描述截止时间，$\beta_5 \in \{°, \delta_j, \delta_n\}$。参数取值解释如下：

$\beta_5 = °$ 　　　　不考虑截止时间；

$\beta_5 = \delta_j$ 　　　　考虑各任务的截止时间；

$\beta_5 = \delta_n$ 　　　　考虑项目的截止时间。

参数 β_6 描述任务资源需求状况，$\beta_6 \in \{°, vr, \bar{r}, v\bar{r}, disc, cont, int\}$。参数取值解释如下：

$\beta 6 = °$ 　　　　资源需求为固定离散量；

$\beta 6 = vr$ 　　　　变动离散量；

$\beta 6 = \bar{r}$ 　　　　随机固定离散量；

$\beta 6 = v\bar{r}$ 　　　　随机离散量；

$\beta 6 = disc$ 　　　　资源需求为任务工期的离散函数；

$\beta 6 = cont$ 　　　　资源需求为任务工期的连续函数；

$\beta 6 = int$ 　　　　资源需求为资源供给量的强度(intensity)或比例函数。

参数 β_7 描述任务执行模式，$\beta_7 \in \{°, mu, id\}$。参数取值解释如下：

$\beta_7 = °$ 　　　　单一执行模式；

---

① 准备时间是相对于虚拟的起始任务而言的，可以描述为任务 j 和虚拟任务 1 之间的滞后量为 ρ_j 的开始—开始搭接关系(Demeulemeester and Herroelen，2002)。

$\beta_7 = mu$ 多个预定的执行模式；

$\beta_7 = id$ 模式特征约束(mode identity constraint)[①]。

参数 β_8 描述任务的财务状况，$\beta_8 \in \{^\circ, cj, \bar{c}j, c_j^+, per, sched\}$。参数取值解释如下：

$\beta_8 = ^\circ$ 不考虑现金流；

$\beta_8 = c_j$ 任务具有现金流；

$\beta_8 = \bar{c}_j$ 随机现金流；

$\beta_8 = c_j^+$ 任务具有正现金流；

$\beta_8 = per$ 项目具有周期性(periodic)现金流；

$\beta_8 = sched$ 现金流的时间与流量需要预先确定。

参数 β_9 描述转移时间(change-over time/transportation time)，$\beta_9 \in \{^\circ, s_{jk}\}$。参数取值解释如下：

$\beta_9 = ^\circ$ 没有转移时间；

$\beta_9 = s_{jk}$ 基于序列(sequence-dependent)的转移时间。

3.绩效指标

绩效指标 γ 也就是项目调度问题的目标函数。

$\gamma = reg$ 常规目标函数；

$\gamma = nonreg$ 非常规目标函数。

绩效指标 γ 可以针对特定的目标函数进行说明。以下是一些较常见的目标函数。

$\gamma = C_{\max}$ 项目工期最小化；

$\gamma = T_{\max}$ 项目拖期最小化；

$\gamma = rac$ 资源总成本最小化；

$\gamma = curve$ 时间—费用均衡；

$\gamma = npv$ 项目净现值最大化；

---

① 模式特征约束要求将所有任务归入若干不相交子集，每个子集中的任务，必须选择同一种执行模式(Demeulemeester and Herroelen, 2002)。

$\gamma = E[\cdot]$　　　　目标函数期望值最优化；

$\gamma = multi$　　　　多个加权目标函数；

$\gamma = multicrit$　　　多目标函数。

可以采用上述分类系统描述项目调度问题。例如，经典的 RCPSP 问题即为 $\{m,1\,|\,cpm\,|\,C_{\max}\}$。而前面提到的各种拓展模型也可以分别进行表达。PRCPSP 即为 $\{m,1\,|\,pmtn.cpm\,|\,C_{\max}\}$，MRCPSP 即为 $\{m,1\,|\,cpm,mu\,|\,C_{\max}\}$，SRCPSP 即为 $\{m,1\,|\,cpm,\tilde{d}_j\,|\,E\,[\,C_{\max}]\}$，RCPSPDCF 即为 $\{m,1\,|\,cpm,c_j\,|\,npv\}$。

上述分类系统具有可扩展性。例如，Lancaster 和 Ozbayrak（2007）针对 β_2 补充了 dsm 参数，以表示 DSM 网络；并相应地针对 γ 补充了 DSM 网络的两个目标函数 $\min iter$ 和 $\max concur$，它们分别表示返工最小化和并行工作最大化。如此，传统的 DSM 即可表达为 $\{\circ\,|\,dsm\,|\,\min iter\}$。

2.5　多项目调度问题数学模型

上一节描述的 RCPSP 问题，有一个重要的前提假设，即单一的一个项目占有全部的所需资源。在这样的假设基础上，RCPSP 问题希望优化资源分配以提高项目绩效。但是项目实践及实证研究指出，多数项目都是在多项目环境下执行的，项目与项目之间往往存在着资源上的竞争与冲突（Turner，2008）。因此，就有必要分析资源受限多项目调度问题（resource-constrained multi-project scheduling problem，RCMPSP）。

多项目调度问题涉及若干并行项目和一个共享资源库，该资源库中包含若干种供应量有限的可更新资源。假设项目之间除了共享资源外相互独立，不存在项目之间的紧前关系及不同项目的任务之间的紧前关系，因此对有限共享资源的竞争是这些并行项目之间的唯一联系。

为方便对问题进行描述，在单项目调度数学模型的基础上，采用表 2.3 所列的数学符号。多项目调度问题涉及 N 个相互独立的项目，第 i 个项目可以表示为有向图 $G_i = (V_i, E_i)$，其中包含 $J_i = |V_i|$ 个任务。全部 N 个项目共享 K 种可更新资源，其中第 k 种资源的供给量为 R_k。用 (i,j) 表示第 i 个项目中的

第 j 个任务,其工期记为 p_{ij},对第 k 种资源的需求量记为 r_{ijk},任务的开始时间标记为 s_{ij},完成时间标记为 c_{ij};任务不允许抢占,因此完成时间为 $c_{ij}=s_{ij}+p_{ij}$。任务 (i,j) 的所有紧前任务的集合记为 P_{ij}。在时间 t,各项目所有进行中的任务的集合标记为 A_t,$A_t=\left\{(i,j)\middle|(i,j)\in V_i \wedge s_{ij}\leqslant t<s_{ij}+p_{ij}\right\}$。考虑到各项目的重要程度不同,用 w_i 表示第 i 个项目的权重。

表2.3 多项目调度数学模型符号列表

符号	说明
i	项目序号,$i=1,2,\cdots,N$;其中,N 为项目数量
j	任务序号,$j=1,2,\cdots,J_i$;其中,J_i 为项目 i 所含任务数量
t	时段序号,$t=0,2,\cdots,T$;其中,T 为项目时段上限
k	资源序号,$k=1,2,\cdots,K$;其中,K 为可更新资源种数
w_i	项目 i 的权重
p_{ij}	任务 (i,j) 的工期
d_{ij}	任务 (i,j) 的截止时间
d_i	项目 i 的截止时间,$d_i=d_{iJ_i}$
P_{ij}	任务 (i,j) 的紧前任务集合
s_{ij}	任务 (i,j) 的开始时间
c_{ij}	任务 (i,j) 的完成时间,$c_{ij}=s_{ij}+p_{ij}$
A_t	在时段 t 处于工作状态的任务的集合
R_k	资源 k 的供给量(容量)
r_{ijk}	任务 (i,j) 所需可更新资源 k 的数量
NCF_{ij}	任务 (i,j) 在完工时的净现金流
CPL_i	项目 i 的关键路线长度

RCMPSP 的求解目标是要给出多项目进度计划 $S=(S_1,S_2,\cdots,S_N)$,其中 S_i 是第 i 个子项目的进度计划,即 $S_i=(s_{i1},s_{i2},\cdots,s_{iJ_i})$。

常见的多项目调度问题目标函数参见表2.4。多数为基于项目时间的目标函数,也有部分非时间的目标函数,如项目净现值、资源均衡、项目拆分等(Lova et al.,2000)。此外,还有部分文献用到更复杂的组合式目标函数

（Chiu and Tsai，2002；Goncalves et al.，2008）。

表 2.4 多项目调度问题常见目标函数

目标函数	公式	参考文献
多项目工期[1]	$\min\limits_{i} \max \{c_{iJ_i}\}$	Krüger and Scholl(2009)；Pritsker et al.(1969)
项目总工期	$\min \sum\limits_{i=1}^{N} c_{iJ_i}$	Pritsker et al.(1969)
加权项目总工期	$\min \sum\limits_{i=1}^{N} w_i c_{iJ_i}$	廖仁等(2004)
总项目拖期[2]	$\min \sum\limits_{i=1}^{N} \max\{0, c_{iJ_i} - d_i\}$	Kurtulus and Narula(1985)
平均项目拖期[2,3]	$\min \dfrac{1}{N} \sum\limits_{i=1}^{N} \max\{0, c_{iJ_i} - d_i\}$	Lova and Tormos(2001)
加权项目拖期	$\min \sum\limits_{i=1}^{N} w_i \max\{0, c_{iJ_i} - d_i\}$	Kurtulus(1985)[2]，Lawrence and Morton(1993)
平均拖期比例[2,4]	$\min \dfrac{1}{N} \sum\limits_{i=1}^{N} \dfrac{\max\{0, c_{iJ_i} - d_i\}}{d_i}$	Browning and Yassine(2010)
多项目拖期比例[1,2]	$\min \dfrac{\sum\limits_{i=1}^{N} c_{iJ_i} - \sum\limits_{i=1}^{N} d_i}{\sum\limits_{i=1}^{N} d_i}$	Browning and Yassine(2010)
总项目净现值	$\max \sum\limits_{i=1}^{N} \sum\limits_{j=1}^{J} NCF_{ij} \exp(-\alpha c_{ij})$	Chiu and Tsai(2002)

注：1. 这两个目标函数本质上是单项目方式的，可以认为是多项目测度指标(portfolio measure)。

2. 在上述原始文献中，采用 CPL_i 取代 d_i，即相当于设定项目 i 的截止日期为 CPL_i。

3. 平均项目拖期在本质上和总项目拖期没有区别。

4. 平均拖期比例事实上是加权项目拖期的一种特例。

　　综合上述假设和采用的符号，对应于 RCPSP 的常规 RCMPSP，即以多项目工期(multi-project duration，MPD)最小化为目标的多项目调度问题，可以表述为：

$$\min \max_i \{c_{iJ_i}\} \tag{2.34}$$

s.t.

$$s_{ij} \geqslant \max_{(i,h) \in P_{ij}} c_{ih}, \quad \forall i, j \tag{2.35}$$

$$\sum_{(i,j) \in A_t} r_{ijk} \leqslant R_k, \quad \forall k, t \tag{2.36}$$

目标函数为多项目工期,即各独立项目工期的最大值,需要优化项目进度计划以最小化该目标函数。式(2.35)表示了项目内部各任务之间的紧前关系,一个任务没有完成之前不能开始它的任何后续任务;式(2.36)则限制了在任意时间所有项目执行中的任务对每种资源的总需求不得超过该资源的供给量。

式(2.34)至(2.36)给出的数学模型为部分多项目调度研究文献所采用(Krüger and Scholl, 2009; Pritsker et al., 1969),但是该数学模型存有争议。因为该模型相当于将多个独立项目合并成了一个宏项目(macro-project)。也就是说,相当于额外增加了一个虚拟的总起始任务(global start activity)和一个虚拟的总结束任务(global end activity),通过这两个虚拟任务将 N 个项目合并成了一个宏项目。而项目调度的目标则简化成了最小化总结束任务的完成时间。这样的处理方式事实上成为单项目方式(single-roject approach),一般来说会导致项目整体绩效下降(Kurtulus and Davis, 1982)。

可以采用加权项目总工期作为目标函数,以要求采用多项目方式(multi-project approach)进行调度,如此则数学模型修改为:

$$\min \sum_{i=1}^{N} w_i c_{iJ_i} \tag{2.37}$$

s.t.

$$s_{ij} \geqslant \max_{(i,h) \in P_{ij}} c_{ih}, \quad \forall i, j \tag{2.38}$$

$$\sum_{(i,j) \in A_t} r_{ijk} \leqslant R_k, \quad \forall k, t \tag{2.39}$$

其中, w_i 为各项目工期权重系数。

多项目方式更能反映项目实践的真实情况。因为通常不同项目由不同的项目经理负责,项目目标函数也不尽相同。

　　如同 RCPSP 问题的拓展,RCMPSP 问题也可以进一步拓展,引入多执行模式、任务可抢占、任务工期不确定、时间窗约束、加权拖期最小化等不同目标函数以及多目标优化等一系列情形。此外,对于 RCMPSP 问题还存在一个特殊的扩展,即考虑资源在不同项目之间的转移成本或转移时间(Krüger and Scholl, 2009)。不过鉴于 RCMPSP 问题本身的复杂度,本书的内容主要局限于对常规 RCMPSP 问题的研究。

　　对于式(2.37)—(2.39)定义的 RCMPSP,也可以采用 0-1 规划的形式加以描述。所采用的决策变量 x_{ijt} 定义如下(Pritsker et al., 1969):

$$x_{ijt} = \begin{cases} 1, & \text{任务}(i,j)\text{在时间段}t\text{完成}; \\ 0, & \text{其他} \end{cases} \tag{2.40}$$

则上述 RCMPSP 问题可表示为:

$$\min \sum_{i=1}^{N} w_i \sum_{t=0}^{T} t \cdot x_{iJ_i t} \tag{2.41}$$

s.t.

$$\sum_{t=0}^{T} x_{ijt} = 1, \quad \forall i, j \tag{2.42}$$

$$\sum_{t=0}^{N} (t - p_{ij}) x_{ijt} - \sum_{t=0}^{T} t \cdot x_{iht} \geqslant 0, \quad \forall (i, h) \in P_{ij}, \forall i, j \tag{2.43}$$

$$R_k - \sum_{i=1}^{N} \sum_{j=1}^{J_i} r_{ijk} \sum_{\tau=t}^{t+p_{ij}-1} x_{ij\tau} \geqslant 0, \quad \forall k, t \tag{2.44}$$

$$x_{ijt} \in \{0, 1\}, \quad \forall i, j, t \tag{2.45}$$

其中,式(2.42)要求各任务均不可抢占;式(2.43)给出了每个项目内部的紧前关系约束;式(2.44)给出了资源约束;式(2.45)定义了决策变量。

第3章 项目调度问题特征参数与算例库

对于项目调度问题,现有文献中已有大量的求解算法,基本可以分为精确算法、启发式算法及元启发式算法。由于项目调度问题的复杂性(为 NP-hard 问题),精确算法只适用于小型项目调度问题,目前的研究主要集中于各类启发式算法。如何分析比较不同启发式算法的优劣,自然就成为一个需要关注的问题。因此,就需要有足够数量的实例(instance)作为项目调度算法比较的基准(benchmark)。

另一方面,对资源受限项目调度问题本身的特征进行分析也有助于加深对问题的理解。对于不同类型的项目调度问题,多数启发式算法的求解效率差异非常明显(Kolisch,1996;Kurtulus and Davis,1982)。因此,在研究求解算法之前有必要先对项目调度问题本身进行分析。

3.1 单项目调度问题特征参数

第2章已经详细描述了项目调度问题数学模型需要分析的主要参数,包括任务工期、紧前关系、资源约束等。但是,这些参数的具体实现及不同组合,会对实际的项目调度产生极大的影响。Davis(1975)提出,对于项目调度问题需要分析的网络特征参数包括以下几类:描述项目网络规模、形状及逻辑结构(紧前关系)的特征参数;项目的时间特性;项目资源需求与供给特征。

现有文献中存在大量刻画项目调度问题的特征参数,根据 Zhu 和 Padman (1997)的统计,主要有30多个参数,可以整理为五大类参数,即项目规模、基于关键路线法的参数、资源、现金流、项目网络结构。但是,其中所列的多数参数对项目调度算法的效率并无直接影响。从计算复杂性的角度出发,现有文献中最广为接受的有以下特征参数。

1.网络复杂度

网络复杂度(network complexity, NC)被定义为 AON 网络 $G=(V,E)$ 中每个节点的平均箭线数量(Davis, 1975):

$$NC = \frac{|E|}{|V|} \tag{3.1}$$

Kolisch 等(1995)进一步指出,在估算网络复杂度时应事先剔除冗余箭线。

Browning 和 Yassine(2010)提出对 NC 进行规范化:

$$NC = \frac{|E| - E_{\min}}{E_{\max} - E_{\min}} \tag{3.2}$$

其中,$E_{\max}(E_{\min})$ 表示具有 J 个节点的网络的理论最大(最小)箭线数量。因此,网络复杂度 NC 可以采用式(3.3)进行计算:

$$NC = \frac{|E| - (J-1)}{\left(\frac{J^2}{4}\right) - (J-1)} = \frac{4|E| - 4J + 4}{(J-2)^2} \tag{3.3}$$

不过,目前大多数文献仍然采用式(3.1)计算网络复杂度 NC。

上述测度指标被批评为忽略了网络结构的差异性。具有相同 NC 值的项目网络拓扑结构可能存在巨大差异,因而对应的项目调度问题的计算复杂性也会有明显差别(Demeulemeester, et al., 2003)。因此,一些学者提出了其他复杂度指标来替代 NC。De Reyck 和 Herroelen(1996)对于 AOA 网络图在约简复杂性(reduction complexity, RC)基础上提出用复杂度指数(complexity index, CI)来取代网络复杂度指标 NC。Mastor(1970)在分析生产线平衡问题时,用次序强度(order strength, OS)来刻画网络拓扑结构的复杂度。次序强度定义为网络中有效逻辑关系数量与逻辑关系理论上限的比值。其中,有效逻辑关系不仅指紧前关系,一项任务与其所有前导任务之间也被认为存在逻辑关系。因此,对于一个包括 J 个非虚拟任务的项目网络图,其有效逻辑关系的理论上限为 $J \times (J-1)/2$。例如,图 3.1 所示的项目 AON 网络图中,任务 1 和任务 7 为虚拟任务,项目一共有 5 个非虚拟任务,有效逻辑关系数量为 5,因此其次序强度 $OS = 5/10 = 0.5$。De Reyck 和 Herroelen(1996)的分析表明,

次序强度 OS 是比 NC 等其他测度指标更优的指标。

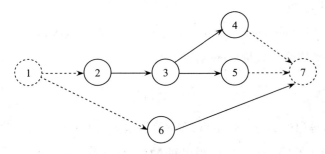

图 3.1　项目网络图次序强度

2.资源系数

资源系数(resource factor,RF)反映任务对各类资源的需求状况(Cooper,1976)。资源系数的计算公式为(Kolisch et al.,1995):

$$RF = \frac{1}{J}\frac{1}{K}\sum_{j=1}^{J}\sum_{k=1}^{K}\mathrm{sgn}(r_{jk}) \tag{3.4}$$

其中,$\mathrm{sgn}(\cdot)$ 为符号函数:

$$\mathrm{sgn}(r_{jk}) = \begin{cases} 1, & r_{jk} > 0; \\ 0, & 其他 \end{cases} \tag{3.5}$$

资源系数反映了任务资源需求矩阵 r_{jk} 的密度。如果 $RF=1$,说明每一个任务都需要用到每一种资源;如果 $RF=0$,则表示没有任务需要用到资源,项目调度问题退化成资源不受限项目调度问题,可以采用传统的关键路线法进行求解。

3.资源强度

资源强度(resource strength,RS)用于描述任务资源需求与资源供给之间的关系,即资源的稀缺状况(Cooper,1976)。对某一可更新资源 k,其资源强度的计算公式为:

$$RS_k = \frac{R_k}{\dfrac{1}{J}\sum_{j=1}^{J}r_{jk}} \tag{3.6}$$

但是,Kolisch 等(1995)指出式(3.6)存在缺陷。首先,式(3.6)给出的资源强度没有标准化到 $[0,1]$ 区间;其次,资源强度较低可能导致无法获得可行进度计划;最后,该公式忽略了项目网络结构对资源需求的影响。因此,需要对式(3.6)进行修正。

在给定项目网络结构(紧前关系)和各任务资源需求的条件下,可以计算各可更新资源的最低供应量 $R_k^{\min}$ 和最高供应量 $R_k^{\max}$。最低供应量 $R_k^{\min}$ 仅能满足项目执行的最低资源要求:

$$R_k^{\min} = \max_j \{r_{jk}\} \qquad (3.7)$$

而最高供应量 $R_k^{\max}$ 则提供了充分的资源,以至于额外的资源供应量并不能加速项目进度,即在增加边际供应量后该资源已不成为约束条件。因此,资源强度可采用(3.8)的计算公式,以反映当前资源供应量的相对稀缺程度(Kolisch et al.,1995):

$$RS_k = \frac{R_k - R_k^{\min}}{R_k^{\max} - R_k^{\min}} \qquad (3.8)$$

Kolisch 等(1995)分析了网络复杂度 NC、资源系数 RF 及资源强度 RS 三个参数对计算复杂性的影响,指出网络复杂性 NC 的影响最小,而资源系数 RF 和资源强度 RS 对计算复杂性的影响都非常显著。在资源系数 RF 上升时,计算时间明显增加;而在资源强度 RS 增加时,计算时间明显下降。不过,Demeulemeester 等(2003)认为,之所以 Kolisch 等(1995)的统计分析指出网络复杂性对计算复杂性不具有显著影响,是因为传统的网络复杂性指标 NC 不足以全面反映网络拓扑结构。

4.资源受限程度

资源受限程度(resource constrainedness,RC)也用于描述资源的稀缺程度,其计算公式为(Demeulemeester et al.,2003):

$$RC_k = \frac{\bar{r}_k}{R_k} \qquad (3.9)$$

其中,$\bar{r}_k$ 为资源 k 的平均需求量:

$$\bar{r}_k = \frac{\sum_{j=1}^{J} r_{jk}}{\sum_{j=1}^{J} \operatorname{sgn}(r_{jk})} \qquad (3.10)$$

对于资源强度 RS 和资源受限程度 RC,现有文献中有很多争论(De Reyck and Herroelen,1996;Kolisch et al.,1995)。因此,有些项目生成软件在设计上采用资源强度 RS 作为特征参数(Kolisch et al.,1995),有些软件采用资源受限程度 RC 作为特征参数(刘士新、王梦光,1997),而有些软件则同时提供这两种参数供用户选择(Demeulemeester et al.,2003)。

3.2　单项目调度算例库

鉴于 RCPSP 问题的重要性与复杂性,众多专家学者对此进行了大量研究,提出了各种类型的算法。为了有效地比较分析这些算法的效率,需要有共同的项目实例供对比研究。目前,在文献中大量用到的项目调度算例库主要有两套,一套是 Patterson(1984)搜集整理的 110 个经典调度问题,另一套是基于实验设计(design of experiment,DOE)方法用 ProGen 软件产生的项目调度算例库(Kolisch and Sprecher,1996;Kolisch et al.,1995)。

3.2.1　Patterson 算例库

Patterson(1984)从相关文献中搜集整理而成的项目调度算例库共包括 110 个项目实例,每个项目实例包含 7 ~ 50 个任务,涉及 1 ~ 3 种可更新资源,其中 4 个项目只涉及 1 种资源,3 个项目涉及 2 种资源,其余 103 个项目涉及 3 种资源。

值得注意的是,在该算例库的 110 个项目实例中,部分实例的项目网络结构是完全一样的,仅仅是工期和资源需求存在差别。

该算例库在提出后得到了广泛应用,一般称其为 Patterson 算例库(Patterson set),已成为项目调度研究领域的一个常用算例库。

虽然 Patterson 算例库在项目调度研究领域得到了应用广泛,但是该算例库也存在一些明显的不足(Kolisch et al.,1995):首先,该算例库中的项目实例来自不同文献来源,并非采用实验设计方法产生,因此其 110 个实例并不能有效覆盖项目调度问题的各种不同情形;其次,该算例库只包括单模式项目调度实例;最后,该算例库中的项目实例大多数较为简单,在 IBM PS/2 80386 计算机上用精确算法求解平均只需要0.76秒,最长也只需要14.0秒(Demeulemeester and Herroelen,1992),因此不足以有效评估各类算法的效率。

3.2.2 PSPLIB算例库

由于Patterson算例库存在上述缺陷,因此Kolisch等(1995)开发了一套项目调度问题生成软件ProGen,可以事先指定项目特征参数,然后由ProGen软件产生符合参数要求的具体项目实例。这样,就可以采用实验设计方法产生适用于算法比较分析的大样本算例库。之后,Kolisch和Sprecher(1996)进一步扩展了ProGen的应用,产生了一整套涉及多任务模式的调度问题,从而形成了新的项目调度算例库(project scheduling problem library,PSPLIB)。

PSPLIB包括一系列不同项目规模的算例库。项目规模以任务数量J区分。对于单模式RCPSP问题而言,J30算例库即指任务数量$J=30$的算例库。单模式项目调度算例库的基本参数如表3.1所示,其中所有项目实例均只涉及可更新资源。

表3.1 单模式项目调度问题库基本参数设定

参数	J	M_j	p_j	K	R	r_j	$|S_j|$	$|S_1|$	$|P_j|$	$|P_J|$
最小值	30	1	1	4	1	1	1	3	1	3
最大值	30	1	10	4	10	4	3	3	3	3

在表3.1中,J表示项目所包含的实际任务数量(不包括虚拟任务);M_j为任务j执行模式的数量;p_j为任务工期;K是可更新资源种类;R为可更新资源的容量;r_j为任务j对资源的需求量;$|S_j|$为任务j的紧后任务数量;$|S_1|$为虚拟任务1的紧后任务数量,即项目实际上的启动任务数量;$|P_j|$为任务j的紧前任务数量;$|P_J|$为虚拟任务J的紧前任务数量,即项目实际上的结束任务数量。

项目实例的详细构造过程参见文献(Kolisch et al.,1995)。为保证所生成的算例库具有足够的代表性,Kolisch和Sprecher(1996)采用全因子实验设计(full factorial design)方法构造算例库。网络复杂度NC、资源系数RF及资源强度RS作为三个控制变量,其取值水平见表3.2。实验一共产生$3\times4\times4=48$个单元(cell)。每个单元分别产生10个项目实例。因此,一共得到480

个实例,构成J30算例库。

表 3.2　单模式项目调度算例库控制参数设定

特征参数	取值水平			
NC	1.50	1.80	2.10	—
RF	0.25	0.50	0.75	1.00
RS	0.20	0.50	0.70	1.00

　　类似地,可以设计生成项目规模更大的算例库。J60、J90及J120即指由 ProGen产生的项目任务数分别为60、90及120的RCPSP算例库。目前,J30 算例库的所有实例均已通过精确算法求得最优项目工期。

　　如果将问题拓展到多模式项目调度问题,还可以用ProGen计算产生多模 式项目调度算例库。Kolisch和Sprecher(1996)在设计MRCPSP算例库时,采 用的基本参数与表3.1所列参数略有不同。

　　Schwindt(1995)在ProGen软件的基础上进行扩展,编制了ProGen/max软 件,使其可以在产生的项目实例中包括时间窗约束。Drexl等(2000)进一步同 时考虑到部分可更新资源(Bottcher et al.,1999)和任务搭接关系(minimal time-lag),编制了扩展版的项目调度问题生成软件ProGen/πx。

　　Demeulemeester等(2003)指出上述ProGen等软件的项目调度问题生成 机制在构造项目网络时随机性都不够高,而且以上软件均采用传统的网络复 杂度指标NC,而该指标无法有效评估项目网络图的拓扑结构复杂性。因此, Demeulemeester等(2003)设计了新的RanGen软件,该软件可以事先指定项目 网络图的次序强度OS,并计算项目网络图的复杂度指数CI,在构造过程中则 不限定紧前(紧后)任务的最大数量以及开始(结束)任务的最大数量,因此所 生成的网络图具有更大随机性。

　　本章所提及的各算例库均可在PSPLIB网站下载[①]。

---

　　① 网址:http://www.om-db.wi.tum.de/psplib/。

3.3　多项目调度问题特征参数

与单项目调度问题不同,多项目调度问题涉及多个独立的项目,而这些项目之间又存在资源竞争。目前对多项目调度问题特征参数的研究相对较少。现有文献中主要存在以下几个多项目特征参数(Kurtulus and Davis, 1982;Kurtulus and Narula,1985;Kurtulus,1985)。

1.资源平均负载系数

平均负载系数(average load factor,ALF)用于测度每类资源的高峰需求对项目调度算法绩效的影响。在不考虑资源约束的情况下,利用CPM产生项目的进度计划,则在时段 t 对资源 k 的总需求可以表示为:

$$D_{kt} = \sum_{(i,j) \in A_t} r_{ijk} \tag{3.11}$$

因此,对于可更新资源 k 而言,其最大需求为:

$$D_k^{\max} = \max_t \{D_{kt}\} \tag{3.12}$$

用 t_ξ^* 表示发生最大资源需求的时段的相对位置,即其与关键路线长度(critical path length,CPL)的比例;用 w_ξ 表示赋予该时段的权重,设定如下(Kurtulus and Davis,1982):

$$w_\xi = \begin{cases} -2, & 0.00 \leqslant t_\xi^* < 0.25; \\ -1, & 0.25 \leqslant t_\xi^* < 0.50; \\ 1, & 0.50 \leqslant t_\xi^* < 0.75; \\ 2, & 0.75 \leqslant t_\xi^* \leqslant 1.00 \end{cases} \tag{3.13}$$

假设最大资源需求 $D_k^{\max}$ 在整个项目执行期间共发生 Q 次,则利用加权平均对资源 k 定义如下的最大负载系数(maximum load factor,MLF):

$$MLF_k = \frac{1}{Q} \sum_{\xi=1}^{Q} w_\xi D_k^{\max} \tag{3.14}$$

MLF 对于项目调度问题中的任务数量较为敏感。例如,考虑以下两个项目调度问题。问题I包含一个项目,问题II包含两个相同的项目。则问题I的 MLF 值是问题II的 MLF 值的一半。因此,将 MLF 除以调度问题中包含的任务数量,得到平均负载系数(average load factor,ALF),这是一个更合理的指标：

$$ALF_k = \frac{MLF_k}{\sum\limits_{i}^{N} J_i} \qquad (3.15)$$

对于涉及多种资源的多项目调度问题，其平均负载系数是如下的向量：

$$\boldsymbol{ALF} = \left(ALF_1, ALF_2, \cdots, ALF_K\right) \qquad (3.16)$$

ALF取决于项目网络、任务工期以及任务的资源需求。图3.2给出了常见的几种项目网络形状（Kurtulus and Narula，1985）。如多项目调度问题所包含的项目均类似于图3.2(a)所示的网络结构，则ALF值接近于一3。如多项目调度问题所包含的项目均类似于图3.2(b)所示的网络结构，则ALF值接近于＋3。不同的项目网络的组合，可以产生中间状态的ALF值。

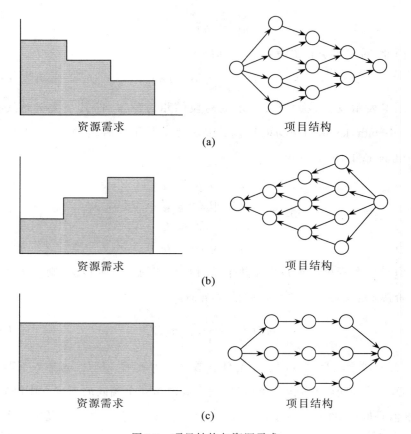

图3.2　项目结构与资源需求

但是,Browning 和 Yassine(2010)的分析指出,*ALF* 尚不足以全面刻画多项目问题资源分布状况。因此,他们提出采用规范化平均资源负载系数(normalized average resource load factor,NARLF):

$$NARLF = \frac{1}{N \cdot \max_i \{CP_i\}} \sum_{t=0}^{CPL_i} \sum_{k=1}^{K} \sum_{(i,j) \in A_t} w_{ijt} \left(\frac{r_{ijk}}{\sum_{k=1}^{K} \mathrm{sgn}(r_{ijk})} \right) \quad (3.17)$$

其中,w_{ijt} 表示相当位置权重,相对式(3.13)而言做了简化,其取值为:

$$w_{ijt} = \begin{cases} -1, & t \leqslant CPL_i/2; \\ 1, & t > CPL_i/2 \end{cases} \quad (3.18)$$

2.资源平均利用系数

另一个资源特征参数是 Kurtulus 和 Davis(1982)提出的平均利用系数(average utilization factor,AUF)。对于某特定资源,其在某特定时段的资源稀缺程度,可以用总的资源需求量与可获得资源量的比值加以衡量。如在任何时段,任何资源的稀缺程度都没有超过 1,即说明项目资源并未构成实际约束,那么该多项目问题可以利用 CPM 产生项目进度计划,在执行过程中也不会因为资源约束造成项目延迟。但是,这样衡量资源稀缺程度有重要的缺陷。首先,对于大项目而言,计算非常烦琐;其次,也无法针对整个项目(或多项目)给出整体测度。因此,需要用某种平均量来表征资源稀缺程度。Kurtulus 和 Davis(1982)提出根据关键路线来划分整个项目工期。将关键路线按照不严格的升序排列,使得:

$$CPL_i \leqslant CPL_l, \quad \forall i < l \quad (3.19)$$

其中,CPL_i 是项目 i 在不考虑资源约束时按照 CPM 计算所得的关键路线长度,CPL_0 则定义为 0。

对于资源 k,其平均利用系数 AUF_k 为:

$$AUF_k = \frac{1}{R_k} \sum_{i=1}^{N} \frac{W_{ik}}{CPL_i - CPL_{i-1}} \quad (3.20)$$

其中,W_{ik} 是所有项目在区间 (CPL_{i-1}, CPL_i) 内对资源 k 的总需求量:

$$W_{ik} = \sum_{t=CPL_{i-1}}^{CPL_{i-1}} D_{kt} \quad (3.21)$$

对于涉及多种资源的多项目调度问题,AUF 是如下的向量:

$$AUF = \left(AUF_1, AUF_2, ..., AUF_K\right) \tag{3.22}$$

上述 AUF 指标也存在不足,当各个项目的关键路线长度比较接近时,AUF 不足以很好地刻画资源状况。因此,Browning 和 Yassine(2010)建议以单位时段取代式(3.19)给出的按关键路线长度划分的时间区段,并将据此计算所得的系数称为修正平均利用系数(modified average utilization factor,MAUF)。

3.其他特征参数

Kurtulus 和 Narula(1985)将网络复杂度 NC 作为一个重要的特征参数。但是,根据 De Reyck 和 Herroelen(1996)的分析,次序强度 OS 可能是更合适的指标。由于多项目调度问题中的各项目相互独立,因此可以分别计算各项目网络的次序强度 OS。

另一个常用的项目特征参数是项目规模(project size),即全部项目所包含的任务数量。一般而言,随着项目规模的上升,项目调度问题的复杂度也相应增加,调度算法所需的计算量也就越高。值得注意的是,多数研究事实上采用两个参数来确定项目规模,一是项目数量,另一是任务数量。

资源数量(number of resource types)是另一个项目特征参数。资源种类的多少和资源系数 RF 有关,也会影响项目调度问题的复杂度。在单项目调度算例库中,并未涉及对资源数量的深入讨论。对于多项目调度问题而言,资源数量尤其重要,因为对不同资源的竞争构成了多项目调度问题的主要矛盾。

3.4 多项目调度算例库

对于多项目调度问题,目前尚缺少公认的标准算例库。现有文献中的多项目调度研究往往需要建立自己的调度算例库用于比较和分析。通常,这些多项目调度问题实例有以下几种情况:(1)来自项目实践(Bowers et al.,1996;Kara et al.,2001;余建星、李彦苍,2007;廖仁等,2004);(2)仅采用少数示例性实例(Ghomi and Ashjari,2002;Mohanty and Siddiq,1989);(3)为单项目调度文献中已有项目实例的直接组合（Ash and Smith-Daniels，1999；Chiu and Tsai，2002；Kim and Leachman，1993；Yang and Sum，1993，1997）。

3.4.1　构造方式

Tsai 和 Chiu（1996）提供了一种构建多项目调度算例库的基本思路。首先，Tsai 和 Chiu（1996）从文献中搜集了 7 个项目网络，通过组合这 7 个项目网络，可以得到多项目网络。Tsai 和 Chiu（1996）将多项目网络中的独立网络数量限定在 4 个以内，因此一共得到 $C_7^2 + C_7^3 + C_7^4 = 21 + 35 + 35 = 91$ 个多项目网络。然后，为每个任务分配工期和资源需求，分别独立服从区间 $[1,9]$ 内的均匀分布。最后，再设定资源容量，其取值为区间 $[R_k^{\min}, R_k^{\max}]$ 内的所有整数。如此，一共产生 4941 个多项目调度问题用于算法测试。但是，这样的构造方法存在明显的不足，一方面项目网络不足以覆盖各种拓扑结构（Tsai and Chiu，1996），另一方面无法实现各种典型的项目特征参数，不利于算法绩效的评估。

Goncalves 等（2008）采用了类似的思路。组成多项目调度问题的项目网络随机选自 J120 单项目调度算例库（Kolisch and Sprecher，1996），而资源容量则设定为各单项目调度问题实例中资源容量之和。但是，由于组合了多个 J120 项目实例，已经很难保证资源特征参数符合合理的分布。

Lawrence 和 Morton（1993）从研究多项目延迟成本优化的角度出发构造了所需的算例库。研究设定 4 种资源数量水平，分别为 1、2、3、5。每种资源水平下均构造 40 个多项目调度实例。每个实例包括 5 个项目，每个项目的任务数量服从 $[25,50]$ 之间的均匀分布。每个项目的延迟成本系数服从 $[1,10]$ 之间的均匀分布。任务工期为服从 $[1,10]$ 之间均匀分布的整数。每个任务所需资源种类数量不超过 3 种。任务的最大资源需求比例服从 $[0.3,1.0]$ 之间的均匀分布；而每个任务的资源需求和最大需求的比例则服从 $[0.5,1.0]$ 之间的均匀分布。每个项目网络的次序强度 OS 服从 $[0.05,0.15]$ 之间的均匀分布[①]。此外，为每个实例设定 3 个不同的截止时间。因此，一共产生 480 个延迟成本最小化多项目调度实例。Lawrence 和 Morton（1993）为多项目算例库构造提

---

① 　Lawrence 和 Morton（1993）在计算次序强度 OS 时只计入了紧前关系，因此所得的 OS 值偏低。

供了另一种思路,即不是从单项目算例库中抽取实例进行组合,而是直接进行构造。但是他们的方法未充分考虑多项目调度问题特征参数,因此尚不足以有效分析特征参数对于算法绩效的影响。

Lova 等(2000)基于 AUF 等特征参数进行了实验设计。每个多项目调度实例包括4或8个项目,每个项目包括30或60个任务。每个项目的网络复杂度 NC 固定为3。AUF 取值为0.8或1.2。每个项目涉及5种可更新资源,每个任务平均需要调用2或4种资源,资源系数 RF 取值为0.4或0.8。因此,一共有 $2 \times 2 \times 2 \times 2 = 16$ 个单元,每个单元产生两个实例,共得到32个多项目调度实例。之后,Lova 和 Tormos(2001)采用了同样的构造方法。这种构造方法由于采用了全因子设计,且考虑了多项目资源特征参数,相对而言较为成熟。不足之处在于没有将网络复杂度纳入设计参数。此外,如果多项目调度问题的目标函数涉及加权平均,还需要考虑项目权重(刘士新、王梦光,1997)。

3.4.2 全因子多项目算例库

可以在上述研究基础上,采用全因子设计方法构造更为合理的多项目调度算例库。主要考虑以下特征参数:项目数量(N)、项目规模(J)、次序强度(OS)、资源种类(K)、资源系数(RF)、资源受限程度(RC)。参考现有文献,设定各参数的不同取值水平,如表3.3所示。其中,每个参数分别取高、低两个水平的值。如此,一共构造 $2 \times 2 \times 2 \times 2 \times 2 \times 2 = 64$ 个单元。

表3.3 多项目调度算例库特征参数设定

特征参数	取值水平	
	低	高
N	3	6
J	30	60
OS	0.3	0.6
K	3	6
RF	0.4	0.8
RC	0.4	0.8

　　利用 RanGen 软件(Demeulemeester et al.,2003)生成符合上述要求的单项目实例,然后组合成符合要求的多项目实例。在上述每个实验单元中,均构造 4 个多项目实例。因此,一共生成 $64 \times 4 = 256$ 个多项目实例用于算法测试。

第4章 项目网络时间分析

对项目的时间分析(temporal analysis)主要是指分析项目任务的各项时间参数,包括:任务的最早开始时间、最早完成时间、最晚开始时间、最晚完成时间,以及任务的各类时差。在此基础上,则可以进一步分析项目网络的关键路线及项目总工期。需要指出的是,传统的项目网络时间分析是不考虑资源约束的,而仅仅分析任务之间的紧前关系。

关键路线法(CPM)是最传统同时也是最常用的网络计划技术,其显著特点,就是借助网络图对项目的进行过程及其内在逻辑关系进行综合描述,在此基础上进行任务时间分析(Kerzner,2003)。关键路线法也被称为箭线图法(arrow diagram method,ADM),因为早期的关键路线法大多是基于箭线图(即AOA网络图)进行分析的。关键路线法假设在项目的AON网络图 $G = (V, E)$ 中,所有任务工期具有已知的确定时间长度,任务不允许抢占,且只存在 $FS = 0$ 的紧前关系。

本章主要介绍基于AON网络图的CPM分析过程。基于AOA网络图的分析过程可以参考文献(Moder et al.,1983)。当任务时间具有不确定性时,可以采用计划评审技术(program evaluation and review technique,PERT)、概率型网络评审技术(probabilistic network evaluation technique,PNet)或蒙特卡洛模拟(Monte Carlo simulation,MCS)等方法对项目及任务时间参数进行分析(Diaz and Hadipriono,1993)。

4.1 任务开始时间

关键路线法首先需要分析的是项目中的每一个任务最早可以在什么时

间开始。任务最早可能开始的时间一般简称为最早开始时间(earliest start time,ES)。任务的最早开始时间为项目经理提供了一些最基本的信息。

4.1.1 正向计算

最早开始时间是通过对项目网络图的正向计算(forward pass)分析得到的。正向计算的伪代码(pseudocode)如下所示:

Procedure of Forward Pass

BEGIN

    INIT:$ES_1 = EF_1 = 0$

    FOR $j = 2$ TO J

        $ES_j = \max \{ EF_h | h \in P_j \}$

        $EF_j = ES_j + p_j$

    END FOR

END

一般设定项目起始任务的最早开始时间为0,以方便对项目时间进行分析。如此,项目后续任务的开始时间就等于从项目启动到该任务开始执行所需的时间。而任务j的最早开始时间ES_j为:

$$ES_j = \max_{h \in P_j} EF_h \tag{4.1}$$

在任务工期确定并且不允许任务抢占的前提下,任务的最早完成时间(earliest finish time,EF)是指该任务的最早开始时间加上任务工期。因此,任务j的最早完成时间EF_j为:

$$EF_j = ES_j + p_j \tag{4.2}$$

当任务存在多个执行模式时,选择各模式中的最短工期用于时间参数计算,即:

$$p_j = \min_{m \leqslant M_j} p_{jm} \tag{4.3}$$

其中,M_j为任务j的执行模式数量,p_{jm}是任务j在模式m中的工期。

图4.1所示的AON网络图给出了一个计算任务最早开始时间的例子。

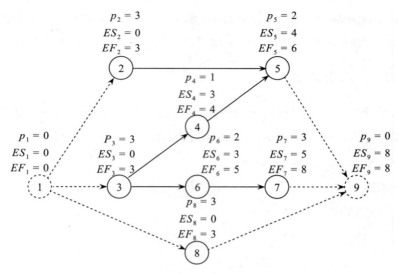

图 4.1 任务最早开始时间计算

正向计算给出了每个任务的最早开始时间,这些时间实际上确定了一个项目进度计划,称为最早开始进度计划(early start schedule)。在多数情况下,常用商业项目管理软件给出的甘特图(Gantt chart)就是这样的一个进度计划。图 4.1 中项目的最早开始进度计划甘特图如图 4.2 所示。

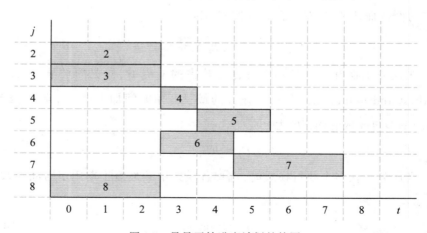

图 4.2 最早开始进度计划甘特图

4.1.2 逆向计算

一般来说,项目经理不仅要关心任务的最早开始时间,还需要了解一项任务最晚可以在什么时候开始而不至于使得整个项目延期,即需要了解任务的最晚开始时间(latest start time,LS)。因此,还需要对项目进行逆向计算(backward pass)。

假设项目完工时间上限为 T,从 T 开始进行逆向计算。其伪代码如下所示:

Procedure of Backward Pass

BEGIN

  INIT: $LS_J = LF_J = T$

  $FOR\ j = J - 1\ TO\ 1$

    $LF_j = \min\{LS_h | h \in S_j\}$

    $LS_j = LF_j - p_j$

  END FOR

END

一项任务的最迟完成时间(latest finish time,LF)不能晚于影响后续任务的最晚开始时间。设任务 j 的紧后任务集合为 S_j,则任务 j 的最迟完成时间 LF_j 为:

$$LF_j = \min_{h \in S_j} LS_h \tag{4.4}$$

在任务工期确定并且不允许任务中断的前提下,任务 j 的最迟开始时间 LS_j 为:

$$LS_j = LF_j - p_j \tag{4.5}$$

当任务存在多个执行模式时,仍选择各模式中的最短工期用于时间参数计算。

在项目工期上限 T 未知的情况下,通常采用任务各模式最长工期之和作为项目时间上限的估计值:

$$T = \sum_{j=1}^{J} \max_{m \leqslant M_j} p_{jm} \tag{4.6}$$

图 4.1 所示的项目,如设定项目工期上限 $T = 8$,则其任务最晚开始时间计算结果如图 4.3 所示。

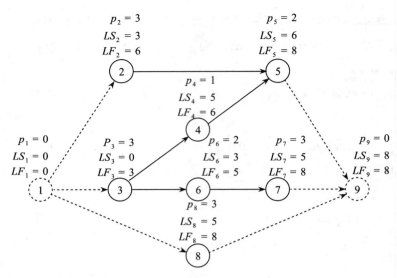

图 4.3　任务最晚开始时间计算

逆向计算给出了每个任务的最晚开始时间,这些时间实际上也确定了一个项目进度计划,称为最晚开始进度计划(late start schedule)。图 4.3 中项目的最晚开始进度计划甘特图如图 4.4 所示。

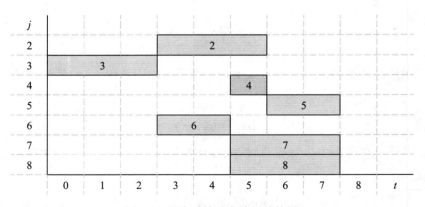

图 4.4　最晚开始进度计划甘特图

4.2　任务时差

计算各项任务的最早开始时间、最早完成时间、最晚开始时间、最晚完成时间,其主要目的是分析各项任务在时间安排上的自由度。这一问题的判断,取决于对任务时差的计算。主要有三类任务时差,即任务总时差、自由时差以及安全时差。此外,还有一些较不常用的时差概念,如干涉时差(interfering float)、独立时差(independent float)等(Moder et al.,1983)。

4.2.1　总时差

任务的总时差(total float/total slack/path float,TF)是指在不影响整个项目完工时间的条件下,某项任务的开始时间允许推迟的最大限度,即最晚开始时间与最早开始时间的差值。记任务 j 的总时差为 TF_j,其计算公式为:

$$TF_j = LS_j - ES_j \qquad (4.7)$$

或

$$TF_j = LF_j - EF_j \qquad (4.8)$$

当项目工期上限 T 等于项目截止时间时,任务总时差即为该任务所允许的最大延迟。而当 $T = EF_j$ 时,如果一项任务的总时差 $TF = 0$,即称该任务为关键任务(critical activity)。在一般情况下,称总时差最小的任务为关键任务。

在 AON 网络中,由关键任务组成的从开始任务直到结束任务的一条路线即称为关键路线(critical path,CP)。任何关键任务的延迟都会导致整个关键路线的延迟,也就是整个项目的延迟。

在不考虑资源约束的情况下,关键路线长度(critical path length,CPL)即为项目总工期。在存在资源约束的情况下,CPL 通常小于项目最短工期,只能作为项目工期下限的一个估计值。

4.2.2　自由时差

任务的自由时差(free float/free slack/activity float,FF)是指在不影响后续任务的最早开始时间的前提下,该任务的完成时间所拥有的机动时间。也就是说,如果一项任务的延迟不超过其自由时差,不会对其他任务的开始时间造成影响。记任务 j 的自由时差为 FF_j,其计算公式为:

$$FF_j = \min_{h \in S_j} \{ES_h\} - EF_j \qquad (4.9)$$

一项拥有总时差的任务不一定有自由时差,而任务的自由时差总是小于等于其总时差。

4.2.3 安全时差

任务的安全时差(safety float/safety slack,SF)从另一个角度分析任务工期的延迟问题,是指在不影响紧前任务的最晚完成时间的前提下,该任务的开始时间所拥有的机动时间(Demeulemeester and Herroelen,2002)。也就是说,如果一项任务的延迟不超过其安全时差,就不会对其他任务的完成时间造成影响。记任务 j 的安全时差为 SF_j,其计算公式为:

$$SF_j = LS_j - \max_{h \in P_j} \{LF_h\} \qquad (4.10)$$

对于图 4.1 中的项目,在求得各任务的最早开始、最早完成、最晚开始、最晚完成时间后,可以计算其三类时差,如表 4.1 所示。

表4.1 任务时差与关键路线

j	pj	ES_j	EF_j	LS_j	LF_j	TF_j	FF_j	SF_j	备注
1	0	0	0	0	0	0	0	0	虚拟任务
2	3	0	3	3	6	3	1	0	
3	3	0	3	0	3	0	0	0	关键任务
4	1	3	4	5	6	2	0	2	
5	2	4	6	6	8	2	0	0	
6	2	3	5	3	5	0	0	0	关键任务
7	3	5	8	5	8	0	0	0	关键任务
8	3	0	3	5	8	5	5	5	
9	9	8	8	8	8	0	0	0	虚拟任务

可见该项目的关键路线是由任务 3、6、7 构成的,其项目工期为 $CPL = 8$。在该项目的 7 个非虚拟任务中,4 项非关键任务 2、4、5、8 均有总时差。但是,非关键任务 4、5 没有自由时差,而非关键任务 2 的自由时差小于其总时差;非关键任务 2、5 没有安全时差。

4.3　扩 展 分 析

传统的关键路线法只对任务之间的紧前关系进行分析,如果将搭接关系 (generalized precedence relation, GPR)纳入 AON 网络图,需要对上述的关键路线法进行调整,而采用所谓的先导图法 / 顺序图法(precedence diagramming method, PDM),在计算任务开始/完成时间时,要求其满足给定的搭接关系与滞后量。

关键路线法也可以基于 AOA 网络进行分析。当基于 AOA 网络进行分析时,时间参数的计算会有所区别,具体细节可以参考文献(Demeulemeester and Herroelen, 2002; Moder et al., 1983)。关键路线法也可以用于对多项目进行分析。对于多项目而言,如果不考虑资源约束,则每个项目都完全相互独立,可以分别计算其各个任务的各时间参数。

传统的关键路线法忽略项目面临的资源约束,或者可以认为其假设资源是无限的,因此在实际应用中存在隐含的缺陷。但是,关键路线法对于项目调度仍然非常有价值,尤其是关键路线法所提出的时差概念,对于项目经理在合理调度上具有非常重要的价值。但是,在考虑资源约束后,关键路线法的时差概念需要进行修正。因此,部分学者提出资源约束下任务时差 (resource constrained float, RCF)的概念(Bowers, 1995; 2000)。

此外,当任务工期存在不确定性时,对任务关键性或任务时差的分析会更加复杂(Williams, 1992),可以通过蒙特卡洛模拟加以估算(Bowman, 1995)。

虽然关键路线法不考虑资源约束,并且假设任务工期是确定的,因而在实际应用上存在缺陷,但是其给出的任务时间参数对于各类 RCPSP 算法提供了重要参数,有助于提高算法搜索效率。

第5章　基于优先规则的启发式算法

　　RCPSP问题的求解算法大致可以分成三大类:精确算法、启发式算法及元启发式算法。文献中常见的精确算法主要包括:动态规划法、0-1规划法、分支定界法(branch-and-bound)等,其中分支定界法效果最好,研究和应用也最为广泛(Kolisch,1996a)。不过,由于RCPSP为NP-hard问题,精确算法对于任务数量较多的大型项目无法在可接受的时间内求得最优解。启发式算法则比较丰富,基本可分为以下几类:(1)基于优先规则的启发式算法(priority rule-based heuristic);(2)精简分支定界法(truncated branch-and-bound);(3)基于整数规划的启发式算法;(4)分离弧方法(disjunctive arc concept);(5)局部搜索技术。不过,与元启发式算法相比,启发式算法的求解效率普遍较差(Kolisch and Hartmann,2006),目前已不再是研究热点。元启发式算法(metaheuristic)则是目前RCPSP算法领域的重点研究对象(Kolisch and Hartmann,2006;Lancaster and Ozbayrak,2007)。

　　尽管基于任务优先规则的启发式算法在效率上不如元启发式算法,但这一类算法对于项目调度研究而言仍非常之重要(Kolisch,1996a):(1)算法逻辑直观且易于理解,为多数商业项目管理软件所采用,也是很多项目经理在处理实际问题时采用的决策方式(Herroelen,2005;Kolisch,1999);(2)算法计算速度极快,可用于产生元启发式算法所需的初始解;(3)各类任务优先规则是很多元启发式算法的重要组成部分。因此,本章将详细分析基于优先规则的启发式算法,从而为后续各章的分析奠定基础。

5.1　进度生成机制

基于任务优先规则的启发式算法在构造上包括两大组成部分：(1)进度生成机制；(2)任务优先规则。

进度生成机制（schedule generation scheme,SGS）是大多数 RCPSP 启发式算法的核心。SGS 能够从零开始逐步扩展局部进度计划来生成一个完整可行的项目进度计划。对一个包含 J 个任务的项目来说，一个局部进度计划只包含 $l(l < J)$ 个任务。根据扩展方式的不同，SGS 可以分为以任务为阶段变量和以时间为阶段变量两种类型（Kolisch, 1996a）。以任务为阶段变量的SGS 称为串行进度生成机制（serial schedule generation scheme,SSGS）；以时间为阶段变量的 SGS 则称为并行进度生成机制（parallel schedule generation scheme,PSGS）。

5.1.1　串行进度生成机制

SSGS 包括 J 个阶段。在每一阶段 g 中，需要在满足紧前关系和资源约束的前提下选取一个任务，并安排该任务尽快开始。因此，可以认为在每一阶段 g 都存在两个互不相交的任务集合：(1)已调度任务集合（scheduled set），记为 S_g，包括所有已经被安排了开始时间并分配了所需资源的任务；(2)候选任务集合，也就是待决策任务集合（decision set），记为 D_g，包括所有尚未安排开始时间，同时其所有紧前任务都属于 S_g 的任务，即：

$$D_g = \{ j | j \notin S_g \land P_j \subseteq S_g \} \tag{5.1}$$

在 SSGS 的早期阶段，通常会存在一些既不属于 S_g 也不属于 D_g 的任务，这些任务由于其某个紧前任务尚未安排开始时间，因而无法进入候选任务集合。

在每一个阶段，SSGS 采用特定的优先规则从 D_g 中选取一个任务，然后为该任务设定开始时间，并分配相应的所需资源。随着调度阶段的推进，SSGS逐步扩展进度计划，从而完成整个项目的调度。

SSGS 的伪代码如下所示：

Procedure of Serial Schedule Generation Scheme(SSGS)

BEGIN

    INIT: $s_1 := c_1 := 0$; $S_1 := \{1\}$

    FOR g:= 2 TO J

        COMPUTED$_g$

        SELECT j^* from D_g /*according to some priority rule*/

        ASSIGN s_{j^*} /*as early as possible*/

        UPDATE $R_k(t)$

        $S_g := S_{g-1} \cup \{j^*\}$

    END FOR

END

初始化时,设定任务 $j=1$ 的开始时间为 0。在每一阶段开始时,计算候选任务集合 D_g,然后从候选任务集合 D_g 中根据特定优先规则选取一个任务 j^*。接着,在符合紧前关系和当前资源供应情况的前提下,为任务 j^* 安排一个尽可能早的开始时间 s_{j^*}。由于任务 j^* 需要满足紧前关系,因此其开始时间 s_{j^*} 的下限为:

$$LB(s_{j^*}) = \max_{h \in P_{j^*}} \{s_h + p_h\} \tag{5.2}$$

同时,该开始时间还需要满足资源约束,所以实际可行的开始时间 s_{j^*} 为:

$$s_{j^*} = \min\left\{ t \,\middle|\, LB(s_{j^*}) \leqslant t \leqslant LS_{j^*} \wedge \left[r_{j^*k} \leqslant R_k^g(\tau), \forall \tau \in (t, t+p_{j^*}), \forall k \right] \right\} \tag{5.3}$$

其中,LS_{j^*} 为任务 j^* 根据项目时间上限 T 及 CPM 确定的最晚开始时间;$R_k^g(t)$ 为第 g 个阶段中可更新资源 k 在时段 t 上的剩余供应量。在确定任务 j^* 的开始时间之后,需要分配相应的资源,并更新后续可供分配的资源供应量,因此对于可更新资源 k,在第 g 个阶段分配了任务 j^* 之后,其剩余资源供应量(residual availability)为:

$$R_k^g(t) = \begin{cases} R_k^{g-1}(t) - r_{j^*k}, & s_{j^*} \leqslant t < s_{j^*} + p_{j^*}; \\ R_k^{g-1}(t), & 其他 \end{cases} \tag{5.4}$$

图 5.1 展示了一个 $J=9$ 的项目。该项目只有一种可更新资源 $(K=1)$，资源容量 $R=4$。每个任务的工期与资源需求量均标注在 AON 网络图中。任务 1 和任务 9 为虚拟任务。

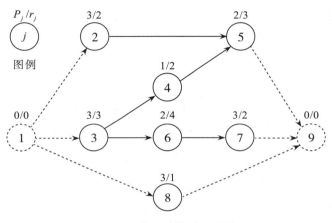

图 5.1　资源受限项目示例

利用串行 SGS 及任意优先规则即可产生该项目的可行进度计划。例如，可选定最短工期(shortest processing time,SPT)为任务优先规则。如此,在任务 1 完成分配之后,在第 2 个阶段,任务 2、3、8 构成候选任务集合 D_2,这三个任务的工期均为 3,因此需要有打破平局的补充规则(tie-breaker)进一步进行选择,通常在缺省情况下设定补充规则为任务编号越小越优先,如此则在第 2 阶段选择任务 2。在满足紧前任务和资源约束的前提下,设定任务 2 的开始时间 $s_2=0$。由于任务 2 需要 2 个单位的资源,因此剩余资源供给量在时段 0 和时段 1 均下降 2 个单位,其余时段保持不变。之后 SGS 进入第 3 个阶段。此时任务 3、8 构成新的候选任务集合 D_3。根据上述优先规则,选择任务 3 进行调度。任务 3 的开始时间下限为 0,但是从时段 0 到时段 2 的剩余资源供给量无法满足任务 3 的资源需求,因此必须设定任务 3 的开始时间为 $s_3=0$。由于任务 3 需要 3 个单位的资源,因此剩余资源供给量在时段 3 到时段 5 均下降 3 个单位,其余时段保持不变。如此,可以逐步完成各阶段的计算,最终完成所有任务的调度,从而产生整个项目的进度计划,如图 5.2 所示。

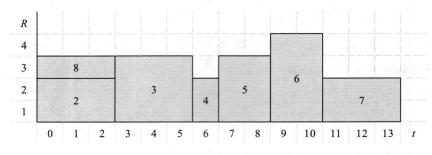

图 5.2　基于 SSGS 及 SPT 的项目进度计划

　　按照选择的顺序,上述进度计划也可以表示为一个任务列表(activity list):(1,2,3,4,5,6,7,8,9)。可见 SSGS 在构造任务列表的过程中并不考虑资源约束,而是在每个任务分配开始时才考虑资源约束。

　　如果选用最小总时差(minimum slack,MINSLK)优先规则,则 SSGS 产生的项目进度计划如图 5.3 所示,为最优进度计划。其对应的任务列表为:(1,3,6,7,4,2,5,8,9)。由此可见,不同优先规则会构造出不同的任务列表,从而对项目调度质量产生直接影响。

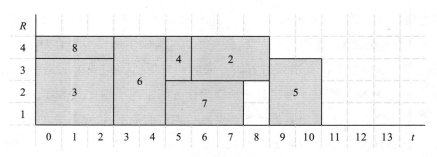

图 5.3　基于 SSGS 及 MINSLK 的项目进度计划

　　SSGS 产生项目进度计划的均为积极进度计划。积极进度计划(active schedule,AS)是指这样的可行项目进度计划:在满足紧前关系和资源约束的要求下无法左移(left shift)任一任务的开始时间而不必延迟其他任务(Sprecher et al.,1995)。也就是说,对于一个积极进度计划,要提前某一任务,必然需要延迟其他某些任务。Kolisch(1996a)证明,利用 SSGS 与任意优先规则产生的项目进度计划,必然是积极进度计划。对于任意一个积极进度计划,还必然是半积极进度计划。所谓半积极进度计划(semi-active schedule, SAS)是指该进度计划中的任何任务都无法进一步局部左移(Sprecher et al.,1995)。对大部分常规的项目调度目标函数,例如最小化项目总工期等,SSGS 是比较合适的方法。SSGS 的时间复杂度为 $O(J^2, K)$。

5.1.2　并行进度生成机制

并行进度生成机制以时间为阶段变量,最多包括 J 个阶段。在每一阶段 g,需要确定一个时段 t_g。然后根据当前的进度计划区分三个任务集合:(1)在时段 t_g 处于完成状态的任务集合,称为已完成任务集合(complete set),记为 C_g;(2)C_g 在时段 t_g 处于工作状态的任务集合,称为执行任务集合(active set),记为 A_g;(3)与 SSGS 不同,候选任务集合(decision set)包括所有满足紧前关系和资源约束并可以在时段 t_g 开始的任务,记为 D_g:

$$D_g = \left\{ j \mid j \notin \{C_g \cup A_g\} \wedge P_j \subseteq C_g \wedge \left[r_{jk} \leqslant R_k(t_g), \forall k \right] \right\} \tag{5.5}$$

其中,$R_k(t_g)$ 为资源 k 在时段 t_g 的剩余资源供应量。

在每一个阶段,PSGS 包括两个步骤:(1)设定该阶段的当前时间 t_g,将集合 A_g 中所有完成时间等于 t_g 的任务剔除出 A_g,并加入已完成任务集合 C_g,然后据此更新候选任务集合 D_g。(2)根据指定的任务优先规则,从集合 D_g 中选择一项任务 j^*,并安排该任务从当前时段 t_g 开始执行;然后该任务 j^* 从候选任务集合 D_g 迁入集合 A_g。重复执行步骤(2)直到候选任务集合 D_g 为空集,然后转入下一个阶段。当所有任务都属于已完成任务集合 C_g 或执行任务集合 A_g 时,PSGS 完成调度并终止。

PSGS 的伪代码如下所示:

Procedure of Parallel Schedule Generation Scheme(PSGS)

BEGIN

  INIT:$s_1 := 0$; $A_1 = \{1\}$; $C_1 := \Phi$; $g := 2$

  WHILE $\left| \left[C_g \cup A_g \right] \right| < J$ DO

    /*step1*/

    $t_g := \min \{ s_j + p_j \mid j \in A_{g-1} \}$

    $A_g := A_{g-1} \setminus \{ j \mid j \in A_{g-1} \wedge s_j + p_j = t_g \}$

$$C_g := C_{g-1} \bigcup \{ j | j \in A_{g-1} \wedge s_j + p_j = t_g \}$$

COMPUTE D_g

/*step 2*/

DO

    SELECT j^* from D_g /*according to some priority rule*/

    $s_{j^*} := t_g$

    $A_g := A_g \bigcup \{ j^* \}$

    UPDATE $R_k(t)$ and D_g

WHILE $D_g \neq \Phi$

$g := g + 1$

    END WHILE

  END

初始化时,设定任务 $j=1$ 的完成时间为 0。每阶段分两步,第一步确定当前时段 t_g 以及三个任务集合;第二步从候选任务集合 D_g 中选取一个任务,并安排该任务在时段 t_g 开始。然后更新候选任务集合 D_g,并继续选取和安排任务,直到候选任务集合 D_g 为空。在此过程中,每选中一个任务 j^*,都需要重新计算各资源 k 的剩余资源供应量:

$$R_k^g(t) = \begin{cases} R_k^{g-1}(t) - r_{j^*k}, & t_g \leqslant t < t_g + p_{j^*}; \\ R_k^{g-1}(t), & \text{其他} \end{cases} \quad (5.6)$$

对于图 5.1 中的资源受限项目,可以利用并行 SGS 及任意优先规则产生该项目的可行进度计划。假设选用最多后续任务(most total successor, MTS)优先规则。在任务 1 完成分配之后,在第二个阶段,当前时段 $t_2 = 0$,候选任务集合 $D_2 = \{2, 3, 8\}$。根据 MTS 规则,选择任务 3 并安排其开始时间为 $s_3 = t_2 = 0$。因此,新的执行任务集合 $A_2 = \{3\}$,并根据式(5.6)更新资源剩余供应量。更新之后,重新计算得到 $D_2 = \{8\}$。选择任务 8,并安排其开始时间为 $s_8 = t_2 = 0$。继续更新资源剩余供应量,并重新计算得到 $D_2 = \Phi$。于是进入第三个阶段。在第三个阶段,计算得到当前时间 $t_3 = 3$,$A_3 = \Phi$,$C_3 = \{1, 3, 8\}$,$D_3 = \{2, 4, 6\}$。选择任务 2 并安排其开始时间为 $s_2 = t_3 = 3$。因此,新的执行任务集合 $A_3 = \{2\}$,更新资源剩余供应量,重新计算得到 $D_3 = \{4\}$。选择任务4并安排其开始时间为 $s_4 = t_3 = 3$。因此,新的执行任务集合 $A_3 = \{2,4\}$,更新资源剩余供应量,重新计算得到 $D_3 = \Phi$。第三个阶段结束,进入第四个阶段。计算得到当前时间 $t_4 = 4, D_4 = \Phi$。于是转入第五个阶段,计算得到当前时间 $t_5 = 6, D_5 = \{5,6\}$。如此继续,逐步产生完整的项目进度计划,如图5.4所示。

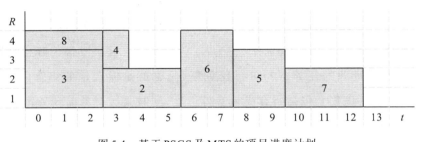

图5.4 基于PSGS及MTS的项目进度计划

如果采用MINSLK优先规则,则PSGS得到如图5.3所示的最优进度计划。

PSGS生成的是非延迟进度计划。非延迟进度计划(non-delay schedule, NDS)是指,如果将一个可行进度计划中的每一项任务均拆分成以工期为单位时间的若干子任务,在保持紧前关系和资源约束的要求下,拆分所得的进度计划仍然是积极的,也就是说没有任一子任务可以在满足约束条件的要求下提前开始时间(Sprecher et al.,1995)。显然,一个非延迟进度计划必然是一个积极进度计划。如此,可以确立不同类型项目进度计划之间的关系。对于某一个项目,用 S 表示所有进度计划的集合,FS 表示可行进度计划集合,SAS 表示半积极进度计划集合,AS 表示积极进度计划集合,NDS 表示该项目的非延迟进度计划集合,则有如下关系(Sprecher et al.,1995):

$$NDS \subseteq AS \subseteq SAS \subseteq FS \subseteq S \qquad (5.7)$$

Kolisch(1996a)证明,利用PSGS与任意优先规则产生的项目进度计划,必然是非延迟进度计划。值得指出的是,对于目标函数为常规目标函数的资源受限项目调度问题来说,PSGS的搜索空间要小于SSGS,但是PSGS所能给出的非延迟进度计划集合有可能不包括问题的最优解。PSGS的时间复杂度为 $O(J^2, K)$。

5.1.3 多项目进度生成机制

前面介绍了单项目调度的进度生成机制,包括串行 SGS 与并行 SGS。并行 SGS 给出的是非延迟进度计划(non-delay schedule),其搜索空间要小于串行 SGS,但是有可能不包括项目调度问题的最优解(Kolisch,1996;Sprecher et al.,1995)。接下来则进一步介绍串行多项目 SGS,对应并行 SGS 可以做类似的扩展。

考虑 N 个并行项目,其中一共包含 $\sum J_i$ 个任务。因此,对串行 SGS 来说,需要 $\sum J_i$ 个阶段。在任一阶段 g 中,同样包括两个互不相交的任务集合:(1)已调度任务集合(scheduled set),记为 S_g,包括所有已经被安排了开始时间并分配了所需资源的任务;(2)可行任务集合,也就是候选任务集合(decision set),记为 D_g,该集合包括所有尚未安排进度,同时其所有紧前任务都属于 S_g 的任务,即:

$$D_g = \{(i,j)|(i,j) \notin S_g, P_{ij} \subseteq S_g\} \tag{5.8}$$

在每一个阶段,根据给定的优先规则,从 D_g 中选取任务,并在满足紧前关系和资源约束的条件下安排中选任务尽早开始。对于多项目问题来说,在初始阶段,候选任务集合 D_1 包含了每个项目的起始任务,之后每个阶段逐步更新候选任务集合,从而完成多项目的进度安排。

串行多项目进度生成机制(serial multi-project schedule generation scheme,SMPSGS)的伪代码如下所示:

Procedure of Serial Multi−Project Schedule Generation Scheme(SMPSGS)
BEGIN

    INIT: $s_{1,1} := c_{1,1} := 0$; $S_1 := \{(1,1)\}$

    FOR $g := 2$ TO SJ_i

        COMPUTE D_g

        SELECT (i^*, j^*) from D_g /*according to some priority rule*/

        ASSIGN $s_{i^*j^*}$ /*as early as possible*/

        UPDATE $R_k(t)$

        $S_g := S_{g-1} \bigcup \{(i^*, j^*)\}$

    END FOR

    END

在每一阶段开始时,计算候选任务集合 D_g,然后从候选任务集合 D_g 中根据特定优先规则选取一个任务 (i^*,j^*)。接着,在满足紧前关系和当前资源供应的前提下,为任务 (i^*,j^*) 安排一个尽可能早的开始时间 $s_{i^*j^*}$。由于任务 (i^*,j^*) 需要满足紧前关系,因此其开始时间 $s_{i^*j^*}$ 的下限为:

$$LB(s_{i^*j^*})=\max_{(i^*,h)\in P_{i^*j^*}}\{s_{i^*h}+p_{i^*h}\} \qquad (5.9)$$

同时,该开始时间还需要满足资源约束,所以实际可行的开始时间 $s_{i^*j^*}$ 为:

$$s_{i^*j^*}=\min\left\{t\,\middle|\,LB(s_{i^*j^*})\leqslant t\leqslant LS_{i^*j^*},r_{i^*j^*k}\leqslant R_k^g(\tau),\forall\tau\in\big(t,t+p_{i^*j^*}\big),\forall k\right\}$$

$$(5.10)$$

其中,$LS_{i^*j^*}$ 为任务 (i^*,j^*) 根据项目工期上限 T 及 CPM 确定的最晚开始时间;$R_k^g(t)$ 为第 g 个阶段中可更新资源 k 在时段 t 上的剩余供应量。在确定任务 (i^*,j^*) 的开始时间之后,需要分配相应的资源,并更新后续可供分配的资源供应量,因此对于可更新资源 k,在第 g 个阶段分配了任务 (i^*,j^*) 之后,其剩余资源供应量为:

$$R_k^g(t)=\begin{cases}R_k^{g-1}(t)-r_{i^*j^*k}, & s_{i^*j^*}\leqslant t<s_{i^*j^*}+p_{i^*j^*};\\ R_k^{g-1}(t), & 其他\end{cases} \qquad (5.11)$$

图 5.5 展示的多项目共包含 2 个项目,只涉及一种可更新资源($K=1$),资源容量 $R=4$。每个任务的工期与资源需求量均标注在 AON 网络图中。

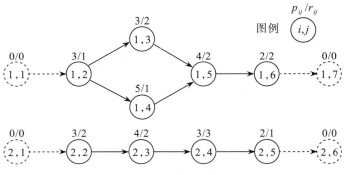

图 5.5　资源受限多项目示例

利用串行 SGS 及任意优先规则即可产生可行的多项目进度计划。例如,可选定最短任务优先(shortest operation first, SOF)规则。如此,在任务(1,1)和任务(2,1)完成分配之后,在第三个阶段,任务(1,2)和(2,2)构成候选任务集合 D_3,这两个任务的工期均为 3,因此需要有打破僵局的补充规则(tie-breaker)进一步进行选择,通常在缺省情况下设定补充规则为任务编号越小越优先,如此则在第三个阶段选择任务(1,2)。在满足紧前任务和资源约束的前提下,设定任务(1,2)的开始时间为 $s_{1,2}=0$。由于任务(1,2)需要 1 个单位的资源,因此剩余资源供给量在时段 0 到时段 2 均下降 1 个单位,其余时段保持不变。之后 SGS 进入第四个阶段。此时任务(1,3)、(1,4)、(2,2)构成新的候选任务集合 D_4。根据上述优先规则,选择任务(1,3)进行调度。任务(1,3)的开始时间下限为 3,且时段 3 到时段 5 的剩余资源供给量可以满足其资源需求,因此设定任务(1,3)的开始时间为 $s_{1,3}=0$。由于任务(1,3)需要 2 个单位的资源,因此剩余资源供给量在时段 3 到时段 5 均下降 2 个单位,其余时段保持不变。如此,可以逐步完成各阶段的计算,最终完成所有任务的调度,从而产生整个多项目进度计划,如图 5.6 所示。

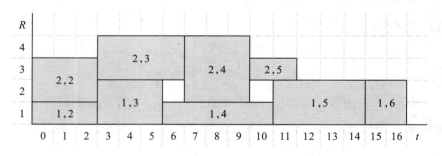

图 5.6　基于 SSGS 及 SOF 的多项目进度计划

按照任务选择的顺序,上述进度计划也可以表示为一个多项目任务列表:(1,2),(1,3),(2,2),(2,3),(2,4),(2,5),(1,4),(1,5),(1,6)。与单项目 SSGS 类似,多项目 SSGS 在构造任务列表时也不考虑资源约束,而是在为每个任务分配开始时间时才考虑资源约束。因此,从上述的任务列表可以对应到一个特定的进度计划;但是,给定如图 5.6 所示的一个项目进度计划,并不只对应一个特定的任务列表。例如,如果交换上述任务列表中任务(1,2)

和 (2,2) 的顺序,所对应的进度计划并无差异。从图 5.6 中还可以观察到,项目 2 的进度计划实际上就是 CPM 计划,但是项目 1 由于存在着和项目 2 之间的资源竞争,任务 (1,3) 和 (1,4) 无法并行开展,导致整个项目相对其 CPM 计划来说有一定的延长。

如果选用最长项目任务优先 (longest activity from longest project, LALP) 规则 (参见表 5.3),则 SSGS 产生的任务列表为: (1,2),(1,4),(1,3),(1,5),(1,6),(2,2),(2,3),(2,4),(2,5),其对应的项目进度计划如图 5.7 所示。显然,这一多项目进度计划劣于图 5.6 所示的进度计划。由此可见任务优先规则对调度质量的影响。

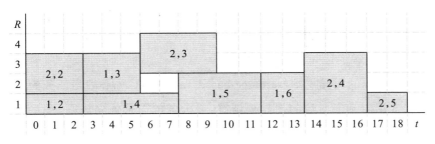

图 5.7　基于 SSGS 及 LALP 的多项目进度计划

5.2　任务优先规则

对于串行或并行进度生成机制的分析说明,优先规则在上述启发式算法中起到了很关键的作用。因此有必要对各类优先规则进行详细的分析。

在进度生成机制中,优先规则 (priority rule) 用于从候选任务集合 D_g 中选择一项任务。优先规则对集合 D_g 中的每个任务 j 都赋予一个优先值 $v(j)$,并根据规则从集合 D_g 中选择优先值最大或最小的任务。如果多个任务存在相同的优先值,则需要找到打破平局的补充规则 (tie-breaker)。通常,最简单的补充规则是优先选择编号最小的任务,或采用简单随机抽样方式进行抽取,有些任务优先规则也会明确列出特定的补充规则 (Chen et al.,2018)。

不同的优先规则考虑的因素各不相同,基本可以分为以下几种类型 (Klein,2000)。

1.基于项目网络的优先规则

基于项目网络的优先规则(network-based rule, NBR)利用的是传统的项目网络图中所包含的信息,但不考虑项目的资源信息。主要利用的信息有任务工期、紧后任务数量等。常见的基于网络的优先规则有:最短工期优先规则、最多紧后任务优先规则、最多后续任务优先规则等。

2.基于关键路线的优先规则

基于关键路线的优先规则(critical path-based rule, CPBR)是根据关键路线法的计算结果来选择任务,通常利用的信息包括任务的最早和最晚开始时间及最早和最晚完成时间。常见的基于关键路径的优先规则有:最早开始时间优先规则、最早完成时间优先规则、最晚开始时间优先规则、最晚完成时间优先规则、最小总时差优先规则等。

3.基于资源的优先规则

基于资源的优先规则(resource-based rule, RBR)关心的是任务的资源需求量。常用的基于资源的优先规则有:最大资源需求优先规则、最大资源使用优先规则等。

4.混合优先规则

混合优先规则(composite rule, CR)是为了避免过于关注单一信息。因此,经常将上述基于网络、关键路线及资源的若干优先规则结合起来,计算其加权和。Ulusoy 和 Ozdamar(1989)的研究证实,即使单个优先规则没有很好的调度效率,其合成的组合规则仍可能很有效。

表5.1列出了文献中常见的部分任务优先规则,这些规则主要用于具有常规目标函数的项目调度问题。表中第三栏表示该规则是选择优先值最大(max)的任务还是优先值最小(min)的任务。

表5.1　RCPSP常见优先规则

类型	规则	极值	公式	参考文献
NBR	最短工期 (shortest processing time, SPT)	min	p_j	Cooper (1976)

续表

类型	规则	极值	公式	参考文献
NBR	最长工期 （longest processing time，LPT）	max	p_j	Cooper （1976）
	最多紧后任务 （most immediate successor，MIS）	max	$\lvert S_j \rvert$	Cooper （1976）
	最多后续任务[1] （most total successors，MTS）	max	$\lvert S_j^* \rvert$	Cooper （1976）
	最大秩序权重 （greatest rank positional weight，GRPW）	max	$p_j + \sum\limits_{h \in S_j} p_h$	Cooper （1976）
CPBR	最早开始时间 （earliest start time，EST）	min	ES_j	Cooper （1976）
	最早结束时间 （earliest finish time，EFT）	min	EF_j	Cooper （1976）
	最晚开始时间 （latest start time，LST）	min	LS_j	Davis（1973）
	最晚结束时间 （latest finish time，LFT）	min	$LS_j + p_j$	Cooper （1976）
	最小总时差 （minimal slack，SLK）	min	$LS_j - ES_j$	Davis（1973）
	后续任务平均时差 （least float per successor，LFS）	min	$(LS_j - ES_j)/\lvert S_j^* \rvert$	Cooper （1976）
	最小动态总时差[2] （slack dynamically，SLKD）	min	$LS_j - ES_j(PS)$	Klein（2000）
	资源调度方法[3] （resource scheduling method，RSM）	min	$\max\limits_{h \in D_g \backslash \{j\}} \{0, t_g + p_j - LST_h\}$	Kolisch （1996b）
	最坏情况时差[3,4] （worst case slack，WCS）	min	$LS_j - \max\limits_{h \in D_g \backslash \{j\}} \{ES_{hj}(PS)\}$	Kolisch （1996b）
RBR	总资源需求 （total resource demand，TRD）	min	$\sum\limits_{k=1}^{K} r_{jk}$	Schirmer （2001）

续表

类型	规则	极值	公式	参考文献
RBR	总资源稀缺度 （total resource scarcity, TRS）	min	$\sum\limits_{k=1}^{K} \dfrac{r_{jk}}{R_k}$	Schirmer （2001）
	最大资源需求 （greatest resource demand, GRD）	max	$p_j \cdot \sum\limits_{k=1}^{K} r_{jk}$	Klein(2000)
CR	加权资源利用率与紧前关系[5] （weighted resource utilization ration and precedence, WRUP）	max	$w|S_j| + (1 - w)TRS_j$	Ulusoy and Ozdamar （1989）

注:1. 注意 MTS 与 MIS 的差异,在公式中 S_j^* 表示任务 j 的后续任务集合。

2. 在 MINSLKD 规则中,任务 j 的最早开始时间 $ES_j(PS)$ 是在 SGS 当前阶段根据已安排的部分进度计划(partial schedule, PS)及约束条件计算得到的。

3. RSM 与 WCS 规则均只适用于 PSGS,因为需要用到 PSGS 当前阶段的时间 t_g。

4. 在 WCS 规则中,$ES_{hj}(PS)$ 表示 PSGS 根据当前的部分进度计划,如果从 D_g 中选择任务 h 的话,任务 j 最早可以开始的时间,其计算方法参见文献(Kolisch, 1996b)。

5. WRUP 是 MAX MIS 和 MAX TRS 规则的组合,根据 Ulusoy and Ozdamar(1989)的计算分析,$w = 0.7$ 是最佳取值。

根据任务优先规则所需的信息是否为确定信息,可以将优先规则分为静态优先规则和动态优先规则(Klein, 2000)。静态优先规则(static rule)需要的信息是确定的,只需要在调度开始之前计算一次优先值。动态优先规则(dynamic rule)所需的信息依赖于 SGS 的进展,因此每调度完一个任务,都需要重新计算候选任务的优先值。例如,表 5.1 中的 MINSLKD 就是动态规则。

此外,也可以根据优先规则所需信息的范围进行分类(Kolisch, 1996b)。如果只需要候选任务自身的信息,则称为局部优先规则(local rule/myopic rule);如果需要更多相关信息,则称为全局优先规则(global rule)。

当涉及多模式资源受限项目调度问题时,还需要有优先规则对任务执行模式进行选择(Boctor, 1993)。对于资源受限多项目调度问题,一样可以采用 SGS 加优先规则的方法进行求解(Browning and Yassine, 2010; Kurtulus and Davis, 1982; Kurtulus and Narula, 1985)。

对于具有非常规目标函数的 RCPSP 问题,尤其是 RCPSPDCF 问题,现有文献中的常用任务优先规则整理如表 5.2 所示。当然,很多表 5.1 中的优先规则,如MINSLK及MINLFT等,一样也可以应用于非常规RCPSP调度算法。

表5.2　非常规RCPSP的常见优先规则

规则	极值	公式	SGS	参考文献
最迟开始时间与最短工期[1]（late start and short processing time, LSSPT）	min	$\min\{t_g + p_j, LS_j + MD\}$	PSGS	Abbasi and Arabiat (2001)
现金流权重（cash flow weight, CFW）	max	$NCF_j + \sum_{h \in S_j^*} NCF_h$	SSGS	Baroum and Patterson (1996)
后续任务折扣现金流（discounted cash flow of future activities at late-finish times, $\sum$DCFLF）	max	$\left(\sum_{h \in \{j\} \cup S_j} NCF_h\right)\exp(-\alpha LF_j)$	SSGS	Pinder and Maruchek (1996)
调度机会成本[2]（opportunity cost of scheduling, immediate release, IOCS）	min	$EC_j(s_j - t_g) + \sum_{h \in A_g \setminus \{j\}} TP_h p_j$	SSGS	Padman and Smith-Daniels (1993)
加权资源利用率与紧前关系（weighted resource utilization ration and precedence, WRUP）	max	$w|S_j| + (1-w)TRS_j$	PSGS	Ulusoy and Ozdamar (1995)
单一净现值比较（single net present value comparison, SPVC）	max	$NCF_j \exp[-\alpha(t_g + p_j)]$	PSGS	Sepil and Ortac(1997)
成组现值比较（pairwise present value comparison, PPVC）	max	$\max_{h \in D_g \setminus \{j\}} NCF_j \exp(t_g + p_j) + NCF_h \exp(t_g + p_j + p_h)$	PSGS	Sepil and Ortac(1997)

注:1.在LSPPT规则中,MD表示当前已规划任务的最大延迟。

　　2.在IOCS规则中,TP_j表示任务j延迟一个单位时间所增加的成本,即任务j的紧前任务对偶价格之和;EC_j表示任务j的提前成本(earliness cost),即任务j的紧后任务对偶价格之和。对偶价格信息来自RCPSPDCF的对偶问题(Russell,1970)。

　　值得注意的是,由于SGS构造生成的是积极进度计划或非延迟进度计划,这些进度计划适用于常规目标函数,对于NPV等非常规目标函数并不是非常有效。因此,RCPSPDCF等非常规问题启发式算法往往增加了辅助算法来调整进度计划,例如正向逆向调度算法(Li and Willis,1992)就被很多学者用于RCPSPDCF的启发式算法中(Baroum and Patterson,1996)。

在上述的多项目进度生成机制中,已经可以看到多项目调度与单项目调度的差异。Kurtulus和Davis(1982)的研究表明,适用于单项目的优先规则,不一定适用于多项目调度。例如,在单项目调度中表现良好的SOF规则,在多项目调度中远逊于SASP这样的多项目调度规则。因此,在设计用于多项目调度的任务优先规则时,除了考虑项目网络、关键路线、项目资源,还需要考虑不同项目的相互影响。

表5.3列出了文献中部分常见的多项目调度任务优先规则,这些规则主要用于具有常规目标函数的多项目调度问题。

表5.3 多项目调度任务优先规则

规则	极值	公式	参考文献
最短任务 (shortest operation first, SOF)	min	p_{ij}	Kurtulus and Davis(1982)
最长任务 (maximum operation first, MOF)	max	同上	Kurtulus and Davis(1982)
最短项目任务 (shortest activity from shortest project, SASP)	min	$CPL_i + p_{ij}$	Kurtulus and Davis(1982)
最长项目任务优先 (longest activity from longest project, LALP)	max	同上	Kurtulus and Davis(1982)
最小最晚开始时间 (minimum late finish time, MINLFT)	min	LF_{ij}	Browning and Yassine (2010)
最多后续任务 (maximum total successors, MTS)	max	$\|S^*_{ij}\|$	Browning and Yassine (2010)
最多紧后任务 (maximum critical successors, MCS)	max	$\|S_{ij}\|$	Browning and Yassine (2010)

续表

规则	极值	公式	参考文献
最小时差 （minimum slack frist, MINSLK）	min	$LS_{ij} - ES_{ij}$	Kurtulus and Davis(1982)
最大时差 （maximum slack first, MAXSLK）	max	同上	Kurtulus and Davis(1982)
最小总工作量 （minimum total work content, MINTWK）	min	$\sum\limits_{k=1}^{K} \sum\limits_{(i,h)\in S_g} p_{ih}r_{ihk} + p_{ij}\sum\limits_{k=1}^{K} r_{ijk}$	Kurtulus and Davis(1982)
最大总工作量 （maximum total work content, MAXTWK）	max	同上	Kurtulus and Davis(1982)
最早截止时间 （earliest completion due-date, EDD）	min	d_{ij}	Allam(1988)
最早修正截止时间 （earliest modified completion due-date, MDD）	min	$d_{ij} + \max\{0, (t+p_{ij}-d_{ij})\}$	Allam(1988)
最小比例时差 （minimum proportional slack, PMNSLK）	min	$(d_{ij} - t - p_{ij})/p_{ij}$	Allam(1988)
作业总成本[1] （total work content, TWV）	min	$\sum\limits_{k=1}^{K} C_k p_{ij} r_{ijk}$	Allam(1988)
关键指数 （critical indicator, CRI）	min	$CRI_{ij} = (d_{ij}-t)/p_{ij}$	Allam(1988)
加权关键指数[2] （weighted criticality indicator, WCRI）	min	$CRI_{ij}\left(1-\dfrac{w_i}{4N}\right)$	Allam(1988)
关键比值[3] （critical ratio, CR）	min	$\dfrac{CPL_i - t + 1}{ACTIM_{ij}}$	Tsai and Chiu(1996)
加权最晚开始与调度时间[4] （weighted latest start time and scheduling activity time, LSSA）	min	$w \cdot LS_{ij} + (1-w)\cdot(CPL_i + p_{ij})$	Tsai and Chiu(1996)

注:1. C_k 为资源 k 的单位成本。

2. w_i 为项目 i 的权重,$w_i \sim [1, N]$。

3. $ACTIM_{ij}$ 为任务 (i, j) 到该项目结束任务的最长路线长度。

4. LSSA 规则事实上是 MINLST 与 SASP 的加权组合,w 为 0~1 之间的权重系数。

当两项或多项候选任务的优先值相同时,需要打破平局的补充规则(tie-breaker),在多项目调度领域,常用的补充规则包括先到先得(first come first served,FCFS)规则(Dumond and Dumond,1993)与最大资源需求量(greatest resource demand,GRD)优规则(Kurtulus and Davis,1982)。假设当前均具有最佳优先值的候选任务集合为 D_0,则 GRD 规则定义为:

$$(i, j): \max_{(i,j) \in D_0} \sum_{k=1}^{K} r_{ijk} \tag{5.12}$$

在现有文献中,对具有非常规目标函数的多项目调度问题研究相对较少。部分学者针对项目拖期惩罚和项目净现值提出了若干特定的任务优先规则(Chiu and Tsai,2002;Kurtulus and Narula,1985;Lawrence and Morton,1993)。鉴于多项目调度问题的特点,Lova 和 Tormos(2001)还提出一种两阶段优先规则,在第一阶段根据总工作量(TWK)规则选择项目,在第二阶段再根据最大资源需求(GRD)规则从中选择任务。

研究证实上述任务优先规则的表现取决于多项目特征参数(Browning and Yassine,2010;Kurtulus and Davis,1982;Kurtulus and Narula,1985;Kurtulus,1985)。因此,在能够事先估计多项目特征参数的情况下,也可以有针对性地选择特定的任务优先规则(Kara et al.,2001)。

5.3　简单启发式算法

基于优先规则的启发式算法(priority rule-based heuristic)结合了进度生成机制与优先规则来构造项目的可行进度计划(Almeida et al.,2016)。根据生成进度计划的数量和任务选取方式,可以将算法分为如下两类(Hartmann and Kolisch,2000)。

1.单次算法

如果采用上述的某一种 SGS 与某一种任务优先规则,则必然只能得到一个特定的进度计划,因此这样的方法被称为单次算法(single pass approach),或称为单通道算法。重复运行单次算法并不能得到新的进度计划。

2.多次算法

可以组合不同的SGS与不同的优先规则以得到不同的单次算法,并逐一调度从而得到多个进度计划。这样的方法被称为多次算法(multi-pass approach),或称为多通道算法。

常见的多次算法主要包括以下几种(Hartmann and Kolisch,2000;何正文等,2007):

(1)多优先规则法(multi-priority rule approach),即选择一种SGS,然后采用不同优先规则进行调度。

(2)正向逆向调度方法(forward-backward scheduling method),利用一种SGS,反复进行正向计算与逆向计算,从而得到一系列项目进度计划(Li and Willis,1992;Valls et al.,2005)。

(3)抽样算法(sampling method),一般只利用一种SGS和一种优先规则,但在选择任务时,不是直接根据任务优先值进行选择,而是根据任务优先值来计算任务的中选概率,然后根据概率进行随机选择。根据概率计算方式的不同,可以分为三类抽样算法(刘士新等,2001),即随机抽样(random sampling,RS)、偏倚随机抽样(biased ramdom sampling,BRS)及基于后悔值的偏倚随机抽样(regret based biased ramdom sampling,RBRS)。抽样算法由于引入了随机性,与其他多次算法在本质上有所区别,所以也有些学者将其归为单独的一类(Herroelen,2005)。相对于其他单次或多次算法而言,抽样算法在RCPSP问题中得到了较多的应用(Cooper,1976;Kolisch and Drexl,1996;Schirmer,2001;Tormos and Lova,2003),求解效果也好于其他基于优先规则的启发式算法(Hartmann and Kolisch,2000)。

(4)适应性启发式算法(adaptive heuristic)。该类算法基于任务数量、资源情况等项目特征参数决定所采用的SGS、优先规则及抽样方法。例如,Kolisch和Drexl(1996)设计的算法可以选择串行SGS或并行SGS,也可以选择LFT规则或WCS等规则。Shou(2005)则采用人工神经网络对任务优先规则进行动态选取。

5.4　多项目调度抽样算法

多项目调度问题并不是单项目调度问题的简单叠加。许多项目管理者倾向于将项目资源先分配给每一个项目,然后再逐一进行项目内的资源调度(Kim and Leachman,1993)。这样的方式操作较为简单,但是资源配置效率则未必很高。多个研究指出,将多个并行项目简单地捆绑成一个大项目进行调度与管理,往往导致资源利用效率下降(Kurtulus and Davis,1982;Lova and Tormos,2001)。因此,对于多项目调度问题,需要有不同的解决方法。启发式算法是首先被广泛研究的求解方法,也构成后续很多智能算法的基础。

5.4.1　算法设计

基于优先规则的启发式算法是所有项目调度算法中应用最普遍也是最重要的一大类算法。这类启发式算法包含了两个部分,即进度生成机制和任务优先规则。基于 SGS 的启发式算法是决定性的,因为对于给定的优先规则,在 SGS 的每一阶段根据优先规则选取的任务是确定的,因此最终产生的项目进度也是确定的。重复这样的启发式算法,并不能改进算法产生的进度计划。如果在 SGS 中引入随机函数,不是直接根据任务的优先顺序,而是根据一定的概率来随机地抽取任务,那么就可以产生随机的进度计划。重复这样的随机过程,就可以生成一系列的项目进度计划,并从中选择较优的进度计划。

抽样算法的效率主要取决于所采用的随机函数。目前主要有三类抽样算法,即随机抽样、偏倚随机抽样及基于后悔值的偏倚随机抽样。

随机抽样方法给决策集 D_g 中的每个任务赋予完全相同的概率:

$$\Psi(i,j)=\frac{1}{|D_g|} \tag{5.13}$$

上述随机抽样方法事实上是完全随机的,无法有效利用任何启发式信息。偏倚随机抽样方法结合启发式算法中常用的任务优先规则,在 SGS 的每一阶段,给定某一优先规则,考虑候选任务集合 D_g 中的某一个任务 (i,j),使该任务被选取的概率与其优先权相关,同时又保证候选任务集合 D_g 中所有任务的概率之和等于1。如此,可以根据特定优先规则设定的优先值 v_{ij} 赋予概率:

$$\Psi(i,j)= \frac{v_{ij}}{\sum\limits_{(i,j)\in D_g} v_{ij}} \tag{5.14}$$

目前在单项目调度中比较有效的方法是基于后悔值的偏倚随机抽样方法(Schirmer and Riesenberg,1997)。与 BRS 类似,RBRS 也结合了启发式信息,采用如下的概率赋值函数(Drexl,1991;寿涌毅,2005):

$$\Psi(i,j)= \frac{(\rho_{ij}+\varepsilon)^a}{\sum\limits_{(i,j)\in D_g}(\rho_{ij}+\varepsilon)^a} \tag{5.15}$$

其中,ρ_{ij} 为任务 (i,j) 的优先权与候选任务集合 D_g 中其他任务优先权的最大差值:

$$\rho_{ij}= \max_{(i,j)\in D_g}\{v(i',j')-v(i,j)\} \tag{5.16}$$

在式(5.16)中,假定优先权是按升序排列的,即优先权取值越小,任务越优先。对于按降序排列的优先规则,则需要进行如下调整:

$$v'(i,j)=M-v(i,j) \tag{5.17}$$

其中,M 为一足够大的正数,以保证调整后的任务优先权 $v'(i,j)$ 非负。

在式(5.15)中,参数 $\varepsilon>0$ 用于保证 ρ 值为0的任务(即优先级最低的任务)也有一定的概率中选,一般选择 $\varepsilon=1$(Schirmer and Riesenberg,1997)。参数 α 用于控制过程的随机性,当 α 非常大的时候,算法随机性降低;当 α 等于0时,所有任务具有相同的概率,退化成完全随机抽样。一般选取 $\alpha=1$(Kolisch,1996),但是 Schirmer 和 Riesenberg(1997)的计算分析表明 $\alpha=1$ 并不保证有最好的调度效果。

在 SGS 的每一阶段,按式(5.15)定义的概率在候选任务集合 D_g 中随机地选取任务。根据式(5.16)可知,任务的中选概率与其优先级成正比的,优先级越高,中选概率就越大。因此,可以预计任务优先规则会对抽样算法产生显著影响。

5.4.2　算法测试与分析

采用本书第3章所构造的多项目调度算例库对各类多项目抽样算法进行计算测试。多项目目标函数为加权项目总工期最小化,设定各项目权重均为1。所有算法均采用C语言编写,用GNU C编译,在CPU主频2GHz、内存1GB的计算机上进行运算。所有多次算法的最大循环次数都设置为5000次,即产生5000个有效的多项目进度计划。后续各章,在不另做说明的情况下,均采用相同的算例库、计算设备及参数设置。

在多项目RBRS中,分别采用SOF、MOF、SASP、LALP、MTS、MCS、MINSLK、MAXSLK、MINLFT、MAXLFT、MINLST、MAXLST共12种任务优先规则。在所有RBRS中,均设定参数 $\alpha = \varepsilon = 1$。此外,还采用完全随机抽样(PRS)作为对比基准。

首先比较各类任务优先规则,均采用SSGS构造多项目进度计划,并选择PRS作为比较基准。计算所得结果如表5.4所示,并按照项目总工期均值从低到高排序。

表5.4　多项目任务优先规则调度效果比较

调整参数	最小值	最大值	均值	标准差
MOF	100.000	1050.000	385.340	212.247
LALP	104.000	1080.000	388.332	212.852
MTS	102.000	1117.000	403.902	224.421
MAXLFT	106.000	1148.000	407.277	224.706
MCS	108.000	1236.000	407.336	232.412
MAXSLK	101.000	1156.000	409.102	225.439
MAXLST	101.000	1179.000	409.816	226.024
PRS	91.000	1343.000	422.840	276.779
SASP	98.000	1214.000	425.012	244.384
MINLFT	92.000	1505.000	462.176	305.868
MINSLK	99.000	1474.000	469.281	302.746
MINLST	92.000	1567.000	480.918	326.393

续表

调整参数	最小值	最大值	均值	标准差
SOF	104.000	1389.000	481.684	293.402

在上述多项目调度任务优先规则中,MOF规则表现最优,其次是LALP和MTS。而SASP、MINLFT、MINSLK、MINLST及SOF均表现不佳,事实上还不如完全随机抽样方法。这一结果部分证实了Browning和Yassine(2010)的研究,即Kurtulus和Davis(1982)所推荐的SASP规则其实表现并不优秀。

对采用不同优先规则的RBRS进行计算测试,同样以PRS作为比较基准。计算结果如表5.5所示。

表5.5 多项目RBRS调度效果比较

调整参数		最小值	最大值	均值	标准差
RBRS	MTS	93.000	1056.000	368.675	209.098
	MOF	91.000	1157.000	378.289	228.628
	MAXLFT	90.000	1085.000	379.188	221.653
	MCS	92.000	1204.000	383.203	230.462
	LALP	92.000	1180.000	383.516	227.579
	MAXLST	92.000	1102.000	384.438	225.236
	MAXSLK	91.000	1167.000	396.391	240.176
	SASP	91.000	1224.000	408.949	253.271
PRS		91.000	1343.000	422.840	276.779
RBRS	MINSLK	90.000	1338.000	428.094	280.161
	SOF	93.000	1376.000	439.781	283.902
	MINLST	89.000	1514.000	459.703	315.770
	MINLFT	88.000	1536.000	466.352	319.361

可以发现不同任务优先规则对于RBRS的调度效果具有显著影响。采用MINSLK、SOF、MINLST及MINLFT的RBRS,调度效果仍然不如PRS。对于单项目RBRS来说,MINLST是最佳任务优先规则(Drexl,1991;Schirmer and Riesenberg,1997),但对于多项目抽样调度而言,情况显然很不相同。采用SASP的RBRS略好于PRS。在上述优先规则中,采用MTS或MOF规则的

RBRS，调度效果最好。

将 RBRS 与 SSGS 进行比较分析，可以发现在采用 RBRS 反复抽样后，多项目进度计划的质量整体得到了显著提高，如表 5.6 所示。除 MINLFT 外，采用 RBRS 使得多项目总工期均值压缩了 1.24% 至 8.78%。对于 MINLFT 而言，在 RBRS 反复抽样后，多项目总工期均值略有上升。但是，对 256 个实例进行 Wilcoxon Signed Ranks 检验，可以发现这两个算法所得多项目总工期并无统计性显著差异。

表 5.6 多项目 RBRS 对 SSGS 的改进效果

参数	SSGS	RBRS	均值改进百分比
MOF	385.340	378.289	1.83%
LALP	388.332	383.516	1.24%
MTS	403.902	368.675	8.72%
MAXLFT	407.277	379.188	6.90%
MCS	407.336	383.203	5.92%
MAXSLK	409.102	396.391	3.11%
MAXLST	409.816	384.438	6.19%
SASP	425.012	408.949	3.78%
MINLFT	462.176	466.352	−0.90%
MINSLK	469.281	428.094	8.78%
MINLST	480.918	459.703	4.41%
SOF	481.684	439.781	8.70%

此外，在上述偏倚随机抽样算法中，采用了常用的参数设置 $\alpha = \varepsilon = 1$。Schirmer 和 Riesenberg(1997)对于单项目调度的分析已经表明这未必是最佳参数设置。对于多项目调度的偏倚随机抽样，上述参数的合理设置值得后续进一步研究。

第6章 正向逆向迭代算法

基于任务优先权的启发式算法是所有项目调度算法中应用最普遍也是最重要的一大类算法,这类启发式算法包括了两个部分,即进度计划生成机制和项目任务的优先规则。无论是串行SGS还是并行SGS,项目的进度计划都是从最早开始的任务逐步安排到最晚开始的任务,这样的方法就是通常所用的前向调度算法(forward scheduling algorithm)。与之相对的,项目进度计划也可以从最晚结束的任务逐步安排到最早完成的任务,即逆向调度算法(backward scheduling algorithm)。研究表明,将这两种算法结合起来,可以取得更好的效果。

6.1 正向逆向调度

关于正向进度计划的构造方法,已经在第5章进行了详细的介绍和分析。因此,本章首先对逆向调度算法进行阐述。

6.1.1 逆向调度算法

逆向调度算法一样可以采用SSGS或PSGS。对于逆向SSGS来说,共包括J个阶段,从最后一个任务逐步向前调度。在每一阶段g都存在两个互不相交的任务集合:(1)已调度任务集合(scheduled set),记为S_g,包括所有已经被安排了开始时间并分配了所需资源的任务;(2)候选任务集合,也就是待决策任务集合(decision set),记为D_g,包括所有尚未安排开始时间,同时其所有紧后任务都属于S_g的任务,即:

$$D_g = \{ j | j \notin S_g \land S_j \subseteq S_g \} \tag{6.1}$$

在每一个阶段,SSGS采用特定的优先规则从D_g中选取一个任务,然后为该任务设定尽可能晚的开始时间,并分配相应的所需资源。随着调度阶段的推进,SSGS逆向地扩展进度计划,从而完成整个项目的调度。

逆向SSGS的伪代码如下所示:

Procedure of Backward Serial Schedule Generation Scheme(BSSGS)

```
BEGIN
    INIT: c_J := T; S_1 := {J}
    FOR g = 2 TO J
        COMPUTE D_g
        SELECT j* from D_g        /*according to some priority rule*/
        ASSIGN c_{j*}             /*as late as possible*/
        UPDATE R_k(t)
        S_g := S_{g-1} ∪ {j*}
    END FOR
END
```

初始化时,设定任务$j=J$的完成时间为项目工期上限T。在每一阶段开始时,计算候选任务集合D_g,然后从候选任务集合D_g中根据特定优先规则选取一个任务j^*。接着,在符合紧后关系和当前资源供应情况的前提下,为任务j^*安排一个尽可能晚的完成时间c_{j^*}。由于任务j^*需要满足紧后关系,因此其完成时间c_{j^*}的上限为:

$$UB(s_{j^*}) = \min_{h \in S_{j^*}} \{s_h\} \tag{6.2}$$

同时,该完成时间还需要满足资源约束,所以实际可行的完成时间c_{j^*}为:

$$c_{j^*} = \max \{t | EF_j \leq t \leq UB(c_{j^*}) \wedge (r_{j^*k} \leq R_k^g(\tau), \forall \tau \in [t, t+p_{j^*}), \forall k)\} \tag{6.3}$$

其中,EF_j为任务j^*根据CPM确定的最早完成时间;$R_k^g(t)$为第g个阶段中可更新资源k在时段t上的剩余供应量。在确定任务j^*的完成时间之后,需要分配相应的资源,并更新后续可供分配的资源供应量。因此,对于可更新资源

k,在第 g 个阶段分配了任务 j^* 之后,其剩余资源供应量为:

$$R_k^g(t) = \begin{cases} R_k^{g-1}(t) - r_{j^*k}, & c_{j^*} - p_{j^*} \leqslant t < c_{j^*}; \\ R_k^{g-1}(t), & \text{其他} \end{cases} \tag{6.4}$$

图 6.1 展示了一个 $J=9$ 的项目。该项目只有一种可更新资源($K=1$),资源容量 $R=4$。每个任务的工期与资源需求量均标注在 AON 网络图中。设定项目工期上限为 $T=18$。任务 1 和任务 9 为虚拟任务。

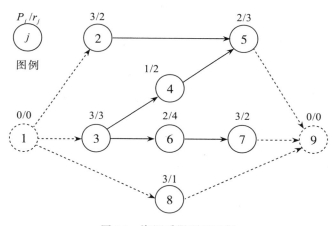

图 6.1　资源受限项目示例

利用逆向 SSGS 及任意优先规则即可产生该项目的可行进度计划。例如,选定最短工期(SPT)为任务优先规则。如此,在任务 9 完成分配之后,在第二个阶段,任务 5、7、8 构成候选任务集合 D_2,这三个任务的工期分别为 2、3、3,因此选择任务 5。在满足紧后任务和资源约束的前提下,设定任务 5 的结束时间 $c_7=18$。由于任务 5 需要 3 个单位的资源,因此剩余资源供给量在时段 16 和时段 17 均下降 3 个单位,其余时段保持不变。之后逆向 SSGS 进入第三个阶段。此时任务 2、4、7、8 构成新的候选任务集合 D_3。根据上述优先规则,选择任务 4 进行调度。因为任务 5 为任务 4 的紧后任务,因此任务 4 的开始时间下限为 16。因为资源供给充分,因此设定任务 4 的完成时间为 $c_4=16$。由于任务 4 需要 2 个单位的资源,因此剩余资源供给量在时段 15 下降 2 个单位,其余时段保持不变。如此,可以逐步完成各阶段的计算,最终完成所有任务的调度,从而产生整个项目的逆向进度计划,如图 6.2 所示。

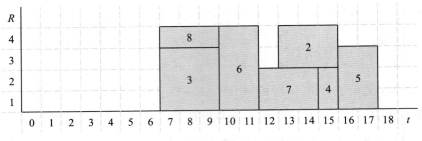

图 6.2 基于逆向 SSGS 及 SPT 的项目进度计划

按照选择的顺序,上述进度计划也可以表示为一个任务列表:$(9,5,4,2,$ $7,6,3,8,1)$。逆向 SSGS 在构造任务列表的过程中也不考虑资源约束,而是在为每个任务分配完成时间时才考虑资源约束。

如果将图 6.2 中所有任务左移 7 个时段,则得到如图 6.3 所示的进度计划。

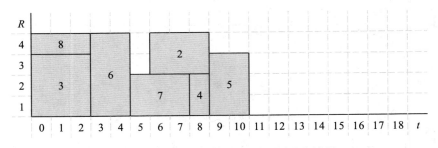

图 6.3 调整开始时间后的逆向项目进度计划

将图 6.3 和图 5.2、图 5.3 进行对比可以发现,虽然采用了相同的任务优先规则 SPT,但是逆向 SSGS 和正向 SSGS 生成了完全不同的进度计划。采用 SPT 规则的正向 SSGS 生成的进度计划需要 14 个时段,而采用相同规则的逆向 SSGS 所生成的进度计划只需要 11 个时段。与采用 MINSLK 规则的正向 SSGS 所生成的进度计划相比,两者在项目工期上完全一致,但是非关键任务 4 的开始时间推迟了 3 个时段。由于项目中间任务的净现值通常为负值,推迟任务 4 的开始时间将有助于改善项目净现值。

类似地,可以构造基于 PSGS 的逆向调度算法。其伪代码如下所示:

Procedure of Backard Parallel Schedule Generation Scheme(BPSGS)

BEGIN

INIT: $c_J := T$; $A_1 = \{J\}$; $C_1 := \Phi$; $g := 2$

WHILE $|[C_g \cup A_g]| < J$ DO

/*step1*/

$t_g := \max\{c_j - p_j | j \in A_{g-1}\}$

$A_g := A_{g-1} \setminus \{j | j \in A_{g-1} \wedge c_j - p_j = t_g\}$

$C_g := C_{g-1} \cup \{j | j \in A_{g-1} \wedge c_j - p_j = t_g\}$

COMPUTE D_g

/*step2*/

DO

　　SELECT j^* from D_g　　/*according to some priority rule*/

　　$c_{j^*} := t_g$

　　$A_g := A_g \cup \{j^*\}$

　　UPDATE $R_k(t)$ AND D_g

WHILE $D_g \neq \Phi$

$g := g + 1$

END WHILE

END

6.1.2　迭代算法

综上所述,可以利用SSGS或PSGS构造逆向的项目进度计划。与前向进度计划相比,逆向进度计划能够有效延迟任务的开始时间,从而缓解资源需求、推迟现金流出、降低项目财务费用。但逆向调度存在以下不足(Li and Willis,1992):

(1)如果设定的项目工期上限太小,项目启动任务的开始时间就会小于零,进度计划将不可行。

(2)因为现实世界中每个项目都具有独特性,项目进度计划的工期数据都是估计值,具有不确定性。如果所有的任务都尽可能晚的开始,那么所有的任务都将成为关键任务,延迟任何一个任务都将会影响到项目总工期。

（3）生成的总工期有时会比正向调度所得的总工期长，从而增加项目成本。

（4）对于可更新资源约束，逆向SGS生成的进度计划效果较好；但是对于不可更新资源或双重约束资源，逆向SGS的调度效果较差，甚至无法给出可行的进度计划（Li and Willis,1992）。

为了克服逆向调度的上述缺陷，Li和Willis（1992）提出将逆向调度和正向调度结合起来，形成正向逆向调度（forward-backward scheduling，FBS）算法。FBS算法是对逆向进度生成机制的改进，通过反复使用正向进度生成机制和逆向进度生成机制来改进项目进度计划。经典的正向逆向迭代方法包含若干次正向调度和逆向调度。首先，按照关键路线法求得任务的各项时间参数，在此基础上生成初始的任务列表，一般采用最早开始时间（ES）的升序排列形成任务列表。当开始时间相同时，采用任务编号作为补充规则。然后，采用串行进度生成机制，在满足紧前关系和资源约束的前提下，根据上述任务列表中的优先序进行正向调度，产生初始进度计划及项目总工期 T。然后以总工期 T 为最终任务的完成时间，以上一次正向进度计划中的任务完成时间的逆序作为任务列表取代传统进度生成机制中的优先规则，进行逆向调度，生成逆向项目进度计划。如果在所得的逆向进度计划中，第1项任务的开始时间 $s_1 > 0$，则以 $c_J - s_1$ 作为新的项目总工期，并根据当前逆向进度计划中各任务开始时间的升序排列新的任务列表，用于下一次正向调度。逆向调度可能导致部分任务的开始时间 $s_j < 0$，则将这些任务的开始时间修改为 $s_j = 0$。然后转入正向调度，继续迭代。如果迭代后所产生的正向进度计划的总工期超过现有项目总工期，说明迭代已无法改进现有的进度计划，算法终止。

正向逆向迭代方法的伪代码如下所示：

Procedure of Forward-Backward Scheduling（FBS）

BEGIN

    INIT：CPM parameters

    /*step1*/

    FORM a forward list FL by increasing ES_j

GENERATE forward schedule by SSGS and FL

$LB := c_J$

/*step2*/

FORM a backward list BL by decreasing c_j

$T_B := c_J$

GENERATE backward schedule by BSSGS and BL

FOR $j = 1$ TO J

　　IF $s_j < 0$ THEN $s_j := 0$

END FOR

/*iterative loop*/

DO

　　/*forward scheduling*/

　　FORM a forward list FL by increasing s_j

　　GENERATE forward schedule by SSGS and FL

　　$T_F := c_J$

　　IF $T_F < LB$ THEN

　　　　$LB := T_B := c_J$

　　　　/*backward scheduling*/

　　　　FORM a backward list BL by decreasing c_j

　　　　GENERATE backward schedule by BSSGS and BL

　　　　FOR $j = 1$ TO J

　　　　　　IF $s_j < 0$ THEN $s_j := 0$

　　　　END FOR

　　END IF

　WHILE $T_F < LB$

END

　　Li 和 Willis(1992)利用滞后环(hysteresis loop)来说明正向逆向迭代算法的作用:正向进度生成机制在项目实施的后期资源利用率不高,逆向进度生成机制恰好相反,二者在以时间为衡量的累计资源利用量上形成一个闭合的环形。如果能保持稳定的资源利用率,滞后环就会缩小,从而使得资源利用率提高,项目工期缩短,而且初始时滞后环越大,算法的效果越明显。滞后环的大小取决于调度时所使用的优先规则。

Li 和 Willis(1992)在正向进度生成机制中采用任务开始时间构造任务列表,在逆向进度生成机制中则采用任务完成时间构造任务列表。其逆向调度过程相当于是将前一进度计划中的任务进行右移,而后续的正向调度过程则相当于将任务进行左移(Tormos and Lova,2001)。

关于任务移动的文献,可以追溯到 Wiest(1964)。Wiest(1964)定义了任务的左移(left shift)和右移(right shift),并区分了局部移动(local shift)和全局移动(global shift)两种情况。Sprecher 等(1995)进一步定义了单位时段左移(one-period left shift),并在此基础上给出了局部移动和全局移动的严格定义。不过值得注意的是,部分学者基于任务移动技术构造了与 FBS 算法不同的调度技术。例如,Klein(2000)设计了同步采用正向和逆向调度的进度生成机制,即双向计划(bidirectional planning)方法。在 SGS 构造进度计划的每一个阶段,按设定的优先规则,对于正向 SGS 的可行任务安排最早开始时间,同时对于逆向 SGS 的可行任务安排最晚开始时间。如此,逐步形成两个部分进度计划(partial schedule,PS),然后将逆向 PS 中的任务,按照其开始时间的升序,逐一左移到正向 PS 中,形成一个完整的项目进度计划。Klein(2000)通过基于算例库(Kolisch et al.,1995;Patterson,1984)的计算测试说明,在给定优先规则集合的情况下,双向计划方法有助于缩短项目总工期,并且也适用于其他非常规目标函数(例如总成本最小、资源利用率最大等)调度问题的求解。

Valls 等(2005)将基于任务完成时间优先值的任务移动定义为任务调整(justification)。对于给定的一个积极进度计划,将所有任务按完成时间的降序向右调整一次,形成一个右向积极进度计划(right active schedule),再将所有任务按新计划完成时间的升序向左调整一次,得到一个新的积极进度计划。当任务完成时间相同时,采用随机方式确定顺序。这个调度过程称为双向调整(double justification,DJ)。Valls 等(2005)利用 J120 算例库(Kolisch et al.,1995)进行了测试,一共进行了三组实验。第一组实验选择了四个应用广泛的基本算法,包括以 MINLFT 为优先规则的 SSGS、以 WCS 为优先规则的 PSGS、以 MINLFT 为优先规则的 RBRS 以及完全随机抽样,并将以上4种算法与 DJ 结合,实验结果表明 DJ 能够显著提高上述算法的求解效果。第二组实验通过4种演化方案和4个遗传算子的两两组合得出16组基于种群的演化算法,并分别与 DJ 相结合;实验结果表明 DJ 能够有效地提高所有算法的求解效果。第三组实验将 DJ 与 Hartmann(1998)提出的遗传算法相结合,实验证实 DJ 显著提高了后者的求解效果。

6.2　改进型迭代算法

自从 Li 和 Willis(1992)提出正向逆向调度算法以来,该算法逐渐得到了广泛的应用。一些学者也在其基础上进行了改进。

6.2.1　基于局部搜索的迭代算法

Ozdamar 和 Ulusoy(1996)对正向逆向迭代算法进行了改进,与 Li 和 Willis(1992)的算法相比,该算法有以下三个特点:

(1)不采用 SSGS,而是采用 PSGS。

(2)逆向调度从时段0开始生成可行进度计划,然后再与前一次正向调度所得的进度计划相比较,选择较短的总工期。

(3)采用局部约束分析(local constraint based analysis,LCBA)(Ulusoy and Ozdamar,1994)替代任务优先规则从决策集 D_g 中选择任务,而且在 LCBA 中采用当前时段 t_g 与 LFT_j 的间隔 $[t_g, LFT_j]$ 作为时间窗,其中 LFT_j 为当前项目总工期 c_1 与上一次进度计划中的任务开始时间 sj 之差,从而建立其正向调度与逆向调度之间的联系。

算法过程如下:首先,采用 PSGS 和 LCBA 生成可行的进度计划。然后用项目总工期减去任务 j 的开始时间 s_j 作为 LFT_j。然后采用 BPSGS,在每一个调度阶段 t_g 在时间窗 $[t_g, LFT_j]$ 内采用 LCBA 进行任务选择,并逐步生成逆向进度计划。对正向进度计划与逆向进度计划进行比较,并保留较优的计划。

如此迭代,直到项目工期无法进一步改进。

该算法的伪代码如下所示:

Procedure of Iterative Scheduling Algorithm

BEGIN

    INIT:CPM parameters

    DO

        /*forward scheduling*/

        GENERATE forward schedule by PSGS and LCBA

        $T_F := c_J$

        /*backward scheduling*/

        $T := 0$

        GENERATE backward schedule by BPSGS and LCBA

        $T_B := -s_1$

        IF $T_B < T_F$

            FOR $j = 1$ TO J

                $s_j := s_j \ s_1$

            ENDFOR

        ENDIF

        WHILE $T_B < T_F$

END

Ozdamar 和 Ulusoy(1996)把改进后算法与最小松弛时间(minimum slack, MINSLK)、最晚结束时间(LFT)、加权资源利用率与紧密关系(weighted resource utilization and precedence,WRUP)及 Li 和 Willis(1992)提出的算法相比较,发现改进算法有更好的调度效果。Ozdamar 和 Ulusoy(1996)在计算测试中发现,正向逆向迭代过程通常只需要3次或4次迭代就能完成改进。

6.2.2 逆向正向改进算法

Tormos 和 Lova(2001)将正向逆向迭代方法与基于后悔值的偏倚随机抽样(RBRS)方法(Drexl,1991)结合起来,构成所谓的抽样逆向正向(sampling backward-forward)调度算法。

算法主体分为两个部分。第一部分,使用SGS和MINLFT作为优先规则,利用RBRS生成可行的进度计划,包括每个任务的开始时间s_j和结束时间c_j,以及按照任务结束时间降序排列形成任务列表BL。RBRS的两个参数α和ε均取值1。

第二部分,分别采用逆向调度和正向调度方法对RBRS生成的进度计划进行改进。该方法基于拓扑进度生成机制(topological schedule generation scheme, TSGS)。所谓TSGS就是一种特殊的SSGS,只是预先构造了一个符合紧前关系要求的任务列表,对任何一个任务,其紧前任务都排在前面。如此,在SGS从决策集中选取任务时,只需要挑选任务列表中最靠前的任务即可。因为不需要计算任务优先值,所以TSGS运行速度快于通常的SSGS。在进行迭代优化时,首先根据RBRS所得到的任务列表BL,采用TSGS进行逆向调度,安排每一个任务尽可能晚地开始,并根据任务开始时间的升序构造任务列表FL。随后,在任务列表FL基础上,采用TSGS进行正向调度,安排每一个任务尽可能早地开始。

如此反复进行,直到循环次数或CPU时间超过初始设定值。该算法的伪代码如下所示:

Procedure of Forward-Backward Improvement(FBI)

BEGIN

    INIT: CPM parameters

    DO

        /*sampling*/

        GENERATE schedule by RBRS with MINLFT

        FORM activit list BL by decreasing c_j

        /*backward scheduling*/

        GENERATE backward schedule by TSGS and *BL*

        FORM activit list *FL* by increasing s_j

        /*forward scheduling*/

        GENERATE forward schedule by TSGS and *FL*

WHILE criteria NOT satisfied

END

基于PSPLIB算例库的算法测试表明,Tormos和Lova(2001)所提的基于RBRS的迭代算法能取得良好的调度效果。Tormos和Lova(2003)进一步改进了正向逆向迭代方法与RBRS的结合方式,加入了选择机制,提出了抽样选择逆向正向调度(sampling selective backward-forward scheduling)方法。该方法只有当随机抽样所产生的调度方案优于之前抽样调度方案的均值时,才应用正向逆向迭代方法。

上述两种改进型算法的核心思想是把随机抽样和正向逆向迭代方法结合起来。随机抽样给出了多种可能的调度方案,但这些方案质量不一定很好,因此可以再用正向逆向迭代方法进行优化。对于那些容易过早收敛的搜索算法,随机抽样与正向逆向迭代方法的结合方式是一个值得借鉴的算法设计。

Tormos和Lova(2001)所采用的迭代方法与双向调整方法(Valls et al.,2005)非常类似,差别只是在于:(1)双向调整采用SSGS,而Tormos和Lova(2001)的方法采用TSGS;(2)双向调整基于任务完成时间进行调整,而Tormos和Lova(2001)的方法则在正向逆向调度中分别采用任务开始时间和结束时间。因此,这两种方法都被Kolisch和Hartmann(2006)称为正向逆向改进(forward-backward improvement,FBI)方法。

6.2.3 改进算法的比较与应用

综上所述,可以看到目前主要的几类正向逆向调度方法都结合了正向调度与逆向调度的优点,但在具体方法上又存在一些差异。例如,可以采用串行SGS,也可以采用并行SGS;可以利用前一进度计划构造任务列表进行调度,也可以利用前一调度方案重新计算任务优先权进行调度;可以从正向调度给出的项目工期进行逆向调度,也可以从时段0开始逆向调度。此外,可以每次都应用正向逆向改进算法,也可以选择只在满足特定条件时进行改进。对上述正向逆向改进算法的对比分析详见表6.1。

表6.1 各类正向逆向调度方法的比较

项目		Li and Willis（1992）	Ozdamar and Ulusoy（1996）	Tormos and Lova（2001）
进度生成机制	SSGS	√		
	TSGS			√
	PSGS		√	
调度依据	任务列表	√		√
	任务优先权		√	
逆向调度起点	项目总工期	√		√
	时段0		√	

改进型迭代算法在各类启发式和元启发式算法中得到了广泛应用。例如，Valls 等（2008）提出了混合遗传算法，将正向逆向迭代方法与遗传算法进行结合。首先，采用 RBRS 和 MINLFT 生成初始种群。然后，利用 DJ 对初始种群中的每个个体进行改进。之后，种群进行演化，得到子代，并对子代应用 DJ，得到新一代的种群。为了防止因应用 DJ 而引起过早收敛，Valls 等（2008）应用了 Valls 等（2003）提出的邻域搜索算法，在生成邻域之后，再应用 FBI 进行优化，并更新种群。可见 DJ 技术被当作一种遗传算子结合到了遗传算法中。

6.3 多项目调度迭代算法

6.3.1 算法流程

上述算法都是针对单项目调度设计的。当多个项目之间存在资源竞争时，无法直接应用这些算法到单个的项目中，因此就需要经过改进的、针对多项目调度的迭代算法。Lova 等（2000）将 Wiest（1964）提出的任务移动技术拓展到了多项目，但只是在任务的时差范围内对已有多项目进度计划进行调整。事实上，也可以直接将 FBI 技术拓展到多项目调度。

如上所述，由于逆向算法的特性，某些任务可能被安排了负的开始时间，

Li和Willis(1992)建议将这些任务的开始时间修改为0,但这样必然导致这些任务与其紧后任务之间的约束关系遭到破坏,同时也可能突破项目的资源限制。因此,这样修正过的逆向进度计划很可能是不可行的,也就无法用来更新项目调度问题的上界。在多项目调度中,不同项目之间存在资源竞争的关系,那么Li和Willis(1992)提出的方法还可能突破项目间的资源约束。

参考上述的单项目FBI技术(Tormos and Lova, 2001; Valls et al., 2005),可以设计如下的多项目正向逆向改进(MPFBI)算法(寿涌毅,2004b):

Procedure of Multi-Project Forward-Backward Improvement(MPFBI)

BEGIN

/*for a given forward schedule*/

DO

/*backward scheduling*/

$T := \max\{c_i, J_i\}$

FORM activity list *BL* by decreasing c_{ij}

GENERATE backward schedule by S-SGS and *BL*

FOR every activity in *N* projects

$s_{ij} := s_{ij} - \min\{s_{i1}\}$

END FOR

/*forward scheduling*/

FORM activity list *FL* by increasing s_{ij}

GENERATE forward schedule by B-SGS and *FL*

WHILE criteria NOT satisfied

END

其中,串行多项目进度生成机制(SMPSGS)见第5章。可以类似地设计逆向多项目进度生成机制,在此不再赘述。迭代过程反复进行,直到循环次数或CPU时间超过初始设定值。参考DJ的设定,一般可以取循环次数为1。

6.3.2 算法测试与分析

对第5章测试的各类任务优先规则及PRS、RBRS算法分别补充MPFBI

算法。对于单次算法,应用MPFBI对所得项目进度计划进行改进。对于多次抽样算法,由于每次应用MPFBI会得到一个新的进度计划,所以限定循环次数为2500,从而仍然得到5000个有效的正向进度计划。

计算测试所得结果如表6.2所示,其中的RBRS(MTS)是指采用MTS优先规则的RBRS算法。

表6.2　各类启发式算法应用MPFBI的改进效果

算法类型	不采用MPFBI		采用MPFBI		均值改进百分比
	均值	标准差	均值	标准差	
RBRS(MTS)	368.675	209.098	365.019	211.098	0.99%
PRS	422.840	276.779	418.500	279.868	1.03%
SOF	481.684	293.402	446.758	286.050	7.25%
MOF	385.340	212.247	381.481	213.598	1.00%
SASP	425.012	244.384	415.434	247.176	2.25%
LALP	388.332	212.852	384.656	214.534	0.95%
MTS	381.824	210.579	378.523	211.583	0.86%
MCS	407.336	232.412	401.535	234.329	1.42%
MINSLK	469.281	302.746	457.984	300.793	2.41%
MAXSLK	409.102	225.439	401.973	228.452	1.74%
MINLFT	462.176	305.868	455.250	304.082	1.50%
MAXLFT	407.277	224.706	400.504	228.281	1.66%
MINLST	480.918	326.393	474.066	322.656	1.42%
MAXLST	409.816	226.024	402.188	229.846	1.86%

显然,MPFBI可以有效改善已有的多项目进度计划,对上述算法的求解结果改进了0.86%~7.25%。即使是求解效果最好的RBRS(MTS),Wilcoxon Signed Ranks检验也表明MPFBI显著改善了RBRS(MTS)所求得的多项目进度计划($P = 0.001$)。

由于本章的MPFBI算法只考虑了可更新资源,在涉及不可更新资源时逆向算法可能无法给出可行解。如何将迭代算法扩展到涉及不可更新资源的项目调度问题仍然值得进一步研究。

第7章 项目调度遗传算法

从20世纪60年代开始,逐步发展出许多精确算法与启发式算法用于求解项目调度问题。多数启发式算法是基于项目进度生成机制的,对于这些启发式算法,已经在前几章中做了详细的分析。启发式算法的优缺点都非常明显,一方面直观、简便、快速,但是另一方面求解效率又不尽如人意(Kolisch and Hartmann,2006)。因此,随着计算技术的发展,元启发式算法逐渐得到了更多的研究。

元启发式算法(meta-heuristic)通常借鉴了不同学科领域的思想或概念(Jones et al.,2002),为不同优化问题提供了通用的算法框架(Dorigo and Stützle,2004)。遗传算法、模拟退火、禁忌搜索等算法均被认为是元启发式算法。遗传算法借鉴了基因理论,模拟种群的演化;模拟退火(simulated annealing)参考了物理学的研究成果,模仿材料的冷却过程;禁忌搜索(tabu search)则借鉴了社会学中的禁忌概念,以避免搜索过程陷于局部最优。元启发式算法对于项目调度问题,一般都有更好的求解效果(Lancaster and Ozbayrak,2007;Sebt et al.,2013)。其中,遗传算法是最常用的一种元启发式算法。

7.1 遗传算法

遗传算法(genetic algorithm,GA)是J. H. Holland在20世纪70年代受生物进化论的启发而提出的(Holland,1992)。遗传算法是基于"适者生存"机制的一种高度并行的自适应随机搜索算法。通常,将遗传算法、进化规划(evolutionary programming,EP)、进化策略(evolutionary strategy,ES)和遗传编程(genetic programming, GP)统称为进化计算(evolutionary computation, EC),而遗传算法则是其中最典型的进化计算方法(Kennedy et al., 2001)。遗传算法广泛应用于自动控制、计算科学、模式识别、工程设计、智能故障诊断、管理科学和社会科学等领域,在项目调度领域也有大量的应用与研究。

7.1.1 简单遗传算法

Holland 提出的经典遗传算法一般被称为简单遗传算法(simple genetic algorithm, SGA),其伪代码如下所示(Srinivas and Patnaik, 1994):

Procedure of Simple Genetic Algorithm(SGA)

```
BEGIN
    INITIALIZE population
    WHILE criteria NOT satisfied
        EVALUATE population
        DO
            SELECT two parent chromosomes
            CROSSOVER
            MUTATE
        WHILE new population is NOT full
        REPLACE old population
    END WHILE
END
```

在执行上述 SGA 之前,首先需要对优化问题的解进行编码(encoding)。解的编码称为染色体(chromosome),组成编码的元素称为基因(gene)。编码的目的是将解用合适的方式表达出来,以利于后续的遗传算法计算。对于同一个优化问题,可以设计不同的编码方案。因此,同一个解在不同的编码方案中就可以对应完全不同的染色体。常见的编码方式包括:二进制编码(Holland, 1992)、Gray 编码、实数编码、整数或字母排列编码,一般数据结构编码等(玄光南、程润伟, 2004)。在函数优化和约束优化领域,一般认为实数编码比二进制编码和 Gray 编码更有效。排列编码(permutation encoding)对组合优化问题较有效。根据编码结构,还可以区分为一维编码(one-dimensional encoding)和多维编码(multidimensional encoding)。

有了编码方案之后,还需要构造合适的适应函数(fitness function)。适应值(fitness value)是对染色体进行评价的一种指标,是遗传算法进行优化所用的主要信息,它与解的目标值存在一种对应关系,但不一定就是目标值。也可以将适应值标准化,限定在[0,1]区间内,以方便后续的选择算子(Srinivas and Patnaik,1994)。

在确定适应函数后,遗传算法需要构造初始种群。种群(population)由若干个体(individual)构成,种群规模(population size)即指其中的个体数量。种群规模直接关系到计算量和种群多样性,从而影响遗传算法的效率。对于组合优化问题,通常采用随机方式构造初始种群,也可以采用各种启发式算法构造初始种群。

在有了种群之后,可以根据适应函数对当前种群(current population)中的每一个个体进行评估(evaluation),然后进行选择(selection)。通常,是以适应值的大小决定染色体的生存概率,以实现优胜劣汰,逐步提高种群的平均适应值。

被选中的个体组成一个中间种群(intermediate population),用于繁衍下一代种群(next population)。在繁衍过程中,会以一定的概率进行交叉(crossover)和变异(mutation)。对于中间种群(父代)的两个个体,以交叉概率(probability of crossover,p_c)进行染色体的交叉,从而产生新一代(子代)的两个个体。交叉操作使得子代能够继承父代的有效模式,从而有助于产生优良个体。对于单个个体,还以较小的变异概率(probability of mutation,p_m)进行基因的变异,从而产生新一代的个体。变异操作有助于增加种群的多样性,避免早熟收敛。

在完成上述遗传操作后,就得到了新一代种群,用于取代当前种群。新的种群可以继续评估、选择、交叉、变异的流程,从而在优化问题的解空间内不断搜索,直到达到终止条件。

从上述的SGA流程可以看出遗传算法是对生物繁殖过程的模拟,遗传算法中的概念可以和生物学概念一一对应,如表7.1所示(邢文训、谢金星,1999)。

表7.1　遗传算法与生物学的对应关系

生物学	遗传算法
个体(individual)	优化问题的一个解
染色体(chromosome)	解的编码
基因(gene)	解的分量
适应值(fitness value)	解的质量
种群(population)	一组解
选择(selection)	根据适应值选取解
交叉(crossover)	已知解通过信息交换产生新的解
变异(mutation)	解的某一分量发生变化

从上述流程中也可以发现,遗传算法主要包括五大块内容(Michalewicz,1996):编码方案、适应值函数、初始种群、遗传算子、参数设定。通常,编码方案、适应值函数及参数设定都非常依赖于优化问题。因此,本节后续主要对各类遗传算子进行介绍。

7.1.2　选择算子

选择,也被称为复制(reproduction),是对自然界适者生存机制的模拟。因此,适应值更高的个体应该有更多机会繁衍下一代。在经典的比例选择方式(proportional selection scheme)中,一个适应值为f的个体,应该繁衍出$f/\bar{f}$个子代,其中$\bar{f}$为当前种群的平均适应值。因此,从统计角度来说,适应值在均值以上的个体,子代数量会超过1;而适应值在均值以下的个体,子代数量会小于1。Holland(1992)提出的轮盘赌选择(roulette wheel selection)是最知名的比例选择方式,也是SGA缺省采用的选择方式(Srinivas and Patnaik,1994)。在轮盘赌选择中,选择过程反复执行,执行次数等于种群规模λ,每次为中间种群选出一个个体。每次选择时,个体i的中选概率为:

$$P_i = \frac{f_i}{\sum_j f_j} \tag{7.1}$$

也可以对轮盘进行改造,在轮盘边缘随机排列所有个体,每个个体占据的面积与其适应值成正比。在轮盘外设置 λ 个间隔相同的指针。如此，只需要转动一次轮盘，就可以选择出所有中间种群的个体。这一选择机制也被称为随机通用采样(stochastic universal sampling)方式(Whitley,1994)。

比例选择方式存在明显的缺陷。在算法早期，个别特别优秀的个体非常容易控制整个选择过程；而在算法晚期，个体适应值已比较接近，容易出现比例问题(scaling problem)，较优个体与较劣个体的中选概率趋近，使得选择过程缺乏效率，接近于随机搜索(Whitley,1989)。因此，可以采用线性排序(linear ranking)选择。将当前种群中的所有个体按照染色体适应值从高到低进行排序，然后根据排序而非适应值进行概率选择。个体 i 的中选概率为(Back,1994)：

$$P_i = \frac{1}{\lambda} \cdot \left[\eta^+ - (\eta^+ - \eta^-) \cdot \frac{i-1}{\lambda-1} \right] \tag{7.2}$$

其中，参数 η^+ 和 η^- 确定了该线性函数的斜率，一般要求 $1 \leqslant \eta^+ \leqslant 2, \eta^- = 2 - \eta^+$。当 $\eta^+ = 2, \eta^- = 0$ 时，最差个体在下一代生存的期望数量为0，最优个体的中选概率远超其他个体中选概率，算法容易早熟收敛；当 $\eta^+ = \eta^- = 1$ 时，选择方式退化为完全随机选择。通常，可选择 $\eta^+ = 1.1$(Back,1994)。

Goldberg 等(1989)提出的竞赛选择(tournament selection)可以看作是比例选择和排序选择的组合。在每次选择时，先从当前种群中随机选取 q 个个体，然后从中选择适应值最高的个体进入中间种群。每次选取的个体数量 q 称为竞赛规模(tournament size)。常用规模为 $q = 2$，这时就被称为二元竞赛(binary tournament)。重复执行上述过程 λ 次即可产生中间种群。假设将当前种群中的所有个体按染色体适应值从高到低进行排列，那么在竞赛选择方式中，个体 i 的中选概率为(Back,1994)：

$$P_i = \lambda^{-q} \cdot [(\lambda - i + 1)^q - (\lambda - i)^q] \tag{7.3}$$

与上述概率选择方式不同，(Back,1994)提出的 (μ,λ) 和 $(\mu+\lambda)$ 选择方式来源于进化策略，为确定型选择方式。$(\mu+\lambda)$ 选择方式对 λ 个父代和 μ 个交叉和变异所得的子代个体进行统一排序，并从中选取 $\mu(\mu \leqslant \lambda)$ 个最好的染色体进入下一代种群。(μ,λ) 选择方式则对 λ 个父代个体进行排序，并从中选

取 μ 个最好的染色体进入中间种群。该选择过程中禁止选取相同的染色体，因此适合于组合优化问题，有助于保证种群的多样性（玄光南、程润伟，2004）。上述选择方法也可以改造成概率型选择：

$$P_i = \begin{cases} 1/\mu, & 1 \leqslant i \leqslant \mu; \\ 0, & i > \mu \end{cases} \tag{7.4}$$

也可将 (μ, λ) 选择方式与比例选择方式或排序选择方式进行结合，要求当前种群的前 μ 个个体按照比例选择方式或排序选择方式进行选择（Back and Hoffmeister, 1991）。

此外，在选择过程中也经常用到精英选择（elitist selection），以保证当前种群中的一个或若干个最优个体直接进入下一代种群。当精英个体数量超过 1 时，则称为 k-精英选择（k-elitist selection）。该方法可保证在遗传过程中的最优个体不会被概率型选择方式偶然剔除，以维持遗传算法具有良好的收敛性。

Whitley（1994）提出的 Genitor 选择方式，则与前述世代选择方式不同，为所谓的稳态选择（steady state selection）方式。Genitor 选择采用替换形式，即将父代中的最差个体用子代个体替换。换言之，在 Genitor 选择方式中，不存在中间种群，每次选取两个父代个体产生一个子代个体，并且立即用子代个体替换当前种群中的最差个体。

Goldberg 和 Deb（1991）的分析表明，相对于传统的比例选择方式而言，排序选择和竞赛选择更加有效。线性排序选择和二元竞赛选择在效果上相当，但是二元竞赛选择的计算量较小。稳态选择收敛性较好，但容易导致早熟收敛。排序选择和竞赛选择则可以通过引入非线性排序和扩大竞赛规模来提高收敛性能。此外，新种群的构造还可以组合采用不同的选择方式（江瑞等，2001）。

7.1.3 交叉算子

在产生中间种群后，遗传算法对其中的个体随机配对，然后应用交叉算子对两个配对染色体进行交叉操作，以产生新的个体。最常见的交叉算子包括单点交叉、两点交叉、均匀交叉及算术交叉等。

单点交叉(one-point crossover):对于所选的两个配对染色体,随机选择一个交叉点,然后相互交换该点之后的基因,如图7.1所示。

交叉点

父代1:	0	7	5	9	14	13	22
父代2:	2	0	8	6	18	12	19

▽

子代1:	0	7	5	6	18	12	19
子代2:	2	0	8	9	14	13	22

图7.1　单点交叉示例

双点交叉(two-point crossover):对于所选的两个配对染色体,随机设置两个交叉点,然后交换这两点之间的基因,如图7.2所示。

交叉点1　　　　　　　　交叉点2

父代1:	0	7	5	9	14	13	22
父代2:	2	0	8	6	18	12	19

▽

子代1:	0	7	8	6	18	13	22
子代2:	2	0	5	9	14	12	19

图7.2　两点交叉示例

可见,单点交叉实际上是两点交叉的一个特例,相当于在染色体的首端(尾端)固定了一个交叉点。

均匀交叉(uniform crossover):子代的每一个基因,随机地按某一个父代染色体的等位基因(allele)进行赋值,如图7.3所示。

父代1:	0	7	5	9	14	13	22
父代2:	2	0	8	6	18	12	19

▽

子代1:	0	7	8	9	14	12	22
子代2:	2	7	5	9	18	13	19

图7.3　均匀交叉示例

算术交叉(arithmetic crossover)：根据两个配对染色体进行线性组合,产生新的染色体。

7.1.4　变异算子

交叉算子针对染色体进行操作,而变异算子则针对染色体基因进行操作。每个基因具有相同的变异概率 $p_m > 0$。变异主要是为了保持种群的多样性,防止算法早熟收敛。变异算子显著影响遗传算法的邻域搜索能力。常见的变异算子有以下几种。

反转变异(inversion)：对染色体的某一随机基因片段进行反转,也可以对整个染色体进行反转(Whitley,1994),如图 7.4 所示。值得注意的是,反转变异只对与基因位置无关的编码方案(position-independent encoding)有效,如果染色体编码是和基因位(locus)相结合的,那么反转之后,由于基因和基因位发生脱节,会导致染色体失效。反转有时候也被看作是和交叉、变异一样的基本遗传算子。

图 7.4　反转变异示例

对换变异(swap mutation)：随机选择两个基因进行对换,如图 7.5 所示。与反转变异类似,对换变异也存在可行性问题,不一定适合于所有的编码方案。

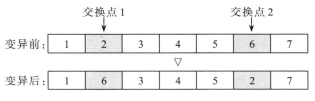

图 7.5　对换变异示例

也可以针对特定的优化问题设计基于邻域搜索的变异算子(local search-based mutation）。例如,将上述对换变异后得到的染色体看作原染色体的邻居,则一个染色体的邻域(neighborhood)可定义为该染色体经过一次对换变异所产生的所有染色体的集合(玄光南、程润伟,2004)。例如,图7.6显示了某一染色体在选中一个支点后的基于对换变异的邻域。

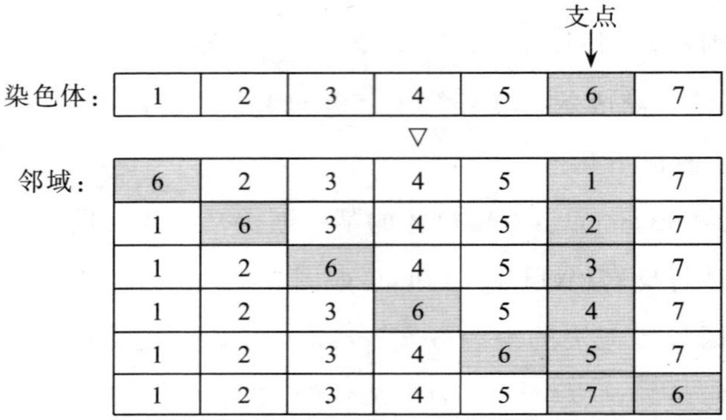

图7.6 基于对换变异的邻域示例

在上述邻域中,如果某一染色体的适应值优于所有其他染色体,则该染色体为局部最优解(local optimum),并成为变异染色体。显然,邻域存在规模问题。如果限定一个较小的邻域,则搜索速度较快,但局部最优解的质量可能较差;如果扩大邻域规模,局部最优解的质量可能得到提高,但搜索计算量也会随之增加。

均匀变异(uniform mutation):假设是对染色体的第j个基因进行操作,则在其定义区间$[LB_j, UB_j]$中按照均匀分布随机取值替代原先的值。也可以事先确定一个较小的变异域以提高搜索效率。

非均匀变异(non-uniform mutation):非均匀变异的目的在于,在遗传算法的早期扩大搜索空间,而在后期则进行局域搜索。可以设计如下的非均匀变异算子(Michalewicz,1996):

$$v'_j = \begin{cases} v_j - \Delta(g, v_j - LB_j), & \zeta = 0; \\ v_j + \Delta(g, UB_j - v_j), & \zeta = 1 \end{cases} \tag{7.5}$$

其中,v_j为变异前基因j的取值,v'_j为变异后的赋值;ζ为等于0或1的随机数;g表示当前种群世代数;函数$\Delta(g, x)$返回区间$[0, x]$内的一个值,并且保证

随着 g 的增加,函数值接近 0 的概率上升。函数 $\Delta(g, x)$ 定义如下:

$$\Delta(g, x) = x \cdot \left[1 - \gamma^{\left(1 - \frac{g}{GEN}\right)^b} \right] \tag{7.6}$$

其中,γ 是区间 $[0,1]$ 内的随机值,GEN 是遗传算法种群世代数的上限,而 b 是用于控制分布均匀程度的参数,一般取值 2~5。

此外,还有高斯变异、柯西变异、多项式变异等(文诗华等,2009)。

7.2 单项目调度遗传算法

遗传算法在资源受限项目调度领域取得了广泛应用(Lancaster and Ozbayrak,2007)。本节主要对经典 RCPSP 问题的遗传算法进行简要的分析。

事实上,现有文献中的遗传算法已经不局限于经典 RCPSP 问题,而是有了大量的拓展。例如,多模式项目调度问题(Lova et al.,2009;Mori and Tseng,1997),具有现金流的项目调度问题(Ulusoy et al.,2001),抢占式项目调度问题(Ma et al.,2019;Shou et al.,2015;Van Peteghem and Vanhoucke,2010;雒兴刚等,2006;寿涌毅等,2014a),不确定条件下的项目调度问题(Kim et al.,2003;刘士新、宋健海,2008;王宏等,2006;寿涌毅、王伟,2009)。此外,还有与其他算法结合的各类混合遗传算法(Valls et al.,2008;Yannibelli and Amandi,2013;胡仕成等,2004)。

此外,目前已经有若干能够搜索 Pareto 最优解集的多目标优化遗传算法(Coello and Pulido,2001;Deb et al.,2002),但在多目标项目调度领域的应用和研究还相对比较少。

7.2.1 编码方案

对于遗传算法而言,编码方案,也就是染色体表达(chromosome representation)方式,对于算法效率有相当显著的影响。而整个遗传算法的设计,包括各类遗传算子,也必须针对编码方案进行设计。

对于 RCPSP 而言,现有文献中主要存在以下五种染色体表达方式。

(1)任务列表表达方式(activity list representation):项目的进度计划通过

一个可行的任务列表来进行表达,缺省采用串行SGS对染色体进行解码。在解码过程中,遵循一般的 SGS 规则,即每一项任务都在满足紧前关系与资源约束的条件下尽早开始。这是现有文献中被大量采用的染色体表达方式(Alcaraz and Maroto, 2001;Hartmann, 1998;2002;Hindi et al., 2002;Lova et al., 2009),由于其内嵌了任务之间的紧前关系,也被数值实验证明为一种有效的表达方式(Hartmann and Kolisch, 2000;Kolisch and Hartmann, 2006)。

(2)任务优先规则表达方式(priority rule representation):在这种表达方式中,通常事先给定一组任务优先规则,而染色体的每一个基因则表示一个特定的任务优先规则。任务优先规则在不同基因之间允许出现重复。在解码过程中,则采用串行或并行进度生成机制,在每阶段分别采用染色体中指定的优先规则选取任务进行调度。Hartmann(1998)与 Ozdamar(1999)都曾经采用这种染色体表达方式构建项目调度遗传算法。

(3)随机键表达方式(random key representation):在这种表达方式中,遗传算法为每个任务分配一个实数,这些实数构成的向量即为一个染色体。可以采用串行 SGS 或并行 SGS 对染色体进行解码。在解码过程中,每一个阶段的可行任务集合中键值最高的任务被选中进行调度,并安排其尽早开始。随机键表达方式在调度领域也得到了广泛应用(Debels and Vanhoucke, 2007;Hartmann, 1998;Lee and Kim, 1996;Mendes et al., 2009;Van Peteghem and Vanhoucke, 2010)。此外,由于PSGS有可能将最优解排除在可行解集合之外,一些学者对PSGS的随机键表述方式进行了修正,允许延迟候选任务以使搜索空间不局限于非延迟进度计划集合(Cho and Kim, 1997)。

(4)移位向量表达方式(shift vector representation):在这种表达方式中,染色体是一个移位向量,该向量为每个任务分配一个非负整数。在解码过程中,一个任务的所有紧前任务结束时间的最大值加上其对应的移位值,就是这个任务的开始时间。这种染色体表达方式的解码过程并不考虑资源约束,因此解码所得的项目进度计划不一定满足资源约束,也就是说不一定是可行解。这种表达方式最早由 Sampson 和 Weiss(1993)提出,之后 Lambrechts 等

（2008）对其做了改进，同时考虑紧前关系和资源约束，提出了时间缓冲列表表达方式（buffer list representation）。

（5）直接表达方式（direct representation）：在这种表达方式中，染色体每个基因的值就是所对应的任务的开始时间。因此，这种表达方式不需要解码过程。但是，这种表达方式在项目调度领域应用很少，因为这种表达方式既不考虑紧前关系，也不考虑资源约束，其对应的项目进度计划通常是不可行的。现有文献中，只有极少数遗传算法采用这一编码方案（Toklu，2002）。另外，Thomas 和 Salhi（1998）提出的禁忌搜索算法也直接在项目进度计划上进行领域搜索。直接表达方式也被称为基因型（genotype），而间接表达方式则被称为表达型（phenotype）。

也可以对上述表达方式加以修饰。例如，可以在染色体尾端增加一个额外的基因，用于表达进度生成机制是采用 SSGS 还是 PSGS（Hartmann，2002），或是采用正向调度还是逆向调度（Alcaraz and Maroto，2001）。

对于更加复杂的项目调度问题，则需要在上述编码方案基础上进行相应调整。例如，对于抢占式 RCPSP，可以设计两种新的编码方案：（6）基于任务列表和抢占点的编码；（7）基于优先权值和抢占点的编码。

对于编码方案（6）和（7），为解决抢占点确定问题，需要设计相应的二维编码，在基于任务列表（或优先权值）编码的基础上，引入"抢占点"这一编码维度，构造二维染色体。其中第一维的长度为 $2n$（不考虑虚拟任务 j_0 和 j_{n+1}，下同），表示任务列表（或优先权值），其构造方式与基于任务列表（或优先权值）的编码相同。任务列表是项目网络图的一个拓扑排序；优先权值列表使用（0，1）区间上的数值 k 来表示任务（各部分）的优先权值，k 值越大代表该任务（部分）执行的优先权越高。第二维长度为 n，采用（0，1）区间上的数值 l 来表示相应任务第一部分的工期占整项任务工期的比例。若任务 j 的工期为 p_j，则其被抢占后第一部分的工期为 $\text{Round}(p_j l_j)$。$\text{Round}(\ )$ 表示四舍五入取整。

基于任务列表和抢占点的编码方案如图 7.7 所示，其中 $\tau_i \in \{a, b\}$；基于优先权值和抢占点的编码方案见图 7.8。由于采用了新的编码方式，在解码时也需要相应调整进度生成机制（寿涌毅等，2014a）。

位置 ID	1	2	3	4	...		$2n-1$	$2n$
任务 ID	$j_1\tau_1$	$j_2\tau_2$	$j_3\tau_3$	$j_4\tau_4$	...	...	$j_{2n-1}\tau_{2n-1}$	$j_{2n}\tau_{2n}$
抢占点	λ_1		λ_2		...		λ_n	

图 7.7 基于任务列表和抢占点的编码

位置 ID	1	2	3	4	...		$2n-1$	$2n$
任务 ID	$1a$	$1b$	$2a$	$2b$	...		na	nb
优先权	κ_{1a}	κ_{1b}	κ_{2a}	κ_{2b}	...	...	κ_{na}	κ_{nb}
抢占点	λ_1		λ_2		...		λ_n	

图 7.8 基于优先权值和抢占点的编码

7.2.2 其他部分

在确定项目调度遗传算法采用的编码方案后,可以相应设计其他算法组成部分,并针对项目调度的特定问题做专门的设计。现有文献基本上都采用项目调度目标函数构造适应函数,在此不再赘述。此外,各个参数的设定会影响算法效率,也需要加以分析。

1.初始种群

在项目调度研究领域,多数遗传算法采用随机方式产生初始种群。部分学者采用其他方式产生初始种群,以期提高初始种群的质量。例如,Hartmann(1998)采用随机选择的任务优先规则来产生初始种群。Alcaraz 和 Maroto(2001)则采用偏倚随机抽样产生初始种群。

绝大多数遗传算法只采用一个种群。也有学者采用两个种群,一个种群的个体为正向积极进度计划,另一个种群的个体为右向积极进度计划,并分别采用正向调度和逆向调度技术以提高解的质量(Debels and Vanhoucke,2005,2007)。

2.选择方

各种选择方式在项目调度遗传算法中都得到了应用。多数研究证实排序选择和竞赛选择效果较好。相对而言,二元竞赛选择方法具有一定的优势(Alcaraz and Maroto,2001)。

3.交叉算子

对于项目调度而言,单点交叉、两点交叉及均匀交叉是最常见的几种变异算子。Hartmann(1998)和Hindi等(2002)都采用了上述常见的三类交叉算子。Hartmann(1998)的计算测试结果表明其中两点交叉算子的效果最好。

Goncalves 等（2008）采用了参数化均匀交叉（parameterized uniform crossover)算子。首先,限定一个配对染色体必须来自当前种群的精英染色体集合,另一个染色体则不做限制,然后根据随机数决定子代基因是按照精英染色体的等位基因赋值还是按照普通染色体的等位基因赋值。

一些学者设计了较为特殊的交叉算子。例如,Alcaraz和Maroto(2001)基于其染色体表达方式设计了三种新的交叉算子:优先集交叉（precedence set crossover),正向逆向交叉（forward-backward crossover),两点正向逆向交叉（two-point forward-backward crossover)。Valls 等（2008）设计了峰交叉（peak crossover)算子,以保留父代中资源需求高峰的模式,并按照配对染色体信息确定其他时段的任务进度计划。这些交叉算子计算较为复杂,但有助于遗传算法搜索最优解。

4.变异算子

在各种常见的变异算子中,反转变异和对换变异适合于除任务列表外的各类染色体表达方式,而均匀变异和非均匀变异较适合于随机键表达方式、移位向量表达方式及直接表达方式。

对于采用任务列表表达方式的染色体,对换变异可能会形成不可行的任务列表。因此,Hartmann(1998)将对换变异做了限制:首先对随机选中的任务,只和列表中下一位任务进行对换;其次,如果对换后的任务列表不可行,则放弃对换。Boctor(1996)采用的方式有所不同:首先,随机选择一个任务,然后将其随机地插入任务列表中,但同时保证该任务在所有紧前任务之后并在所有紧后任务之前。Alcaraz和Maroto(2001)的计算测试表明,Boctor(1996)设计的变异算子显著优于Hartmann(1998)的变异算子。

对于附加基因,如控制正向调度或逆向调度的基因,则可以采用取反的方式进行变异（Alcaraz and Maroto,2001)。

5.参数设定

Hindi等(2002)对种群规模做了研究,认为种群规模在等于任务数量时,算法效果较好。但值得指出的是,其他研究未能进一步证实Hindi等(2002)

的结论。一般认为,在限定产生同样多个解的前提下,种群规模对算法效率有显著影响(Hartmann,1997)。

Alcaraz 和 Maroto(2001)的计算测试表明,交叉概率和变异概率的合理取值取决于项目规模。

7.3 多项目调度遗传算法

现有文献中已有若干用于求解多项目调度的遗传算法。廖仁等(2004)针对加权工期最小化多项目调度问题,以任务列表作为染色体编码方式,采用多优先规则产生初始种群,利用比例选择、单点交叉、对换变异构造多项目遗传算法。Goncalves 等(2008)针对多目标多项目调度问题构造的多项目遗传算法采用随机键表达方式和参数化均匀交叉算子,并以随机新个体作为变异后的子代个体。

比较上述多项目遗传算法及其他单项目遗传算法,可以发现随机键表达方式在遗传算子设计上较为便利,尤其适合于多项目遗传算法。

7.3.1 设计方案

针对式(2.37)至(2.39)的加权项目总工期最小化多项目调度问题,设计如图 7.9 所示的编码方案。该方案采用矩阵形式,基因 (i,j) 对应多项目中的任务 (i,j),其取值即为任务 (i,j) 的优先值。由于各个项目的任务数量 J_i 不一定相同,因此取 J_i 的最大值 $J = \max\{J_i\}$ 作为基因矩阵的列数。对于任意一行末端未对应实际任务的基因,均赋值 0。

$$\text{CHR} = \begin{pmatrix} gene_{11} & gene_{12} & \cdots & gene_{1J} \\ gene_{21} & gene_{22} & \cdots & gene_{2J} \\ \vdots & \vdots & & \vdots \\ gene_{N1} & gene_{N2} & \cdots & gene_{NJ} \end{pmatrix}$$

图 7.9　多项目进度计划编码方案

在解码时,则利用串行多项目 SGS 根据任务优先值从候选任务集合中选取任务逐步生成多项目进度计划。

根据多项目调度的目标函数,设计本算法的适应值函数为:

$$f(S) = \frac{1}{F(S)} \tag{7.7}$$

其中,$f(S)$是个体S的适应度,$F(S)$是个体S的项目加权总工期。

初始种群的质量会显著影响整个遗传算法的效率。好的初始种群要求个体尽量均匀分布在解空间中,因此多数遗传算法都采用随机方式来生成初始种群。为了既保证初始种群的质量,又考虑到算法的效率,采用两种方式来产生初始种群。第一种方式产生POP_a个初始个体,第二种方式产生POP_b个初始个体,一共得到$POP = POP_a + POP_b$个初始个体。

第一种方法即完全随机方式。POP_a个初始个体的每一个基因都赋予$[0,1]$区间内的随机值。

第二种方法按照任务总时差进行赋值。首先根据CPM计算每一个任务的总时差TF_{ij},然后据此计算对应基因的取值:

$$gene_{ij} = \frac{\gamma + TF_{ij}}{1 + \max\{TF_{ij}\}} \tag{7.8}$$

其中,γ是区间$[0,1]$内的随机值。

式(7.8)保证总时差较小的任务有较小的优先值,即较高的优先权,但同时又引入了随机数,使得第二类染色体具有一定的多样性。这样的构造方式类似于多项目版本的基于MINSLK的偏倚随机抽样方式。

通过上述设计,可以保证POP_a个初始个体有较好的多样性,同时又保证POP_b个初始个体有较好的质量。记POP_b占总种群的比例为P_b。

遗传算子直接影响算法搜索效率。根据本章前述分析,分别选用二元竞赛选择、2-精英选择、两点交叉及均匀变异。

所设计的多项目遗传算法伪代码如下所示(应瑛等,2009):

Procedure of Multi-Project Genetic Algorithm(MPGA)

```
BEGIN
    INITIALIZE population
    WHILE criteria NOT satisfied
        EVALUATE population
```

```
        DUPLICATE two elitist chromosomes
DO
        SELECT two parent chromosomes
        CROSSOVER
        MUTATE
    WHILE new population is NOT full
    REPLACE old population
END WHILE
END
```

7.3.2 算法测试与分析

采用本书第3章所构造的多项目调度算例库中的256个算例对本算法进行计算测试。设定多项目遗传算法（MPGA）的种群规模为50，总世代数为100。其他参数设置如表7.2所示。

表7.2　多项目遗传算法参数设置

参数	取值	说明
p_b	0%,50%,100%	POP_b 比例
p_c	0.5,0.7,0.9	交叉概率
p_m	0.01,0.05	变异概率

上述不同参数设置一共可以组合成 $3 \times 3 \times 2 = 18$ 种 MPGA 算法，此外还可以在 MPGA 算法中结合 MPFBI 对种群进行改善。在采用 MPFBI 时，遗传算法世代数减半。如此，一共可以产生36种 MPGA 算法，其计算所得结果如表7.3所示。

表7.3　多项目遗传算法计算结果

#	FBI	p_b	p_c	p_m	均值	标准差
1	NO	0%	0.5	0.01	365.707	208.831
2				0.05	361.668	208.622
3			0.7	0.01	364.594	209.998

续表

#	FBI	p_b	p_c	p_m	均值	标准差
4				0.05	360.758	206.610
5			0.9	0.01	362.234	208.497
6				0.05	360.680	207.261
7		50%	0.5	0.01	366.559	211.239
8				0.05	363.020	210.003
9			0.7	0.01	364.734	212.056
10				0.05	362.148	208.717
11			0.9	0.01	363.406	209.871
12				0.05	362.461	210.412
13		100%	0.5	0.01	393.988	241.904
14				0.05	367.863	212.899
15			0.7	0.01	393.145	237.297
16				0.05	367.254	213.842
17			0.9	0.01	392.063	236.679
18				0.05	367.191	214.105
19	YES	0%	0.5	0.01	371.563	227.299
20				0.05	386.590	243.596
21			0.7	0.01	375.348	233.613
22				0.05	387.141	244.062
23			0.9	0.01	375.531	233.665
24				0.05	388.172	243.142
25		50%	0.5	0.01	372.906	228.647
26				0.05	386.559	244.028
27			0.7	0.01	374.797	232.847
28				0.05	386.645	243.535
29			0.9	0.01	376.484	234.361
30				0.05	388.063	244.283
31		100%	0.5	0.01	375.164	231.698
32				0.05	386.258	242.669
33			0.7	0.01	376.320	231.227

续表

#	FBI	p_b	p_c	p_m	均值	标准差
34				0.05	387.520	244.136
35			0.9	0.01	378.961	235.488
36				0.05	389.164	245.273

与抽样算法相比,上述所有 MPGA 算法求解效果均优于 PRS 及采用 MPFBI 的 PRS。在所有参数设置中,6 号 MPGA 算法的求解效果最佳,4 号、2 号及 10 号算法紧随其后。不过,威尔科克森符号秩检验(Wilcoxon Signed Ranks Test)结果表明,6 号 MPGA 与 4 号、2 号算法相比并无显著差异,但显著优于 10 号算法($P = 0.01$)。

值得注意的是,方差分析证实,在应用 MPFBI 之后,MPGA 的求解效果显著下降($P = 0.001$)。这可能存在两方面的原因。一是因为在应用 MPFBI 后,MPGA 的迭代次数限制为原先的一半,因此种群的演化不够充分;二是因为 MPFBI 适用于对任务列表进行改进,而对于随机键表达方式,需要进行解码和编码,并不能直接针对染色体进行操作,因此在应用过程中可能破坏原先的遗传信息,使得算法效率下降。事实上,在所有采用 MPFBI 的 MPGA,即第 19 至 36 号算法中,有 12 种算法求解效果不如 CRS;而在第 1 至 18 号 MPGA 中,只有第 13、15、17 号三种算法求解效果劣于 CRS。由于 MPFBI 效果不佳,后续针对第 1 至 18 号算法进行分析。

从表 7.3 中可以注意到初始种群的影响。方差分析也证实初始种群构造方式对求解效果具有显著影响($P = 0.01$)。整体来看,初始种群的多样性非常重要,而个体质量并不是关键。对交叉概率和变异概率的方差分析则表明,交叉概率对求解效果不具有显著影响,而变异概率具有显著影响($P = 0.05$)。这说明多项目进度计划在结构上与单项目进度计划具有差异,使得两点交叉算子对基于随机键表达方式的多项目遗传算法不是非常有效。而均匀变异算子因为与进度计划的结构无关,因而对于多项目调度仍然是有效的。所以,后续应当进一步设计更加有效的多项目遗传算法交叉算子。此外,种群规模对 MPGA 算法效率的影响也值得后续进一步研究。

第8章 项目调度蚁群算法

群体智能(swarm intelligence)作为一种新兴的演化计算技术已得到越来越多的关注。群体智能起源于对社会昆虫的研究(Bonabeau and Meyer, 2001)。群体智能中的群体指的是"一组相互之间可以进行直接通信或者间接通信的主体(agent),这组主体能够合作进行分布式的问题求解",而群体智能则是指"无智能的主体通过合作表现出智能行为的特性"(彭喜元等, 2003)。群体智能在没有集中控制且不提供全局模型的前提下,为寻找复杂的分布式问题求解方案提供基础。目前,群体智能理论研究领域主要有两种优化算法:蚁群优化(ant colony optimization, ACO)算法和粒子群优化(particle swarm optimization, PSO)算法。

蚁群优化算法往往简称为蚁群算法,最初用来解决旅行商问题,随后陆续用于求解其他优化问题,如指派问题(assignment problem)、调度问题(scheduling problem)、车辆路径问题(vehicle routing problem, VRP)等(Dorigoa and Blum, 2005;寿涌毅等, 2011)。蚁群算法在资源受限项目调度领域也得到越来越多的应用与研究(Merkle et al., 2002;Shou, 2006)。

8.1 蚁群算法

昆虫学家发现,蚂蚁可以通过一种叫作信息素(pheromone)的化学物质的引导,找到从蚁穴到食物源的最短路径,并且能够随着环境的变化而搜索新的路径。著名的双桥实验证实,蚂蚁在外出觅食的过程中,会在所经过的路径上留下信息素;同时蚂蚁通过感知信息素的浓度来决定自己的行动方向,它们总是倾向于朝着信息素浓度大的方向移动(Dorigo et al., 1999)。由大量蚂蚁组成的蚁群的行为表现出信息的正反馈现象,有较多蚂蚁经过的路径对后来的蚂蚁具有更强的吸引力,而后来的蚂蚁在经过这条路径时通过分泌出的信息素进一步加强了这种趋势。

蚂蚁行为的实质是简单个体的自组织行为体现出来的群体行为。每只蚂蚁的行为都对环境产生影响,环境的改变进而对蚁群行为产生控制压力,影响其他蚂蚁的行为。通过这种机制,简单的蚂蚁可以相互影响,相互协作,完成一些复杂的任务。

受蚁群行为的启发,Dorigo 等人在 20 世纪 90 年代提出了蚁群算法,采用人工蚂蚁模拟蚂蚁的觅食行为,并将该算法应用于旅行商问题等最优化问题,取得了良好的效果。

8.1.1　蚂蚁系统

蚂蚁系统(ant system, AS)是最早被提出和实现的蚁群优化算法(Dorigo et al.,1996),也是后续大量蚁群优化算法的原型。

为了说明蚂蚁系统,首先引入旅行商问题(traveling salesman problem, TSP)。旅行商问题是典型的组合优化问题,非常直观和容易理解,但却又是难以解决的 NP-complete 问题(郭平、鄢文晋,2007)。旅行商问题可以描述为:已知 n 个城市和城市之间的距离,求一条路径,使旅行商人依次经过每一个城市,总路程最短,且每个城市只经过一次。

TSP 问题可以抽象为一个图 $G = (V, A)$,其中 V 为顶点集,A 为各顶点相互连接组成的边集,已知各条边的距离,要求寻找其最短的哈密尔顿回路。

对于蚂蚁系统,假设蚁群中存在 m 只人工蚂蚁,从某个顶点出发遍历各个顶点并最终回到原点。顶点 a 与顶点 b 之间的边 (a, b) 长度为 $\delta(a, b)$,能见度为 $\eta(a, b)$。能见度为边的启发式信息,在蚂蚁系统中是固定的,不随着蚂蚁的移动而改变。边 (a, b) 上的信息素浓度为 $\tau(a, b)$,随着蚂蚁的移动而逐步更新。

初始化时,设定各条边的初始信息素浓度相同,即 $\tau(a, b) = \tau_0$,τ_0 为一常数。人工蚂蚁 k 在搜索过程中,根据各条边的信息素浓度与启发式信息决定选择哪一条边。蚂蚁的选择决策遵循设定的状态转移规则(state transition rule），一般倾向于选择信息素浓度较高的、边长较短的边。在蚂蚁系统中，蚂蚁 k 从顶点 a 转移到顶点 b 的概率 $P_k(a,b)$ 遵循随机比例原则（random-proportional rule）：

$$P_k(a,b) = \begin{cases} \dfrac{\tau(a,b) \cdot [\eta(a,b)]^{\beta}}{\sum\limits_{\pi \in D_k(a)} \tau(a,\pi) \cdot [\eta(a,\pi)]^{\beta}}, & b \in D_k(a); \\ 0, & \text{其他} \end{cases} \tag{8.1}$$

其中，$D_k(a)$ 表示蚂蚁 k 在顶点 a 可以选择的顶点集合；β 表示信息素信息和启发式信息的相对重要程度（$\beta > 0$）。

可见状态转移概率 $P_k(a,b)$ 是信息素浓度 τ 和启发式信息 η 的函数。对于 TSP，一般取边长的倒数为启发式信息：

$$\eta(a,b) = \frac{1}{\delta(a,b)} \tag{8.2}$$

在蚂蚁系统中，需要对蚂蚁经过的各条边上的信息素进行更新。Dorigo 等（1996）设计了三种不同的模型来计算信息素增加量。在蚁密模型（ant-density model）中，当蚂蚁走过一条边时，就需要对这条边的信息素进行更新，其增量为一个常量：

$$\Delta\tau_k(a,b) = Q \tag{8.3}$$

在蚁量模型（ant-quantity model）中，也采用类似的局部更新规则（local updating rule），对蚂蚁所走过的边进行信息素更新，其信息素增量与边长成反比：

$$\Delta\tau_k(a,b) = \frac{Q}{\delta(a,b)} \tag{8.4}$$

而在蚁周模型（ant-cycle model）中，则采用全局更新规则（global updating rule），在蚂蚁完成一个循环，遍历了 n 个顶点之后，所有边上的信息素按照以下规则进行更新：

$$\tau(a,b) \leftarrow (1-\rho) \cdot \tau(a,b) + \sum_{k=1}^{m} \Delta\tau_k(a,b) \tag{8.5}$$

其中，ρ 为信息素衰减系数（pheromone decay parameter），$0 < \rho < 1$；$\Delta\tau_k(a,b)$ 则表示蚂蚁 k 在边 (a,b) 上释放的信息素增量：

$$\Delta\tau_k(a,b)=\begin{cases} Q/L_k, & (a,b)\in H_k; \\ 0, & \text{其他} \end{cases} \tag{8.6}$$

其中,H_k 为第 k 只蚂蚁在本次循环中所走的哈密尔顿回路,L_k 为该回路的长度。

对于上述三种模型,若在本次循环中第 k 只蚂蚁没有经过边 (a,b),则 $\Delta\tau_k(a,b)$ 均为 0。在前两种模型中,蚂蚁每经过一条边都会更新这条边上的信息素浓度,采用的是局部更新规则;而在蚁周模型中,蚂蚁只有在遍历全部顶点后才更新信息素浓度,采用的是全局更新规则。Dorigo 等(1996)对这三种模型进行了计算测试,发现蚁周模型的效果最好。

蚁周算法(ant-cycle algorithm)的伪代码如下所示:

Procedure of Ant System (AS)

BEGIN

    INIT parameters

    DO

        FOR every ant

            CONSTRUCT a Hamilton circuit

        END FOR

        UPDATE pheromone

    WHILE criteria NOT satisfied

END

在上述蚂蚁系统中,蚂蚁相互之间并没有直接的交流,而是通过信息素实现间接沟通,这就是所谓的媒介质(stigmergy)(Dorigo et al.,1999)。不过,人工蚂蚁与现实蚂蚁存在明显的区别(郭平、鄢文晋,2007):(1)人工蚂蚁具有一定的记忆能力,可以引入禁忌表记住已经走过的路径,以保证不会重复走到相同的地点;而现实中的蚂蚁是没有记忆的,蚂蚁完全可能走回到曾经到达过的地点。(2)现实中的蚂蚁只依靠信息素来选择路径;而人工蚂蚁在采用信息素信息的同时,还可以依据一定的启发式信息,比如相邻边的长度,来选择合适的路径。(3)人工蚂蚁生活在一个离散的时间环境中。系统仅考虑人工蚂蚁位于某个节点,而不考虑蚂蚁在节点之间的移动过程,即只考虑在某些离散时间点上的蚂蚁;而现实世界中的蚂蚁则处于一个连续的时间维度中。

8.1.2　蚁群系统

蚂蚁系统在求解一些小规模 TSP 问题时,表现尚令人满意。但随着问题规模的扩大,蚂蚁系统很难在可接受的循环次数内找到最优解。针对蚂蚁系统的不足,Dorigo 和 Gambardella(1997)在蚂蚁系统的基础上提出了蚁群系统(ant colony system,ACS)。

蚁群系统的基本思想是将 m 只蚂蚁按照一定的初始化规则放置于 n 个顶点上。每一只蚂蚁通过状态转移规则逐步构造一条哈密尔顿回路。在构造回路的过程中,每一只蚂蚁通过局部更新规则对自己经过的边进行信息素更新。当所有的蚂蚁都完成遍历之后,再对最佳回路上的边进行信息素全局更新。

蚁群系统的伪代码如下所示:

Procedure of Ant Colony System(ACS)

BEGIN

　　DO

　　　　FOR each ant

　　　　　　POSITION ant

　　　　END FOR

　　　　REPEAT

　　　　　　MOVE each ant

　　　　　　UPDATE pheromone locally

　　　　UNTIL all ants have built a solution

　　　　UPDATE pheromone globally

　　WHILE criteria NOT satisfied

END

蚁群系统与蚂蚁系统的区别主要有三点(Dorigo and Gambardella, 1997):

（1）蚁群系统的状态转移规则尝试在探索（exploration）和利用（exploitation）上取得平衡，蚂蚁 k 在顶点 a 选择下一个顶点 b 时采用如下的伪随机比例规则（pseudo-random-proportional rule）：

$$b = \begin{cases} \arg\max_{\pi \in D_k(a)} \{[\tau(a,\pi)] \cdot [\eta(a,\pi)]^\beta\}, & q < q_0; \\ b^*, & \text{其他} \end{cases} \quad (8.7)$$

其中，q 为 $[0,1]$ 区间内服从均匀分布的随机数，q_0 为设定的系数，$0 < q_0 < 1$；b^* 为根据式（8.1）确定的后续顶点。

伪随机比例规则仍然倾向于选择信息素浓度较高且边长较短的边。但是，新引入的系数 q_0 决定了蚁群探索和利用的相对比例：当随机数 q 大于 q_0 时，伪随机比例规则采用式（8.1）的随机比例规则探索周边顶点；而当随机数 q 小于 q_0 时，伪随机比例规则确定性地选择相邻的最好边，即式（8.7）中 arg（ ）所得的最好边。

（2）全局更新规则只作用于最好回路上的边。在所有蚂蚁完成遍历后，对最短哈密尔顿回路上的边应用如下的更新规则：

$$\tau(a,b) \leftarrow (1-\rho) \cdot \tau(a,b) + \rho \cdot \Delta\tau(a,b) \quad (8.8)$$

其中，信息素增量为：

$$\Delta\tau(a,b) = \begin{cases} 1/\min\{H\}, & (a,b) \in H^*; \\ 0, & \text{其他} \end{cases} \quad (8.9)$$

其中，H^* 为当前蚁群找到的最短哈密尔顿回路，$\min\{H\}$ 是目前为止所有蚁群找到的最短哈密尔顿回路的长度。

通过式（8.8）所定义的全局更新规则，蚁群系统进一步强化了最佳回路上的信息素浓度，从而引导后续蚁群的搜索方向。可见，伪随机比例规则和信息素全局更新规则都尝试指导蚁群的搜索过程更快地指向最优解。

（3）人工蚂蚁在构造哈密尔顿回路的过程中，应用局部信息素更新规则：

$$\tau(a,b) \leftarrow (1-\theta) \cdot \tau(a,b) + \theta \cdot \Delta\tau(a,b) \quad (8.10)$$

其中，θ 为信息素衰减系数，而信息素增量则可以采用如下的三种公式进行计算（Dorigo and Gambardella，1997）：

第一种是 Q-learning 方法（Gambardella and Dorigo，1995）：

$$\Delta\tau(a,b)=\gamma\cdot\max_{\pi\in D(b)}\{\tau(b,\pi)\} \tag{8.11}$$

其中,参数$\gamma\in[0,1]$。采用这种方法的蚁群系统也被称为Ant-Q算法。

第二种方法设定信息素增量取信息素浓度初始值:

$$\Delta\tau(a,b)=\tau_0 \tag{8.12}$$

第三种方法则将信息素增量设定为0:

$$\Delta\tau(a,b)=0 \tag{8.13}$$

Dorigo和Gambardella(1997)在TSP算例库上的计算测试表明,局部更新规则有助于提高蚁群系统的算法效率,相对而言,式(8.13)定义的第三种方法效果最差。由于采用第一或第二两种方法的蚁群系统算法效率相近,而第二种方法的计算量较小,因此蚁群系统一般都采用第二种方法。通常所说的蚁群系统(ACS),即指采用第二种局部更新规则的蚁群系统。

8.1.3　蚁群优化算法

ACS算法得到了进一步发展,成为一个多智能体系统(multi-agent system,MAS),形成了一般化的蚁群优化(ant colony optimization,ACO)算法(Dorigo and Di Caro,1999;Dorigo et al.,1999)。蚁群优化算法的伪代码如下。

Procedure of Ant Colony Optimization(ACO)

```
BEGIN
    WHILE criteria NOT satisfied
        /*schedule_activities*/
        ants_generation_and_activity( );
        pheromone_evaporation( );
        daemon_activities( );/*optional*/
    END WHILE
END
```

蚁群优化算法为求解优化问题提供了一个一般化的算法框架。其中主要包括三个组成部分:(1)人工蚂蚁的产生和活动;(2)信息素挥发机制;(3)

守护作业。蚁群优化算法的框架并不限定这三个部分的具体执行方式,可以并行计算独立执行,也可以有信息交互。算法设计者可以针对具体的优化问题进行调整。

人工蚂蚁依据给定的状态转移规则,基于信息素和启发式信息,在顶点间并行移动,逐步构造问题的可行解。例如,在简单蚁群优化(simple ant colony optimization,S-ACO)算法中,蚂蚁 k 在顶点 a 选择后续顶点 b 的概率为(Dorigo and Di Caro,1999):

$$P_k(a,b)=\begin{cases}\tau(a,b), & b\in D_k(a);\\ 0, & 其他\end{cases} \tag{8.14}$$

在构造解的过程中,或者在完成解的构造后,蚂蚁根据解的质量更新回路上的信息素浓度。在S-ACO算法中,蚂蚁每次释放固定量的信息素:

$$\tau(a,b)\leftarrow \tau(a,b)+\Delta\tau \tag{8.15}$$

人工蚂蚁行为机制的详细描述可参见文献(Dorigo and Di Caro,1999)。

信息素挥发机制是为了避免算法过快收敛于局部最优解。信息素挥发可以看成一种遗忘机制,有助于鼓励蚂蚁探索新的解空间。在S-ACO中,采用如下的更新机制:

$$\tau(a,b)\leftarrow (1-\rho)\cdot\tau(a,b) \tag{8.16}$$

守护作业(daemon activity)是指单个蚂蚁无法完成的作业。例如一些局部搜索策略,针对最好解的信息素全局更新等。由守护作业执行的信息素更新也被称为离线信息素更新(offline pheromone update)。在ACO算法中,守护作业不是必需的。

8.1.4 蚁群算法的改进

自蚁群算法提出以来,得到了不断的改进和发展,以下是若干较为有效的改进机制。

1.精英策略

遗传算法中的精英策略(elitist strategy)会保留每一代中适应值最高的个体,而蚁群算法中的精英策略则在每次搜索完成后给最好解以额外的信息素增量以保持最好解的吸引力(Bullnheimer et al.,1997)。在蚁群算法中,找到

最好解的蚂蚁被称为精英蚂蚁(elitist ant)。该系统中,最好解上的边会获得额外的信息素增量:

$$\Delta\tau^*(a,b)=\begin{cases} \sigma\cdot Q/L^*, & (a,b)\in H^*; \\ 0, & 其他 \end{cases} \qquad (8.17)$$

其中,σ是精英蚂蚁的数量,L^*是已知最短回路的长度,Q是一只蚂蚁在整个搜索过程中释放的信息素总量。

Bullnheimer等(1997)的计算测试表明,精英策略有助于蚁群在早期就找到更好解,但是精英蚂蚁过多也容易导致早熟收敛。

2.最大最小蚂蚁系统

将蚂蚁的搜索行为集中到最优解附近可以提高解的质量和收敛速度,但这样的搜索方式容易导致早熟收敛现象。Stützle和Hoos(1996)提出了最大最小蚂蚁系统(max-min ant system,MMAS)以防止早熟收敛现象的发生。

与普通蚂蚁系统相比,最大最小蚂蚁系统有以下特点:

(1)在蚂蚁系统中,蚂蚁走过的所有边都进行信息素更新;而在MMAS中,只对当前蚁群中找到最好解的蚂蚁所走过的边进行更新。

(2)在蚂蚁系统中,信息素浓度不受限制,从而使得一些边上的信息素浓度远高于其他边,阻碍了蚂蚁进一步搜寻其他解的可能性;而在MMAS中,每条边的信息素浓度都被限制在$[\tau_{min},\tau_{max}]$区间内,从而防止不同边之间的信息素浓度差距过大。

(3)为使蚂蚁在算法的初始阶段能够更多地搜索新的路径,将各条边的初始信息素浓度设定为τ_{max};在蚂蚁系统中一般是设定一个较小的初始值τ_0。

(4)为了扩展蚁群的搜索空间,MMAS引入了平滑机制,缩小各条边上信息素浓度的差异。

3.混合蚁群算法

蚁群优化算法的守护作业可以引入不同的优化技术,从而提高算法的搜索效率。遗传算法提供了很多可以参考的技术,包括其初始种群,各类遗传算子,都是改进蚁群算法的有效途径。例如,丁建立等(2003)提出将遗传算法融入蚁群算法中,其主要思想是在算法的前期充分利用遗传算法的快速全局搜索能力,产生有关问题的初始信息素分布,从而弥补了蚁群算法在初期由于信息素匮乏导致的算法过慢；在算法后期充分利用蚁群算法的并行性、正反馈性和求精解效率高等特点。

吴庆洪等(1999)受到遗传算法中变异操作的启发，提出了具有变异特征的蚁群算法，在蚁群算法中引入变异机制，采用逆转变异算子，以此增加蚁群搜索时所需的信息量。这种机制充分利用了两元素置换(2-opt)方法简洁高效的特点，使蚁群算法有较快的收敛速度。

Shou(2006)在蚁群算法中引入了遗传算法中的交叉算子，将蚁群算法搜索得到的路径进行交叉运算，产生的子代如果得到较好的解，就相应更新该路径上的信息素，从而加速信息素的更新。Shou(2006)也引入了逆转变异算子，并将其与遗忘策略(Merkle et al.,2002)相结合，以防止算法早熟收敛。

8.2　单项目调度蚁群优化算法

蚁群优化算法是对蚂蚁群体利用信息素进行觅食行为的仿生，已被广泛应用于各种组合优化问题，也已应用于求解 RCPSP 问题(Merkle et al.,2002；Shou,2006；余建星、李彦苍,2007)。

一般而言，蚁群优化算法基本上采用进度生成机制，通过逐步扩展局部进度计划来生成一个完整可行的项目进度计划，并通过反复搜索获得最好解。

项目调度蚁群优化算法的伪代码如下所示。

Procedure of Ant Colony Optimization(ACO)for RCPSP

```
BEGIN
    WHILE criteria NOT satisfied
        FOR each ant
            FOR g = 1 TO J
                COMPUTE D_g
                SELECT j* from D_g
            END FOR
            CONSTRCT schedule by TSGS
```

END FOR

EVAPORATE pheromone

UPDATE pheromone

END WHILE

END

在上述蚁群算法中,蚁群中的每一只蚂蚁从第1个任务开始搜索,遍历所有任务,在第 J 个任务处结束搜索。在第 g 个搜索阶段,蚂蚁 k 在选择完任务 j 后,其候选任务集合记为 $D_k(j)$,这个集合包括了所有尚未安排进度,同时其所有紧前任务都已排好进度的任务,因此 $D_k(j)$ 不但排除了已经被选择过的任务,还排除了在逻辑上不能直接安排在任务 j 之后的任务。蚂蚁 k 从 $D_k(j)$ 中选择任务 h 的概率为:

$$P_k(j,h) = \begin{cases} \dfrac{[\tau(j,h)]^{\alpha} \cdot [\eta(j,h)]^{\beta}}{\displaystyle\sum_{\pi \in D_k(j)} [\tau(j,\pi)]^{\alpha} \cdot [\eta(j,\pi)]^{\beta}}, & h \in D_k(j); \\ 0, & h \notin D_k(j) \end{cases} \tag{8.18}$$

其中, $\tau(j,h)$ 为信息素浓度, $\eta(j,h)$ 为启发式信息, α 和 β 为控制两类信息权重的参数。

启发式信息一般表示蚂蚁在搜索决策中可以利用的直观信息。在 RCPSP 问题中,一般用优先规则来构造启发信息。在 RCPSP 蚁群算法中较常采用最晚结束时间(LFT)来计算启发式信息(Merkle et al.,2002):

$$\eta(j,h) = \max_{\pi \in D_k(j)} LF_{\pi} - LF_h + 1 \tag{8.19}$$

信息素的更新是蚁群算法的重点,包括信息素的挥发和累积。信息素的挥发可采用如下机制:

$$\tau(j,h) \leftarrow (1-\rho) \cdot \tau(j,h) \tag{8.20}$$

其中, ρ 为信息素的挥发率。

在更新信息素时,对于蚂蚁搜索到的解,相应的信息素增量为:

$$\Delta\tau(j,h) = \begin{cases} \rho \cdot \dfrac{1}{f}, & (j,h) \in H; \\ 0, & \text{其他} \end{cases} \tag{8.21}$$

其中,H为蚂蚁搜索到的解所对应的哈密尔顿回路,f为目标函数值,对于RCPSP即为项目工期c_J。

当蚂蚁k从第1个任务逐步搜索到第J个任务,就构成一个完整的可行任务列表。可以发现,这一任务列表事实上对应了项目网络图中的一条路径,如果将最后一个任务与第一个任务进行连接,则构成一个哈密尔顿回路。以该任务列表中的顺序,采用TSGS,在满足资源约束的前提下,按照尽早原则逐个安排所有任务的开始时间,就得到一个可行的项目进度计划。

8.3 多目标项目调度蚁群算法

8.3.1 多目标项目调度问题

项目调度问题具有天然的多目标特性,但由于多目标RCPSP比单目标RCPSP更加复杂,所以多数研究集中在单目标领域。已有文献中,多目标RCPSP的精确算法一般均针对特定类型的项目进行设计,其应用效果有相当局限性(Viana and De Sousa,2000)。因此,部分学者开发出一些多目标元启发式算法,例如针对工期和鲁棒性双目标优化的模拟退火算法(Abbasi et al.,2006)。

假设考虑两个目标函数,一个是项目工期最小化,另一个是加权任务拖期最小化(Valls et al.,1999)。如此,就构成一个多目标资源受限项目调度问题(multi-objective resource-constrained project scheduling problem,MORCPSP)。

定义决策变量x_{jt}如下:

$$x_{jt} = \begin{cases} 1, & \text{任务}j\text{在时间段}t\text{完成}; \\ 0, & \text{其他} \end{cases} \tag{8.22}$$

则该多目标项目调度问题的数学模型可以表示为:

$$\min c_J = \sum_{t=0}^{T} t \cdot x_{Jt} \tag{8.23}$$

$$\min WT = \sum_{j=1}^{J} w_j \sum_{t=d_j}^{T} \max\{0, t - d_j\} \cdot x_{jt} \tag{8.24}$$

s.t.

$$\sum_{t=0}^{T} x_{jt}, \qquad \forall j \tag{8.25}$$

$$\sum_{t=0}^{T} t \cdot x_{ht} \leqslant \sum_{t=0}^{T} (t - p_j) \cdot x_{jt}, \qquad \forall j, h \in P_j \tag{8.26}$$

$$\sum_{j=1}^{J} r_{jk} \sum_{\tau=t}^{t+p_j-1} x_{j\tau} \leqslant R_k, \qquad \forall k, t \tag{8.27}$$

$$x_{jt} \in \{0, 1\}, \qquad \forall j, t \tag{8.28}$$

上述数学模型是非常典型的多目标优化问题（multi-objective optimization problem，MOP）。式（8.23）为项目总工期最小化，以项目虚拟结束任务的完成时间来表示；式（8.24）为加权任务拖期最小化，要求各任务尽可能在截止时间之前完成，其中 w_j 为任务 j 的权重。式（8.25）至（8.27）为约束条件，式（8.25）规定任务不可抢占；式（8.26）表示任务之间的紧前关系；式（8.27）表示项目的资源约束。式（8.28）定义了决策变量。

8.3.2　多种群蚁群算法

在单一种群蚁群算法的基础上，有学者提出双蚁群系统，通过蚁群间的互动对信息素信息进行分享，在充分利用优秀解的同时扩大搜索的解空间，比单蚁群系统取得了更好的效果（Kawamura et al.，2000）。但上述算法针对单目标优化问题进行的设计。在上述研究的基础上，开发如下的适用于多目标项目调度问题的多种群蚁群算法（multi-colony ant algorithm，MCAA）。

算法遵循一般 ACO 算法的流程。但是在状态转移规则、信息素更新机制和精英策略上，有所不同，分别叙述如下。

1.状态转移规则

在 MCAA 中，用 (l, k) 表示第 l 个种群的第 k 只蚂蚁，则蚂蚁 (l, k) 在选择任务 j 后接着选择任务 h 的概率可以表示为：

$$P_{lk}(j, h) = \begin{cases} \dfrac{\psi_{lk}(j, h)}{\displaystyle\sum_{\pi \in D_{lk}(j)} \psi_{lk}(j, \pi)}, & h \in D_{lk}(j); \\ 0, & h \notin D_{lk}(j) \end{cases} \tag{8.29}$$

其中，$\psi_{lk}(j,h)$表示蚂蚁(l,k)在选择任务j后继续选择任务h的倾向程度，定义如下：

$$\psi_{lk}(j,h) = \left\{ \prod_r [\tau_{rk}(j,h) + \varepsilon]^{\alpha(l,r)} \right\} \cdot [\eta(j,h)]^{\beta(l)} \tag{8.30}$$

其中，参数$\alpha(l,r)$决定种群l和种群r之间信息素的影响。如果$\alpha(l,r)$的值为正，则种群r的信息素对种群1中的蚂蚁搜索决策存在正向促进效应；如果$\alpha(l,r)$为负，则种群r的信息素有负向的抑制效应。$\alpha(l,r)$的绝对值越大，信息素的正效应或负效应越强；如果$a(l,r)$为零，则种群l和种群r之间不存在相互影响。式（8.30）中，ε为一较小的正常数，以防信息素浓度为零的情况。$\beta(l)$表示启发式信息在蚁群1的搜索决策中的权重。

在 MCAA 中，可能涉及多个相互冲突的目标函数。因此，设定不同的蚁群各自对应不同的目标函数，且各蚁群可以利用不同的启发式信息，以增进搜索效率。

假设第一个蚁群的目标函数为项目总工期最小，采取经典 RCPSP 中普遍使用的最晚结束时间（LFT）优先规则，如式（8.19）所示。

假设第二个蚁群的目标函数为加权任务拖期最小。设计如下的基于任务拖期的优先规则：

$$WT_j = w_j \cdot (LF_j - d_j) \tag{8.31}$$

则第二个蚁群的启发式信息为：

$$\eta(j,h) = \max_{\pi \in D(j)} WT_{\pi} - WT_h + \varepsilon \tag{8.32}$$

2.信息素更新机制

在 MCAA 中，蚁群1的信息素可采用如下更新机制：

$$\tau_l(j,h) \leftarrow \tau_l(j,h) + \sum_{k=1}^{m} \Delta\tau_{lk}(j,h) \tag{8.33}$$

其中，$\Delta\tau_{lk}(j,h)$表示蚂蚁(l,k)在路径(j,h)上释放的信息素，其浓度取决于所得解的质量。

对于不同的种群，可设计不同的信息素更新机制。

对于第一个种群，设计如下信息素增量：

$$\Delta\tau_{lk}(j,h)=\frac{\rho_1}{c_J(l,k)} \tag{8.34}$$

其中,ρ_1为一正常数,$c_J(l,k)$表示蚂蚁(l,k)得到的项目进度计划的总工期。

对于第二个种群,设计如下的信息素增量:

$$\Delta\tau_{lk}(j,h)=\frac{\rho_2}{WT(l,k)} \tag{8.35}$$

其中,ρ_2为一正常数,$WT(l,k)$表示蚂蚁(l,k)得到的项目进度计划的加权任务拖期。

信息素挥发机制采用式(8.20)所定义的方式,并设定各蚁群的信息素挥发率相同。

3.多目标精英策略

设计如下的多目标精英蚂蚁改进策略。其基本思路是,多个种群并行进行搜索,当蚂蚁完成一次搜索之后,对这个解进行评估,并与当前最优解进行比较。评估与比较时,采用理想点(ideal point)方法(Marler and Arora,2004),以所得解与理想点的欧氏距离作为评估标准,如所得解的欧氏距离小于已知的最短距离,即为新的最优解,并对其所对应的路径进行额外的信息素增强,从而加快算法收敛速度。

在多目标精英策略中额外增加的信息素为:

$$\Delta\tau^*(j,h)=\begin{cases}\dfrac{\rho_3}{\sum[\,\omega_i(f_i-f_i^*)^2\,]}, & (j,h)\in H^*;\\ 0, & (j,h)\notin H^*\end{cases} \tag{8.36}$$

其中,ρ_3为一正常数,w_i为各目标函数权重,f_i^*为项目第i个目标函数的目标值,H^*表示当前最优解所对应的哈密尔顿回路。

综上所述,针对多目标资源受限项目调度问题设计的多种群蚁群算法如下所示(寿涌毅、傅奥,2010)。

Procedure of Multi-Colony Ant Algorithm(MCAA)

BEGIN

　　INIT coefficients

　　FOR every cycle

```
        FOR  every  ant  colony
            FOR  every  ant
                FOR  g  =  1  TO  J
                    COMPUTE  D_k
                    SELECT  j* from  D_k
                END  FOR
                CONSTRUCT  schedule  by  TSGS
            END  FOR
            EVAPORATE  pheromone
            UPDATE  pheromone
        END  FOR
    END  FOR
END
```

8.3.3 算法测试与分析

由于对 MORCPSP 的已有研究较少,尚缺乏公认的算例库,甚至连如何评价算法优劣也值得深入探讨。寿涌毅、傅奥(2010)提出一种基于目标规划的算法测试方法,并利用单目标 RCPSP 算例库构造 MORCPSP 问题用于算法测试与对比分析。

选择 Patterson 算例库中的全部实例(Patterson,1984),将其目标函数设为工期最小化和加权任务拖期最小化,为各目标函数随机给定权重 w_i,$\sum_i w_i = 1$。以关键路径法(CPM)给出的关键路线长度为项目目标工期。以 CPM 给出的各任务最早完成时间为任务截止时间,关键路线上的任务赋予区间 $[1,2]$ 内的随机值作为拖期惩罚系数,非关键路线任务赋予区间 $[0,1]$ 内的随机值作为拖期惩罚系数。

将关键路径法所得的项目进度计划作为目标解,将其所对应的各目标函数值作为目标值。

在对 Patterson 算例库进行上述改造后,可以用各类算法进行求解,并计算算法给出的最好解与目标值的差距,即可行解各目标函数与目标值之间的欧氏距离,并以该距离为评价标准,比较不同算法的整体表现。

对于 MCAA,通过计算测试,设定最大循环次数为 100 次,2 个蚁群的蚂蚁数量均为 50 只,确定其他参数取值为:$\alpha(1,1)=\alpha(2,2)=1,\alpha(1,2)=0$, $\alpha(2,1)=0.1,\rho=0.6,r_1=50,r_2=200,r_3=1000$。

此外,也采用第 8.2 节的单种群蚁群优化算法(ACO)对 110 个 MORCPSP 问题进行求解,并比较不同算法所得解与目标值欧氏距离的最小值、最大值和均值。测试结果如表 8.1 所示,其中第 5 列表示 ACO 算法所得项目进度计划与目标值欧氏距离的均值高过 MCAA 均值的百分比。

表 8.1　各算法测试结果

算法名称	最小值	最大值	均值	百分比
MCAA	52.79	55430.85	4898.01	—
ACO	52.79	56493.88	4932.80	0.71

表 8.1 说明多种群蚁群算法(MCAA)表现好于单种群的蚁群算法。进一步分析项目规模对算法表现的影响。在用于测试的项目实例中,任务数 $J=21$ 的问题有 46 个,任务数 $J=26$ 的问题有 43 个,任务数 $J=50$ 的问题有 10 个。对这三类不同规模的问题,上述算法的表现如图 8.1 所示,其中纵坐标为各算法解与目标值的平均偏差。对于任务数 $J=50$ 的问题,MCAA 算法的平均偏差比单种群 ACO 算法要小 3.15%,与其他启发式算法相比调度效果更加明显。这说明多种群蚁群算法对大型复杂项目调度有较好的表现。

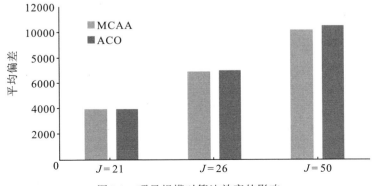

图 8.1　项目规模对算法效率的影响

　　在实际测试中也发现多种群蚁群算法存在信息素积累过快、容易陷入局部过早收敛的缺陷。这也是制约多种群蚁群算法搜索效率的主要因素。可以尝试调整信息素更新机制,设计新的全局优化方法等方式克服这一局限。

　　上述多种群蚁群优化算法,由于采用了理想点方法,本质上仍然是单目标优化算法,并不能产生一系列 Pareto 最优解。近年来,部分学者开始致力于将蚁群算法拓展到多目标优化领域,并已经取得了一定成绩(Angus and Woodward,2009;张勇德、黄莎白,2005),也将成为项目调度多目标优化领域后续研究的方向。

第9章　项目调度粒子群优化算法

粒子群优化(particle swarm optimization, PSO)算法由Kennedy和Eberhart于1995年提出。类似于遗传算法,PSO也是从一个初始解开始,通过迭代寻找问题的最优解。但与遗传算法遵循"适者生存,优胜劣汰"的思想不同,PSO是通过个体(即粒子)的自学习与相互学习来搜寻解空间中的最优点。这是PSO的基本思想,也是它被归为群智能优化方法的原因。

9.1　粒子群优化算法

9.1.1　粒子群优化

PSO算法受到鸟群觅食方式的启发。欧椋鸟(European starling)成群结队飞行时组成的鸟群,会让人怀疑每一只欧椋鸟并不是完全独立的个体,鸟群才是真正有智能的生命体。对鸟群的数学分析显示,不管群体有多庞大,抑或仅有几只小鸟,每只欧椋鸟的动作都为其他同伴所影响,仿佛每只小鸟都链接在一个无形的网络中(Cavagna et al.,2010)。

设想在一个布满食物的空间里,鸟群随机搜索食物。食物随机分布于空间的每一块区域,有些区域食物多,而有些区域食物较少。显然,必定存在某一块区域含有最多的食物。鸟群希望它们中至少有一只小鸟能够搜索到食物最多的那块区域;如果找不到,也希望退而求其次找到食物第二多的或第三多的区域。每一只小鸟各自按照简单策略来寻找食物:一方面,不断参考自己飞过的区域并记下食物最多的一块区域,在向领域搜索无果时返回记忆中食物最多的那块区域;另一方面,参考整个鸟群中已经找到的当前食物最多的区域,并向其靠近。前者是"自学习"机制,后者则是"相互学习"机制。在这两种机制的作用下,虽然作为个体的小鸟的决策机制非常简单,但整个鸟群则表现出智能性,可以有大概率搜索到食物最多的区域。

将上面布满食物的空间看成解空间,每个区域相当于一个解,区域中食物的多少就是解的质量,即适应值。设计类似于上述鸟群的搜索策略,并通过迭代改进来搜索问题的最优解,就是PSO算法的基本思路。

PSO的搜索策略采用位置-速度更新模型(Kennedy and Eberhart,1995)。在PSO中,待优化问题的解空间中的每个可行解被定义为一个粒子(particle)。粒子包含三种属性:位置(position)、速度(velocity)和适应值(fitness)。其中,适应值可以直接由位置通过一定的算法来计算。对于组合优化问题,位置其实就是问题解的编码;由位置计算适应值的过程便是解码。而粒子的速度决定了粒子飞行的方向和距离,从而决定了该粒子经过迭代后所在的新位置(新的解)。粒子的搜索策略就是通过向局部极值和全局极值学习,不断更新速度和位置。局部极值是粒子经过路径中的最好解,全局极值则是整个粒子群目前找到的最好解。

在一个 n 维搜索空间中,设第 t 次迭代后,粒子 $i(i=1,2,\cdots,SwarmSize$; $SwarmSize$ 为粒子群大小)的位置为 $X_i(t)=[x_{i1}(t),x_{i2}(t),\cdots,x_{in}(t)]$,速度为 $V_i(t)=[v_{i1}(t),v_{i2}(t),\cdots,v_{in}(t)]$,局部极值记为 $X_i^L=(x_{i1}^L,x_{i2}^L,\cdots,x_{in}^L)$,全局极值记为 $X^G=(x_1^G,x_2^G,\cdots,x_n^G)$。那么在第 $t+1$ 次迭代中,粒子 i 速度和位置的更新方式如下(Kennedy and Eberhart,1995):

$$v_{ij}(t+1)=v_{ij}(t)+c_1r_1[x_{ij}^L-x_{ij}(t)]+c_2r_2[x_j^G-x_{ij}(t)] \tag{9.1}$$

$$x_{ij}(t+1)=x_{ij}(t)+v_{ij}(t+1) \tag{9.2}$$

其中,$j=1,2,\cdots,n,n$ 为解空间的维数;$t=1,2,\cdots,T,T$ 是最大的迭代次数。c_1 和 c_2 是学习因子(learning factor),r_1 和 r_2 是区间 $[0,1]$ 内的随机数。

从式(9.1)可以看出,速度的更新公式包含三部分,分别代表粒子自身已有速度、向局部极值学习的部分和向全局极值学习的部分。同时,为了避免搜索越界,粒子的速度被限制在一定的范围内,第 j 维分量的限制范围为 $[-v_{j\max},v_{j\max}]$。

为了改善算法收敛性能，Shi 和 Eberhart(1998)在 PSO 算法中引入了惯性因子 w，将速度和位置更新公式修改为：

$$v_{ij}(t+1) = wv_{ij}(t) + c_1r_1\left[x_{ij}^L - x_{ij}(t)\right] + c_2r_2\left[x_j^G - x_{ij}(t)\right] \qquad (9.3)$$

$$x_{ij}(t+1) = x_{ij}(t) + v_{ij}(t+1) \qquad (9.4)$$

上述公式中，速度和位置更新公式仍旧是代数意义上的，无法适应组合优化问题的需要。为此，Clerc(2004)将 PSO 算法的更新公式进行调整，并将其应用到离散问题中，修改后的更新公式表示为：

$$v_{ij}(t+1) = wv_{ij}(t) \oplus c_1r_1\left[x_{ij}^L - x_{ij}(t)\right] \oplus c_2r_2\left[x_j^G - x_{ij}(t)\right] \qquad (9.5)$$

$$x_{ij}(t+1) = x_{ij}(t) \oplus v_{ij}(t+1) \qquad (9.6)$$

其中，$\oplus$ 表示某种操作算子，以给予研究者充分的自由度，可以针对特定优化问题进行专门的设计。

9.1.2　算法流程

标准 PSO 算法步骤如下(Zhang et al.,2005)：

(1)初始化各个参数，包括种群大小、当前代数、最大迭代次数、学习因子等，并生成初始种群。

(2)计算初始种群中每个粒子的适应值。每个粒子的局部极值设置为粒子本身；全局极值设置为初始种群中适应值最好的粒子。

(3)根据式(9.5)更新粒子速度。

(4)根据式(9.6)更新粒子位置。

(5)计算新一代粒子的适应值，并更新局部极值和全局极值。

(6)判断终止条件是否满足，若满足则算法终止，否则返回步骤3。

PSO 算法的伪代码如下所示：

Procedure of Particel Swarm Optimization(PSO)

BEGIN

　　初始化参数：

　　　　•种群大小：*swarmSize*

　　　　•当前代：$t \leftarrow 0$

•最大迭代次数：T

•学习因子 $1:c_1$

•学习因子 $2:c_2$

初始化种群：产生 $swarmSize$ 个粒子作为初始种群 $Swarm_0$

计算初始化种群粒子适应值：$f(Swarm_0[i])$

更新局部极值和全局极值：

•$LocalBest[i] \leftarrow Swarm_0[i]$

•$GlobalBest \leftarrow LocalBest[i]$,

其中，$i \leftarrow \text{arg}opt\{f(LocalBest[i])\}$

WHILE 终止条件不满足 DO

$\quad t \leftarrow t+1$

$\quad$ BEGIN 更新粒子速度

$\quad\quad$ FOR EACH particle DO

$\quad\quad\quad$ 计算 $v_{ij}(t)$

$\quad\quad\quad$ 调整使得 $v_{ij}(t) \in [-v_{j\max}, v_{j\max}]$

$\quad\quad$ END

$\quad$ END

$\quad$ BEGIN 更新粒子位置

$\quad\quad$ FOR EACH particle DO

$\quad\quad\quad$ 计算 $x_{ij}(t)$

$\quad\quad\quad$ 调整使得 $x_{ij}(t) \in [-x_{j\max}, x_{j\max}]$

$\quad\quad$ END

$\quad$ END

$\quad$ 计算适应值：$f(Swarm_t[i])$

$\quad$ 更新局部极值和全局极值

END

9.2　抢占式项目调度

抢占式资源受限项目调度问题(PRCPSP)是项目调度的一个重要子问题,是在传统 RCPSP 基础上,放弃了任务"非抢占"假设而形成的(刘寅斌等,2019)。它允许项目任务在进行过程中暂时释放其所占有的资源,进入暂停状态,以满足其他任务提前执行的需要,从而给项目调度带来一定的灵活性(Creemers,2019)。在实际项目中,抢占是经常发生的,因此 PRCPSP 是一类特别值得研究的 RCPSP 问题。

虽然 PRCPSP 放宽了非抢占的假设,但为了使建模及求解可行,仍然需要对该问题做出一些合理的规定。

(1)关于抢占点的假设。PRCPSP 的一个基本假设,就是抢占只能发生在整数时间点上。如果一项任务的工期为 $d \in Z^+$,那么该任务最多可以被抢占 $d-1$ 次;换句话说,最多可以分成 d 部分执行,每部分的工期为 1。

(2)关于抢占成本的假设。PRCPSP 的另一个基本假设,是当抢占发生后,该项任务在重新启动时并不会产生额外的成本。这意味着,对于项目中的任意一项任务,不管它在执行过程中有没有被抢占,也不管被抢占的次数是 1 次或多次,当这项任务完成时,围绕该项任务的执行而产生的总成本、该项任务曾经占用的每一类资源的数量,均为常数。当然,在现实的项目管理中,任务重启往往需要额外的时间或成本,因此这个假设是对现实项目的简化,如果考虑重启成本,则 PRCPSP 会更加复杂。

Lino(1997)总结了 PRCPSP 中"抢占"的三种模式,即:(1)无抢占;(2)每项任务最多在整数时间点发生一次抢占;(3)在整数时间点发生任意次抢占。Ballestín 等 (2008) 在 Lino (1997) 的 基础上将 PRCPSP 进一步描述为 $m\_$PRCPSP 问题,其中 m 为非负整数,表示所有任务允许最多被抢占 m 次,抢占发生在任意的整数时刻上(称之为"离散的任务抢占"),且对于具体一项任务,其允许被抢占的次数在数值上不大于其工期(整数)的值。显然,$0\_$PRCPSP 等同于 RCPSP,即 Lino(1997)的模式 1;而 $1\_$PRCPSP 则对应 Lino(1997)的模式 2;$m\_$PRCPSP 是最一般化的 RCPSP,对应 Lino(1997)的模式 3。

Ballestín 等（2008）发现，1_PRCPSP 在项目实践中比较常见，具有重要的实际意义，而且在理论上也有其特殊的研究价值。

在本章中，我们专注于研究 1_PRCPSP 问题。经典的 1_PRCPSP 可以表示为 $\{m, 1|1\_pmtn, cpm|C_{\max}\}$。与 RCPSP 一样，用 P_j 表示任务 j 的紧前任务集合，t 表示时间点，T 表示项目截止日期；除任务 $j=0$ 和 $j=n+1$ 外的任务可被拆分为两部分 ja 和 jb，其开始时间分别表示为 s_{ja} 和 s_{jb}，工期分别为非负整数 d_{ja} 和 d_{jb}，且 $d_{ja}+d_{jb}=d_j$；此外，用 A_t 表示 t 时刻正在进行中的任务的集合。1_PRCPSP 的数学模型可以表示为（Brucker et al., 1999; Demeulemeester and Herroelen, 1996）：

$$\min s_{n+1} \tag{9.7}$$

s.t.

$$s_{ib} + d_{ib} \leqslant s_{ja}, \ i \in P_j, \ j \in V \tag{9.8}$$

$$s_{ja} + d_{ja} \leqslant s_{jb}, \ j \in V \tag{9.9}$$

$$d_{ja} + d_{jb} = d_j, \ j \in V/\{0, n+1\} \tag{9.10}$$

$$s_0 = 0 \tag{9.11}$$

$$\sum_{j \in A_t} r_{jk} \leqslant R_k, \ \forall k, \ \forall t \in [0, T] \tag{9.12}$$

$$d_{ja}, d_{jb} \in Z/Z^- \tag{9.13}$$

目标函数（9.7）是最小化项目工期。式（9.8）与（9.9）确保项目任务满足紧前约束。式（9.10）是 PRCPSP 的特别要求，在不考虑任务重启成本的情况下，两个子任务的工期和等于原任务工期。式（9.11）设定了初始时间，式（9.12）是资源约束，式（9.13）限定抢占仅发生于非负整数时间。

满足上述约束要求的解即为 1_PRCPSP 的可行进度计划，可以表示为 $S = (s_0, s_{1a}, s_{1b}, \cdots, s_{na}, s_{nb}, s_{n+1})$，其中 s_{ja} 是任务 j 的第一部分的开始时间，s_{jb} 是任务 j 的第二部分的开始时间。

PRCPSP 也可以用网络图进行描述。Ballestín 等（2008）提出了将 $G = (V, A)$ 转换为允许一次抢占的项目网络图 $G' = (V', A')$ 的步骤。具体做法是,将非虚拟任务 $j=1,2,\cdots,n$ 看作两项子任务 ja 和 jb,构造弧 (ja,jb);将 G 中的弧 (i,j),$i\neq0$ 且 $j\neq n+1$ 转化为弧 (ib,ja);将弧 $(0,i)$ 转化为弧 $(0,ia)$,弧 $(i,n+1)$ 转化为弧 $(ib,n+1)$。

考虑如图 9.1 所示的 RCPSP 项目,其对应的 1_PRCPSP 项目网络图如图 9.2 所示。

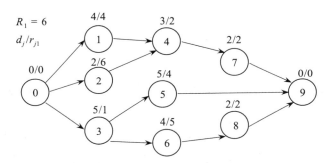

图 9.1 RCPSP 项目网络图

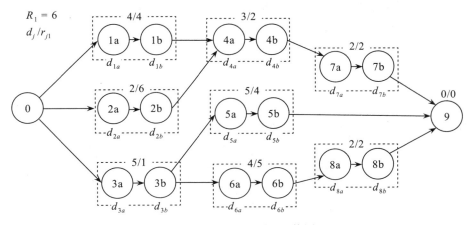

图 9.2 1_PRCPSP 项目网络图

图 9.3 则是该项目 1_PRCPSP 问题的一个最优进度计划,其中任务 5 在时间点 11 被抢占,然后在时间点 15 继续执行。项目的最优工期为 17,比 RCPSP 问题最优解节约一个单位时间。

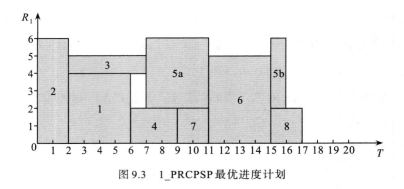

图9.3　1_PRCPSP最优进度计划

9.3　抢占式项目调度粒子群优化算法

设计一种混合PSO算法用于求解1_PRCPSP(Shou et al.,2015)。该PSO算法采用四种编码方式:(1)基于任务列表的编码;(2)基于优先权值的编码;(3)基于任务列表和抢占点的编码;(4)基于优先权值和抢占点的编码。前两种编码采用Ballestín等(2008)提出的1_SSGS解码方案;后两种则另外设计基于串行SGS的编码方案。

9.3.1　编码方案

任务列表与优先权值是两种在RCPSP中广泛采用的编码方案。这两种编码方式均采用1_SSGS进行解码(Ballestín et al.,2008),可能存在搜索空间小于解空间的问题,因此补充设计了包含抢占点的编码方案,以便拓展搜索空间。为方便说明各种编码方案,考虑如图9.4所示的项目调度实例,该实例包括5个非虚拟任务。

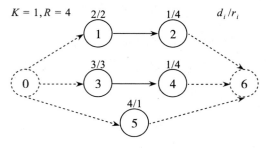

图9.4　项目调度实例

1.基于任务列表的编码

修改 RCPSP 的任务列表编码方式,使之适应 1_PRCPSP。根据 1_PRCPSP 的问题描述,每一个非虚拟任务 $j=1,2,\cdots,n$ 可以看作两个子任务 ja 和 jb 的组合,这样就可以按 RCPSP 的方式来表示一个项目的任务列表 AL,其长度为 $2n+2$。编码时维持任务间的优先关系,如图 9.2 所示。图 9.5 给出了图 9.4 的一个任务列表,其中包括了 10 个子任务。

序号	1	2	3	4	5	6	7	8	9	10	11	12
子任务	0	1a	5a	1b	2a	5b	3a	2b	4a	3b	4b	6
任务列表	0	1	9	2	3	10	5	4	7	6	8	11

图 9.5　基于任务列表的编码

在 PSO 算法中,每个粒子的一个元素表示一个子任务,其位置则对应于 SGS 中的优先权。因此,我们用整数 $2j-1$ 来表示任务 ja,用 $2j$ 来表示任务 jb,用 0 表示虚拟的开始任务 0,用 $2n+1$ 来表示虚拟的结束任务 $n+1$。

2.基于优先权值的编码

用一个 $2n+2$ 维浮点数组来表示 1_PRCPSP 中各子任务的优先权值(priority value,PV)。子任务的 PV 值越大就代表该子任务在 SGS 中的优先权越高。PSO 粒子处于一个 $2n+2$ 维空间,其 $2n+2$ 个元素代表了项目的 $2n+2$ 个子任务。其中,第 1 个位置和第 $2n+2$ 个位置分别表示虚拟任务 0 和虚拟任务 $n+1$ 的优先权值。非虚拟任务 $j=1,2,\cdots,n$ 的两个子任务 ja 和 jb,其优先权值分别用数组的第 $2j$ 个位置和第 $2j+1$ 个位置来表示。为控制搜索空间,规定优先权值的取值范围为 $[0,1]$。图 9.4 示例项目的各个子任务 PV 的一种可能的取值方案如图 9.6 所示。

序号	1	2	3	4	5	6	7	8	9	10	11	12
子任务	0	1a	1b	a2	2b	3a	3b	4a	4b	5a	5b	6
PV	1.0	0.8	0.3	0.2	0.5	0.5	0.7	0.1	0.9	0.5	0.6	1.0

图 9.6　基于优先权值的编码

3.基于任务列表和抢占点的编码

这是一种二维编码,包括了两个向量。在基于任务列表编码的基础上,引入"抢占点"这一编码维度,构造二维粒子(Ballestín et al.,2008;Zhang et al.,2006)。第一维与基于任务列表的编码方式一样,长度为 $2n+2$;第二维长度为 $n+2$,使用 $[0,1]$ 区间上的小数 pp 来表示相应任务第一部分的工期占整个任务工期的比例。若任务 j 的工期为 d_j,则其被抢占后第一部分 ja 的工期为 $d_{ja} = \mathrm{ROUND}(d_j' pp_j)$,函数 $\mathrm{ROUND}(\cdot)$ 表示四舍五入取整;而第二部分 jb 的工期则为 $d_{jb} = d_j - d_{ja}$。我们将该编码方案称为基于任务列表和抢占点的编码(activity list with preemption point,ALPP)。图9.7给出了 ALPP 的一个示例,用于展示其具体结构。

向量1序号	1	2	3	4	5	6	7	8	9	10	11	12
子任务	0	1a	5a	1b	2a	5b	3a	2b	4a	3b	4b	6
任务列表	0	1	9	2	3	10	5	4	7	6	8	11
抢占点	1	0.4	0.5	0.3	0.7	0.5	1					
子任务	0	1a	2a	3a	4a	5a	6					
向量2序号	1	2	3	4	5	6	7					

图9.7　基于任务列表和抢占点的编码

4.基于优先权值和抢占点的编码

与基于任务列表和抢占点的编码方式类似,基于优先权值和抢占点的编码也是一种二维编码。第一维是优先权值的编码,第二维是抢占点的编码。我们将该方案称为基于优先权值和抢占点的编码(priority value with preemption point,PVPP)。图9.8给出了一个示例。

第一维	1	2	3	4	5	6	7	8	9	10	11	12
子任务	0	1a	2b	2a	2b	3a	3b	4a	4b	5a	5b	6
优先权值	1.0	0.8	0.3	0.2	0.5	0.5	0.7	0.1	0.9	0.5	0.6	1.0
抢占点	1	0.4		0.5		0.3		0.7		0.5		1
第二维	1	2		3		4		5		6		7

图9.8　基于优先权值和抢占点的编码

9.3.2　进度生成机制

粒子的解码是将一个粒子转化为可行进度计划的过程。基于任务列表的编码以及基于优先权值的编码,均采用 1_SSGS 解码方式(Ballestín et al.,2008);其余两种二维编码方式,即 ALPP 和 PVPP,在解码过程中首先计算每项任务的两个子任务各自的工期,然后采用SSGS生成可行进度计划。我们将这种解码方式记为PP_SSGS。因此,上述四种编码方案与其相应的解码方式相结合,可设计出四种类型的PSO算法,分别用PSO(AL),PSO(PV),PSO(ALPP)以及PSO(PVPP)加以表示,如表9.1所示。

表9.1　1_PRCPSP的四种PSO算法

算法	编码方案	解码方案
PSO(AL)	任务列表	1_SSGS
PSO(PV)	优先权值	1_SSGS
PSO(ALPP)	任务列表和抢占点	PP_SSGS
PSO(PVPP)	优先权值和抢占点	PP_SSGS

9.3.3　适应值函数

从可行进度计划可以得到项目总工期,即1_PRCPSP问题的目标函数值。目标是最小化项目工期,需将其转换为适当的适应值函数,使得越接近最优解的个体适应值越大。令$T_{\max}$为项目所有任务的工期之和,则粒子c_i的适应值函数可以表示为:

$$f(c_i) = T_{\max} - s_{n+1}(c_i) + 1 \tag{9.14}$$

其中,$s_{n+1}(c_i)$表示粒子c_i所代表的项目进度计划中任务$n+1$的开始时间(即项目总工期)。

9.3.4　粒子更新机制

1.基于任务列表编码的粒子更新机制

Zhang等(2005)借鉴部分映射交叉(partially mapped crossover,PMX)的思想设计了针对RCPSP的PSO粒子更新机制。参考Zhang等(2005)的做法,同时借鉴峰交叉(peak crossover,PX)算子设计思路(Debels and Vanhoucke,2007;Valls et al.,2008),我们设计了一种新的针对1_PRCPSP的PSO粒子更新方案。该方案采用可变的惯性因子和学习因子,分别处理峰片段分量和非峰片段分量的速度。

粒子 $i(i=1, 2, \cdots, SwarmSize, SwarmSize$ 为粒子群大小$)$的初始位置 $X_i(0)=(x_{i1}(0), x_{i2}(0), \cdots, x_{i, 2n+2}(0))$根据任务优先规则来产生。初始速度 $V_i(0)=(v_{i1}(0), v_{i2}(0), \cdots, v_{i, 2n+2}(0))$在区间$[-2n-1, 2n+1]$内随机产生。设在第 t 次迭代后,当前粒子 i,其位置为 $X_i(t)$,速度为 $V_i(t)$,局部极值为 $X_i^L=(x_{i1}^L, x_{i2}^L, \cdots, x_{i, 2n+2}^L)$,全局极值为 $X^G=(x_{i1}^G, x_{i2}^G, \cdots, x_{i, 2n+2}^G)$,则在第 $t+1$ 次迭代中,粒子更新机制按照下面的步骤来计算粒子的速度。

步骤 1:根据 Debels 和 Vanhoucke(2007)的算法,识别粒子 $x_{i(t)}$,局部极值 X_i^L 和全局极值 X^G 的峰,分别记为 $X_i(t)^{\text{peak}}$、$X_i^{L\,\text{peak}}$ 和 $X^{G\,\text{peak}}$。

步骤 2:采用式(9.15)更新粒子速度:

$$v_{ij}(t+1) = w^{\text{vary}} v_{ij}(t) + c_1^{\text{vary}} r_1 \left[x_{ij}^L - x_{ij}(t)\right] + c_2^{\text{vary}} r_2 \left[x_j^G - x_{ij}(t)\right]$$

$$(9.15)$$

其中的三个系数定义如下:

$$w^{\text{vary}} = \begin{cases} w^{\text{const}}, & j \notin X_i(t)^{\text{peak}} \\ 0, & j \in X_i(t)^{\text{peak}} \end{cases} \qquad (9.16)$$

$$c_1^{\text{vary}} = \begin{cases} c_1^{\text{const}}, & j \in X_i^{L\,\text{peak}} \\ 0, & j \notin X_i^{L\,\text{peak}} \end{cases} \qquad (9.17)$$

$$c_2^{\text{vary}} = \begin{cases} c_2^{\text{const}}, & j \in X^{G\,\text{peak}} \\ 0, & j \notin X^{G\,\text{peak}} \end{cases} \qquad (9.18)$$

在上述三个算式中,w^{const},c_1^{const} 及 c_2^{const} 是给定的常量,用于控制变化率。如果粒子 i 的分量 j 处于自身的峰片段中,则降低其变化概率;如果对应的局部极值粒子或全局极值粒子的分量 j 处于各自自身的峰片段中,则提高粒子 i 的分量 j 的变化概率。

步骤 3:在确定粒子速度之后,粒子位置的更新方案与 Zhang 等(2005)一致,不再赘述。

2.基于优先权值编码的粒子更新机制

基于优先权值编码的粒子更新机制可以直接用代数公式来完成。粒子 i 的初始位置 $X_i(0)=\left[x_{i1}(0), x_{i2}(0), \cdots, x_{i, 2n+2}(0)\right]$,其每一个分量都在区间

$[\underline{X},\overline{X}]$上以均匀分布随机产生。设定取值区间为$[0,1]$。$[\underline{X},\overline{X}]$也是所有$x_{ij}(t)$的取值范围。如果在第$t$次迭代完成后,$x_{ij}(t)>\overline{X}$,则令$x_{ij}(t)=\overline{X}$;同样,如果$x_{ij}(t)<\underline{X}$,则令$x_{ij}(t)=\underline{X}$。

粒子i的初始速度$V_i(0)=(v_{i1}(0),v_{i2}(0),\cdots,v_{i,2n+2}(0))$是随机产生的,其区间为$[-\overline{V},\overline{V}]$。设定取值区间为$[-1,1]$。该区间同时也是所有$v_{ij}(t)$的取值范围。如果在第$t$次迭代中,$v_{ij}(t)>\overline{V}$,则令$v_{ij}(t)=\overline{V}$;如果$v_{ij}(t)<-\overline{V}$,则令$v_{ij}(t)=-\overline{V}$。

设粒子i的局部极值表示为$X_i^L=(x_{i1}^L,x_{i2}^L,\cdots,x_{i,2n+2}^L)$,全局极值表示为$X^G=(x_{i1}^G,x_{i2}^G,\cdots,x_{i,2n+2}^G)$。那么在第$t+1$次迭代中,我们使用式(9.19)和(9.20)来更新粒子的速度和位置。

$$v_{ij}(t+1)=wv_{ij}(t)+c_1r_1[x_{ij}^L-x_{ij}(t)]+c_2r_2[x_j^G-x_{ij}(t)] \qquad (9.19)$$

$$x_{ij}(t+1)=x_{ij}(t)+v_{ij}(t+1) \qquad (9.20)$$

其中,w为惯性因子,c_1和c_2是学习因子,r_1和r_2是区间$[0,1]$间的随机数。

3.基于任务列表和抢占点编码的粒子更新机制

该编码方案的粒子更新机制包含任务列表的更新和抢占点的更新,两者分别进行。其中,ALPP的任务列表部分,其更新采用基于任务列表编码的粒子更新机制;而抢占点向量在形式上与优先权值一样,故采用基于优先权值编码的粒子更新机制。

4.基于优先权值和抢占点编码的粒子更新机制

该编码方案的粒子更新机制包含优先权值的更新和抢占点的更新,两者分别进行。优先权值和抢占点在形式上一样,故两者的更新皆采用基于优先权值编码的粒子更新机制。

9.3.5 算法测试与分析

采用实验方式对上述PSO算法的求解效果进行评估。采用Java语言编写PSO代码,并在HP IQ526cn计算机上测试。机器的主频为2.00GHz,RAM为4.00GB。采用PSPLIB中的RCPSP算例库作为测试实例。PSPLIB的RCPSP算例库按包含的任务数量分为j30、j60、j90和j120四组。其中,j30算例库已用精确算法求得最优解,其余 3 个算例库则给出了解的最大下界及当前最好解。

1.参数设置

在参数选择上采用 Shi 和 Eberhart(1998)的研究结论,在速度最大值不超过 2 的时候,惯性因子的较好选择为 1,在速度最大值超过 3 时,惯性因子的较好选择为 0.8。参考 Zhang 等(2005),将学习因子设为 1,粒子群的大小 $swarmSize$ 设为项目的任务个数。所有算法都最多产生 5000 个进度计划。四种 PSO 算法的参数设置如表 9.2 所示。

表 9.2 PSO 算法参数设置

算法	惯性因子 w	学习因子 c_1	学习因子 c_2	粒子群规模	峰长度 l
PSO(AL)	0.8	1	1	n	$[(1/4) \cdot s_{n+1}, (3/4) \cdot s_{n+1}]$
PSO(PV)	1	1	1	n	—
PSO(ALPP)	0.8	1	1	n	$[(1/4) \cdot s_{n+1}, (3/4) \cdot s_{n+1}]$
PSO(PVPP)	1	1	1	n	—

2.实验结果

按照表 9.2 的参数设置,将四种 PSO 算法分别应用于 j30、j60、j90 及 j120 四个算例库中的所有实例。另外,为了说明"允许一次抢占"对问题解的影响,也将 PSO(AL)和 PSO(PV)算法应用于 RCPSP,并统计结果数据。表 9.3 至表 9.6 是求解结果中总体偏差率的统计。其中"基准解偏差"部分统计的是各 PSO 算法求解结果与算例库中各实例的最优解(针对 j30)或已知最好解(针对 j60、j90 和 j120)的比较。"关键路径法解偏差"部分统计的是各个 PSO 算法求解结果与根据关键路径法计算得出的项目总工期的对比。在各个指标中,AD 是所有实例的平均偏差率(average deviation);MD 是最大偏差率(maximum deviation);PO 是所有实例中求得最优解的比例(percentage of optimal solutions);PB 则是好于最优解的比例(percentage of better solutions)。以上所有数值都用百分比表示。此外,还给出了算法的平均 CPU 时间,单位为秒。

以表 9.3 为例,PSO(AL)的基准解偏差 AD＝0.59%、MD＝7.35%、PO＝79.38%,表示在 j30 算例库中,针对 RCPSP,PSO(AL)算法所求得的所有实例的

解与PSPLIB中给出的最优解的偏差平均值为0.59%,其中偏差最大达到7.35%,有79.38%的实例求得最优解。PB一栏主要针对1_PRCPSP,因为"抢占"的引入可能使得部分实例求出比PSPLIB最优解更好的解。例如,针对1_PRCPSP,PSO(AL)的基准解偏差PB=24.38%,表示在j30中,有24.38%的实例(480×24.38%=117)求得了比RCPSP最优解更好的解。相应地,AD=−0.43%,也说明"抢占"确实能发挥作用。关键路径法偏差一栏中,统计指标与基准解偏差一样,只不过参照的标准变成了CPM求得的解。我们注意到所有算法的关键路径法解偏差PB指标都为0,这是因为CPM是不考虑资源约束的,因此不管是否允许抢占,RCPSP的项目总工期都不可能比CPM总工期更短。

表9.3 j30算例库测试结果

问题	算法	基准解偏差/%				关键路径法解偏差/%				CPU time
		AD	MD	PO	PB	AD	MD	PO	PB	
RCPSP	PSO(AL)	0.59	7.35	79.38	0.00	14.21	125.00	43.75	0.00	0.51
	PSO(PV)	0.40	6.78	83.96	0.00	13.95	125.00	44.38	0.00	0.74
1_PRCPSP	PSO(AL)	−0.43	4.41	68.75	24.38	12.88	118.75	48.33	0.00	1.78
	PSO（ALPP）	−0.48	5.08	66.46	25.83	12.86	122.92	48.54	0.00	0.79
	PSO(PV)	−0.65	4.48	69.58	27.50	12.60	122.92	48.33	0.00	2.64
	PSO（PVPP）	−0.62	5.97	66.88	27.92	12.69	120.83	48.96	0.00	1.67

表9.4 j60算例库测试结果

问题	算法	基准解偏差/%				关键路径法解偏差/%				CPU time
		AD	MD	PO	PB	AD	MD	PO	PB	
RCPSP	PSO(AL)	1.33	10.34	73.13	0.00	12.24	111.69	60.21	0.00	1.18
	PSO(PV)	1.69	12.24	71.88	0.00	12.82	118.18	60.42	0.00	1.97
1_PRCPSP	PSO(AL)	0.63	7.23	69.17	7.71	11.30	109.09	62.50	0.00	6.81
	PSO（ALPP）	1.09	10.10	65.83	6.25	11.97	111.69	62.50	0.00	2.48
	PSO(PV)	0.86	9.92	68.33	8.13	11.70	112.99	62.92	0.00	10.77
	PSO（PVPP）	1.57	12.24	66.04	6.25	12.70	118.18	63.33	0.00	6.58

表9.5　j90算例库测试结果

问题	算法	基准解偏差/%				关键路径法解偏差/%				CPU time
		AD	MD	PO	PB	AD	MD	PO	PB	
RCPSP	PSO(AL)	1.83	14.24	73.30	0.00	11.13	115.03	67.71	0.00	2.10
	PSO(PV)	2.52	15.65	70.63	0.00	12.26	120.33	67.29	0.00	3.93
1_PRCPSP	PSO(AL)	1.56	13.72	69.58	4.38	9.54	111.23	70.83	0.00	13.96
	PSO(ALPP)	1.78	14.76	67.92	2.08	10.32	117.38	69.58	0.00	4.25
	PSO(PV)	1.63	13.73	68.13	3.13	9.61	112.88	70.42	0.00	22.36
	PSO(PVPP)	1.81	16.67	67.29	1.88	11.04	118.39	68.75	0.00	12.77

表9.6　j120算例库测试结果

问题	算法	基准解偏差/%				关键路径法解偏差/%				CPU time
		AD	MD	PO	PB	AD	MD	PO	PB	
RCPSP	PSO(AL)	6.43	17.53	32.50	0.00	38.89	223.23	27.92	0.00	3.59
	PSO(PV)	7.27	23.70	31.67	0.00	42.08	238.38	27.71	0.00	6.75
1_PRCPSP	PSO(AL)	6.41	17.02	32.67	1.67	35.91	213.13	28.67	0.00	22.16
	PSO(ALPP)	8.39	20.61	30.17	1.46	37.46	225.25	28.17	0.00	7.27
	PSO(PV)	7.44	17.06	31.33	2.29	38.58	223.76	28.67	0.00	36.95
	PSO(PVPP)	9.65	21.59	31.33	1.46	39.02	236.63	27.50	0.00	22.25

　　从实验测试结果来看,在所有4个算例库中,允许抢占都有助于减少项目总工期。

　　从基准解偏差的指标来看,对于j30算例库,最好的算法是PSO(PVPP),在27.92%(134个)的算例上求得了比非抢占情况下的最优解更好的解。对于j60、j90和j120,最佳算法和PO值分别是PSO(PV)的8.13%(39个)、PSO(AL)的4.38%(21个)和PSO(PV)的2.29%(14个)。

　　如果统计PO和PB的和,则对于j30算例库,最好的算法是PSO(PV),在97.08%(466个)的实例上求得了与非抢占情况下的最优解相当的或更好的解,比非抢占情况下PSO(PV)的83.96%高出13.12个百分点。对于j60、j90和j120,最好的PO和PB之和分别是76.88%、73.96%和34.34%,分别比非抢占情况下的最好结果高出3.76、0.66和1.84个百分点。针对平均偏差的指标,抢占情况下的求解结果也显著好于非抢占情况。尤其对于 j30 算例库,所有抢占情况下的算法都求出了小于零的 AD,而最好的 PSO(PV)求得的 AD 达到 -0.65%。

从关键路径法偏差的指标来看,允许抢占和不允许抢占导致了显著差异。当允许抢占时,在 j30 算例库中,最好的算法 PSO(PVPP)在 48.96%(235 个)实例上求得了与 CPM 一样的解,而非抢占情况下这个值是 PSO(PV)的 44.38%(213 个)。在其他三个算例库中,这两组数据分别是 63.33% 对 60.42%、70.83% 对 67.71%、28.67% 对 27.92%。AD 指标也反映了抢占情况优于非抢占情况。

测试结果还显示出抢占的影响在四个算例库中是不一样的。从基准解偏差的指标来看,对于 PO 和 PB,1_PRCPSP 的最好算法比 RCPSP 的最好算法,在四个算例库中求得的结果高出的比例分别是 13.12、3.76、0.66 和 1.84 个百分点。而从关键路径法偏差的指标来看,这一结果分别是 4.38、4.16、1.06 和 2.08 个百分点。随着项目规模的扩大,抢占所带来的工期改善率显著下降;但考虑到项目规模变大后工期也随之变长,工期改善的绝对值依然相当可观。

表 9.7、表 9.8 及表 9.9 展示了不同算例库参数对抢占效果的影响,分别汇报了网络复杂度(NC)、资源系数(RF)及资源强度(RS)的影响。就不同的 NC、RF 和 RS 取值,分组统计了对于 1_PRCPSP 最好的 PSO 算法相比于 RCPSP 最好 PSO 算法的求解结果。改善实例比例(percentage of improved instances, PII)表示,在相应组别下,PSO 算法针对 1_PRCPSP 求得的好于 RCPSP 实例的比例。平均改善率(average improvement, AI)则表示在相应组别下的所有实例中,1_PRCPSP 相比 RCPSP 所改善的项目总工期的平均值。

表 9.7　网络复杂度的影响

NC	j30		j60		j90		j120	
	PII	AI	PII	AI	PII	AI	PII	AI
1.5	45.00%	1.63%	30.63%	1.04%	26.25%	0.67%	59.50%	1.50%
1.8	42.50%	1.42%	31.25%	0.99%	27.50%	0.69%	58.50%	1.42%
2.1	36.88%	1.04%	38.13%	1.09%	33.75%	0.74%	65.00%	1.51%

表9.8　资源系数的影响

RF	j30		j60		j90		j120	
	PII	AI	PII	AI	PII	AI	PII	AI
0.25	22.50%	0.82%	30.00%	0.99%	23.33%	0.63%	49.33%	1.21%
0.50	46.67%	1.50%	33.33%	1.24%	34.17%	0.84%	66.67%	1.69%
0.75	45.00%	1.50%	34.17%	1.06%	32.50%	0.79%	68.00%	1.69%
1.00	51.67%	1.64%	35.83%	0.88%	26.67%	0.55%	60.00%	1.32%

表9.9　资源强度的影响

算例库	RS	PII	AI
j30	0.2	76.67%	2.61%
	0.5	60.83%	1.90%
	0.7	28.33%	0.95%
	1.0	0.00%	0.00%
j60	0.2	86.67%	2.83%
	0.5	36.67%	1.08%
	0.7	10.00%	0.25%
	1.0	0.00%	0.00%
j90	0.2	89.17%	2.31%
	0.5	26.67%	0.49%
	0.7	0.83%	0.01%
	1.0	0.00%	0.00%
j120	0.1	96.67%	2.75%
	0.2	85.83%	1.97%
	0.3	63.33%	1.15%
	0.4	40.83%	0.96%
	0.5	18.33%	0.56%

　　表9.7是根据网络复杂度分组统计的PII和AI值。在j30算例库中,PII和AI都随着网络复杂度的增加而明显减小;而在j60中,PII则随着网络复杂度的增加而增大,AI则没有明显变化趋势。在另外两个算例库中,j90呈现出与j30完全相反的趋势,PII和AI都随着网络复杂度的增加而增大;j120的趋势

则是一个 U 形曲线,当 NC＝1.8 时,PII 和 AI 均处于较低的水平。总体而言,除了 j30 数据集,其他组实例都在网络复杂度达到 2.1 时,PII 和 AI 达到最大值。网络复杂度定义为一个项目网络中,平均每项任务拥有的非冗余弧的数量(Kolisch et al.,1995),它反映了项目网络中各项任务间优先关系的松紧程度。因此,上述测试结果或许反映了一个现象:当项目任务数较少时,任务间优先关系越紧密,抢占对项目工期改善的作用越有限;而当项目任务数较多时,任务间优先关系越紧密反而越有利于抢占机制发挥作用。

表 9.8 展示了资源系数对抢占的影响。可以看到,在 j30 与 j60 算例库中,PII 均随着资源系数的增加而显著增大。尤其是 j30 算例库,当 RF＝1.00 时,PII 为 51.67%,比 RF＝0.25 时的 22.50% 增加了一倍多。但是随着任务数量的增加,资源系数对于两项指标的影响渐趋微弱。在 j60 算例库中,当 RF＝1.00 时,PII 为 35.83%,只比 RF＝0.25 时的 30.00% 多出 5.83%。在 j90 算例库中,当 RF＝0.50 时,PII 达到最大的 34.17%。类似地,在 j120 算例库中,当 RF＝0.75 时,PII 最大为 68.00%。此外,AI 指标也呈现出类似的趋势。这似乎意味着,当项目任务数量较多时,资源系数将不再线性地影响抢占的改善效果。

相比网络复杂度和资源系数,资源强度对于 PII 和 AI 两个指标都有着强烈的影响。从表 9.9 可以看出,资源强度越低,PII 和 AI 都越高。四个算例库都表现出这一趋势。这一结果的实际意义也是显而易见的。由于资源强度描述了项目任务的资源需求与资源总量之间的关系,反映了资源的稀缺情况。当资源强度较低时,资源较为紧张,引入抢占有利于优化项目调度过程中的资源分配,从而显著改善调度结果。

第10章　项目调度多智能体优化算法

智能体(agent)这一概念来源于分布式人工智能领域。Minsky(1988)将具有交互性和智能性并以协商方式求解问题的个体称为agent。到目前为止,agent并没有标准的定义。Wooldridge 和 Jennings(1995)在前人工作的基础上提出了 agent 的弱概念和强概念。在弱概念中,一个 agent 具有自治性(autonomy)、社会性(social ability)、反应性(reactivity)和能动性(proactiveness)。而在强概念中,agent 还具有心智,如知识、信仰、意图和承诺。

Wooldridge 和 Jennings(1995)依据 agent 的结构将其划分为反应型(reactive)、慎思型(deliberative)和混合型(hybrid)三种。反应型 agent 是最简单的 agent,不包含任何符号世界模型,不使用复杂的符号推理;慎思型 agent是最复杂的 agent,包含一个符号世界模型,根据模式匹配和符号处理,通过逻辑(或至少是伪逻辑)推理做出决策;混合型 agent 的结构和能力则介于前两者之间(Wooldridge and Jennings,1995)。

多个 agent 可以构成多智能体系统(multi-agent system,MAS)。系统中单个 agent 的行为模式都很简单,但作为系统的整体能够从 agent 之间的相互作用中产生复杂的宏观行为(Wooldridge and Jennings,1995)。Jennings 等(1998)将其中的相互作用分为合作(cooperation)、协调(coordination)和协商(negotiation)三类。合作是指为了同一个目标而共同行动;协调是指对问题求解过程进行组织,避免有害的相互作用或发掘有利的相互作用;协商是指参与方通过谈判取得一致意见。因此,MAS 是由多个或多种具有合作、协调或协商等相互作用的 agent 组成的问题求解系统。MAS 的应用领域非常广泛,迄今为止,在制造系统、过程控制、通信系统、航空控制、交通和运输管理、信息过滤和收集、电子商务、业务流程管理以及医疗等领域都可以见到 MAS 发挥着重要作用。

10.1　多智能体优化

多智能体优化(multi-agent optimization,MAO)方法是一种启发式优化方法,针对待求解的问题,由 MAS 中的具有相互作用的 agent 通过自组织方式完成对问题解空间的协同搜索(Xie and Liu,2009;Zheng and Wang,2015)。从内涵上来看,MAO 是基于 MAS 的、主要针对组合优化问题的启发式优化方法,其中的每个 agent 各自独立地对自身所处环境进行判断并做出决策。一些研究者认为 ACO 和 PSO 等群智能优化算法也是 MAO 方法(Selvi and Umarani,2010)。

MAO 已经在项目调度中得到应用,并逐渐形成了一定的框架(Adhau et al.,2013)。其中,以 Confessore 等(2007)、Homberger(2007)、Chen 和 Wang(2007)为代表的模拟市场方法(simulated market method)和以 Jedrzejowicz 和 Ratajczak-Ropel(2007)为代表的基于优化的方法(optimization-based method)是两种不同的思路。在这两种思路中,agent 所扮演的角色有明显差异:前者使用 agent 来封装项目的组件与功能,如任务、资源、协调者,单个 agent 不能完成整个项目调度问题的求解;后者用 agent 来封装问题求解器,单个 agent 可以完成项目调度问题的求解。

在模拟市场方法中,Confessore 等(2007)针对分布式资源受限多项目调度问题(decentralized resource constrained multi-project scheduling problem,DRCMPSP)设计了一个基于市场控制机制的 MAS,其中的 agent 代表着项目的任务、资源以及协调者,这些 agent 遵守共同的市场协议,通过组合拍卖方式实现资源的优化配置,其中的组合拍卖采用一种所谓的迭代加价方式,使得整个系统呈现出优化的特征。

Homberger(2007)同样关注 DRCMPSP 问题,并在 agent 角色设计上参照

了 Confessore 等（2007），分为调度 agent（负责一个项目的资源请求）和调解 agent（负责所有项目的资源分配）。差异在于，Homberger(2007)采用了完全不同的 agent 协商机制。这一机制包含两个阶段：初始化阶段和迭代改进阶段。在初始化阶段，每个调度 agent 各自计算自己所负责的项目的初始解。调解 agent 将共享资源的总量发送给各个调度 agent，项目由各个调度 agent 来分布式地执行。在随后的迭代改进阶段中，调解 agent 根据调度 agent 的计算结果，重新分配共享资源，并根据所获得的信息，尝试减少所有项目的平均工期。整个协商过程就是调度 agent 对调解 agent 的请求及后者的响应。因为调解 agent 总是同时答复所有来自调度 agent 的请求，所以项目调度是分布式地同步进行的。迭代协商过程止于在改进阶段的最后一次迭代期间所有项目的平均工期不可能再减少，或者调度 agent 产生的进度计划数量已经达到预设上限。

基于优化的方法以 Jedrzejowicz and Ratajczak-Ropel（2007）为代表，采用 JABAT 体系求解 RCPSP。JABAT（JADE-Based A-Team Environment)是一个基于 JADE 平台的中间件，支持 A-Team 架构（Jędrzejowicz and Wierzbowska，2006)。JADE 平台是符合 FIPA 规范（FIPA，2002)的 MAS 开发软件框架（Bellifemine et al.，2007）；A-Team 架构是由 Talukdar 等（1998)提出的用于求解优化问题的 MAS。JABAT 包含一个 OptiAgent，是体系的核心组件，封装了具体的优化方法，可独立求解 RCPSP。Jedrzejowicz 和 Ratajczak-Ropel（2007）为 OptiAgent 设计了可选的局域搜索启发式算法、优先树启发式算法、禁忌搜索算法等用于求解 RCPSP。另一个重要的 agent 是 SolutionManager，负责管理解的种群，采用一定的演化策略来处理 OptiAgent 生成的解，删除劣质解、保留优质解。换言之，影响 JABAT 体系有效性的两个重要因素——agent 采用的优化算法以及种群的演化策略——分别由 OptiAgent 和 SolutionManager 来加以实现。

10.2 抢占式项目调度多智能体优化算法

如上所述,项目调度 MAO 主要有两类框架:模拟市场方法和基于优化的方法。结合这两类框架,设计针对 1_PRCPSP 的多智能体优化算法(Shou et al.,2019),其架构如图 10.1 所示,其中包括基础服务平台和智能体交互系统两大部分。

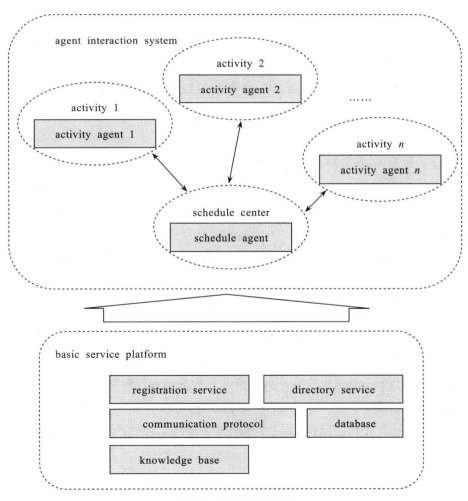

图 10.1 MAS 系统架构

10.2.1 基础服务平台

基础服务平台提供 MAS 运行所需要的计算环境,包括 agent 的注册服务、目录服务,agent 之间的通信协议,数据库服务以及知识库服务。基础服务平台各个组件的功能简介如下:

(1)注册服务:系统的注册服务组件提供所谓的"白页"服务(Chen and Wang,2007),负责管理 MAS 中 agent 的注册、启动,以便 agent 能在系统中正常运行,并被其他实体所识别。

(2)目录服务:目录服务组件提供的是"黄页"服务(Chen and Wang,2007),负责管理和控制系统中 agent 的能力与行为。

(3)通信协议:agent 间的通信协议采用 FIPA 的智能体沟通语言(Agent Communication Languague,ACL)标准,并由通信协议组件提供支持(FIPA,2002)。

(4)数据库:存放项目数据,以便 agent 读取,构建相应的项目环境。

(5)知识库:存放优先规则、智能优化方法等作为 agent 可选的行为规则。

10.2.2 智能体交互系统

智能体交互系统由处于项目网络中不同位置的 agent 组成。1_PRCPSP 设计了任务 agent 和调度 agent 两类 agent。

(1)任务 agent:参考 Knotts 等(2000)以及 Yan 等(2000),为项目中的每个任务定义一个 agent,称为任务 agent。一个规模为 $n+2$ 的项目,需要 n 个任务 agent 负责非虚拟任务的资源请求与管理,以及和调度中心的交互。

(2)调度 agent:系统中唯一负责资源分配的 agent,称为调度 agent。调度 agent 驻留于调度中心。整个项目管理的职能,包括资源分配、冲突解决等,由调度 agent 统一执行。调度 agent 采用黑板系统(Knotts et al.,2000)来传递公共信息。

agent 交互系统的架构如图 10.2 所示。

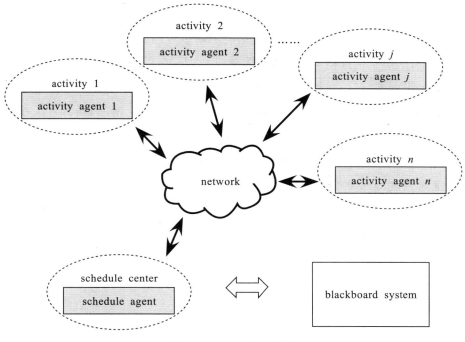

图 10.2　agent 交互系统

交互系统包含了 n 个任务 agent，记为 $aag_1, aag_2, \cdots, aag_n$。其中，$aag_i$ 负责任务 i 的资源请求、执行以及与其他 agent 的协商。由于资源受限，当遇到资源冲突时，任务 agent 通过协商方式与调度 agent 进行交互。系统中的调度 agent 只有一个，存在于调度中心，记为 sag，其职责是根据任务 agent 对资源的请求，基于既定规则产生资源分配方案，并返回给任务 agent。

10.2.3　协商过程

MAS 的优点之一是 agent 之间的合作求解，使得用集中式方法不能轻易解决的问题能得到较好的解决。但不同 agent 基于各自利益进行决策，使得合作过程中不可避免会产生冲突。在 MAS 环境中，协商是解决冲突的重要方法。根据 1_PRCPSP 的特征，设计如下的协商过程，以实现 1_PRCPSP 的 MAO 求解。整个协商过程包含三个阶段：

（1）初始化阶段：各个任务agent完成注册，调度agent完成初始化的各项任务，包括生成项目网络图、调用问题求解器求得问题实例在RCPSP下的一个最优进度计划以及初始化黑板系统等。

（2）再调度阶段：在初始化阶段生成的RCPSP最优解基础上，引入允许一次抢占的机制，通过任务agent和调度agent之间的请求－响应过程，对任务进行再调度。

（3）迭代改进阶段：以再调度阶段生成的1_PRCPSP可行进度计划为基础，通过调度agent的资源分配机制，迭代改进项目进度计划。

通过上述三个阶段的协商过程，实现任务agent策略制定过程、调度agent资源分配机制，以及任务agent与调度agent之间的请求－响应过程，从而实现1_PRCPSP的多智能体优化。图10.3给出了MAS协商过程的示意图。

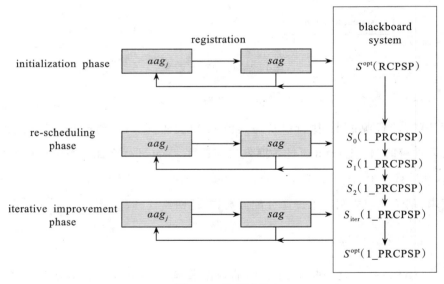

图10.3　协商过程

10.2.4　调度智能体

调度agent设计为慎思型agent，在协商过程的三个阶段中都扮演全局决策者角色。下面详细说明调度agent在各个阶段开展的工作。

1.初始化阶段

sag 首先根据 aag_i 的注册结果,生成项目网络图,置于黑板系统,以便所有 aag_i 都能读取。

其次,sag 使用自身的问题求解器,调用启发式算法求得 RCPSP 问题的一个最优进度计划 $S^{opt}(\text{RCPSP})$ 及其对应的任务列表 $\lambda^{opt}(\text{RCPSP})$;同时参考已有文献(Debels and Vanhoucke,2007;Valls et al.,2008),计算各时刻的资源利用率(resource utilization rate,RUR):

$$\text{RUR}(t) = \frac{1}{m} \cdot \sum_{j \in A_t} \sum_{k=1}^{m} \frac{r_{jk}}{R_k} \qquad (10.1)$$

然后,sag 根据 $\lambda^{opt}(\text{RCPSP})$,赋予各任务优先权值。令 pos_j 表示任务 j 在 $\lambda^{opt}(\text{RCPSP})$ 中的位置,则任务 j 的优先权值计算公式为:

$$pv_j = \frac{n + 2 - pos_j}{n + 2} \qquad (10.2)$$

完成上述工作后,sag 启动再调度流程,令 $s_0 = 0$,$SS_0 = \{0\}$,置于黑板系统中,返回给各个任务 agent 一个响应 rp_0。

2.再调度阶段

sag 在再调度阶段的操作包含 n 个步骤,分别为 n 个非虚拟任务分配资源、开始时间和执行时间。每个步骤可处理多个来自任务 agent 的请求,但只有一个任务 agent 能够请求成功并获得资源。

sag 在每个步骤开始时,更新当前可行任务集 ES_{stage},并通知 ES_{stage} 中任务对应的任务 agent 提交资源请求。

如果当前步骤只有一个任务 agent 发送请求,则该请求成功。否则,sag 按照以下步骤决定为哪个任务 agent 分配资源。

首先,对于 $aag_j(j \in ES_{stage})$ 的请求,sag 计算任务 j 执行后,在该任务执行期间内每个时刻的资源利用率:

$$\text{RUR}(j, t) = \frac{1}{m} \cdot \sum_{l \in A_t \cup \{j\}} \sum_{k=1}^{m} \frac{r_{jk}}{R_k} \qquad (10.3)$$

然后,sag 计算这些时刻内的平均资源利用率。从 t_0 开始的时间段 l 内的

平均资源利用率为:

$$\mathrm{ARU}\left(t_0,\ l\right) = \frac{1}{l} \cdot \sum_{t=t_0}^{t_0+l-1} \mathrm{RUR}(t) \qquad (10.4)$$

因此,任务 j 执行后的平均资源利用率为:

$$\mathrm{ARU}\left(j,\ t_0,\ l\right) = \frac{1}{l} \cdot \sum_{t=t_0}^{t_0+l-1} \mathrm{RUR}(j,t) \qquad (10.5)$$

再然后,sag 计算任务的动态优先权值(dynamic priority value,DPV):

$$dpv_j = \alpha \cdot pv_j + (1-\alpha) \cdot \mathrm{ARU}(j,s_j,d_j) \qquad (10.6)$$

其中,α 是 $[0,1]$ 区间内的系数,称为列表惯性系数(list inertial coefficient),表示新的调度方案遵循原 RCPSP 调度方案的程度。

最后,sag 根据 $dpv_j (j \in ES_{stage})$ 的大小,确定一个请求成功的任务 j^*:

$$j^* = \mathrm{argmax}\,(dpv_j), \quad j \in ES_{stage} \qquad (10.7)$$

整个过程相当于一个 1_SSGS 算法(Ballestín et al.,2008)。该阶段终止于 ES_{stage} 中不再有非虚拟任务。此时,sag 为虚拟结束任务 $n+1$ 分配开始时间和结束时间,作为项目的总工期。相应的任务列表记为 $\lambda_0(1\_PRCPSP)$,可行进度计划记为 $S_0(1\_PRCPSP)$。同时,sag 存储本阶段各步骤产生的 α_{stage}(以数组形式记为 A_0)作为迭代改进阶段的操作对象。

3.迭代改进阶段

迭代改进阶段 sag 对 A_0 进行改进,其基本思想是在每一次迭代中,保留与上一代任务列表峰片段对应的 α,并尝试调整与非峰片段对应的 α。该阶段的第一代以 $\lambda_0(1\_PRCPSP)$ 和 $S_0(1\_PRCPSP)$ 为改进对象,执行与再调度阶段类似的过程;所不同的是,该阶段 sag 在各个步骤的列表惯性系数 α 并不都是随机产生的:对于与峰片段对应的 α,sag 保留其在再调度阶段产生的值;而对于与非峰片段对应的 α,sag 重新随机产生一个 $[0,1]$ 区间内的数值作为 α 的新值。

峰片段的识别采用 Debels 和 Vanhoucke(2007)的做法。首先在区间 $[(1/4) \cdot s_{n+1},\ (3/4) \cdot s_{n+1}]$ 上生成一个随机数作为峰片段的长度 l。根据 $S_0(1\_PRCPSP)$ 计算相应时间段内的总资源利用率(total resource utilization,TRU):

$$\mathrm{TRU}\left(t_0, l\right) = \sum_{t=t_0}^{t_0+l-1} \mathrm{RUR}(t) \qquad (10.8)$$

其中, $t_0 \in \left[0, s_{n+1} - l\right]$。$sag$ 从中识别出最大的一个 $\mathrm{TRU}\left(t_0, l\right)_{\mathrm{max}}$,选取相应的时间段 $\left[t_0, t_0 + 1\right)$ 作为资源利用高峰时间段。对应到任务列表上的子任务 λ^{peak} 便是峰片段。峰片段的任务对应的 α 便是需要保留的值。

第一次迭代产生的任务列表和可行调度分别记为 $\lambda_1(1\_\mathrm{PRCPSP})$ 和 $S_1(1\_\mathrm{PRCPSP})$,新产生的列表惯性系数记为 A_1。此后的每一次迭代 $iter$,均以上一次迭代的任务列表 $\lambda_{iter-1}(1\_\mathrm{PRCPSP})$、可行进度计划 $S_{iter-1}(1\_\mathrm{PRCPSP})$ 以及列表惯性系数 A_{iter-1} 作为操作对象,执行再调度过程。算法终止于 $iter$ 达到预设的最大迭代次数 $iter_{\mathrm{max}}$。算法选取 $S^{\mathrm{opt}}(\mathrm{RCPSP})$, $S_0(1\_\mathrm{PRCPSP}), S_1(1\_\mathrm{PRCPSP}), \cdots, S_{iter_{\mathrm{max}}}(1\_\mathrm{PRCPSP})$ 中最好的一个可行进度计划作为问题的最好解 $S^{\mathrm{opt}}(1\_\mathrm{PRCPSP})$。

10.2.5　任务智能体

任务 agent 也设计为慎思型 agent,但行为模式较调度 agent 简单。以下逐一描述任务 agent 在各个阶段的工作。

1.初始化阶段

任务 agent 在初始化阶段完成注册,将各自所负责的任务的资源需求、紧前任务等提交给调度 agent。

2.再调度阶段

当任务 j 在可行任务集 ES_{stage} 中时,aag_j 启动。aag_j 根据从黑板系统读取到的全局信息,分别计算非抢占情况下的开始时间 s_j 和抢占情况下的开始时间 s_{ja}。如果 $s_j = s_{ja}$,则任务只有一种非抢占调度方案。

如果 $s_j > s_{ja}$,则表示找到了抢占调度方案。此时 aag_j 需要决定是提交非抢占调度方案还是抢占调度方案。这一决定通过计算抢占的效用来完成。抢占的效用函数如式(10.9)所示:

$$\mathrm{U}\left[ja, S^{\mathrm{opt}}(\mathrm{RCPSP})\right] = \sqrt{\frac{s_j - s_{ja}}{s_j} \cdot \frac{d_{ja}}{d_j}} \qquad (10.9)$$

aag_j 根据 $U[ja, S^{opt}(\mathrm{RCPSP})]$ 的大小决定向 sag 提交的方案。如果 $U[ja, S^{opt}(\mathrm{RCPSP})] > \delta_j, \delta_j \in (0, 1)$ 为一个预定义的阈值,则 aag_j 提交抢占调度方案;否则提交非抢占调度方案。

aag_j 以请求的方式提交调度方案。请求的结构为:

$$\mathrm{rq}(j) = \{\tau, s_{j\tau}, d_{j\tau}, (r_{j1}, r_{j2}, \cdots, r_{jm}), is\_preemptive\} \quad (10.10)$$

其中,$\tau \in \{a, b\}$,表示任务的第一部分或第二部分;$s_{j\tau}$ 是任务 j 的 τ 部分的开始时间,$d_{j\tau}$ 是任务 $j\tau$ 请求持续的时间;$(r_{j1}, r_{j2}, \cdots, r_{jm})$ 是资源需求;$is\_preemptive \in \{\mathrm{true}, \mathrm{false}\}$,true 表示提交的是抢占方案,false 表示提交的是非抢占方案。如果 $\tau = a$,且 $is\_preemptive = \mathrm{false}$,则表示提交的是非抢占方案,此时有 $d_{j\tau} = d_{ja} = d_j$;如果 $\tau = a$,且 $is\_preemptive = \mathrm{true}$,则表示提交的是抢占方案,此时 $d_{j\tau} = d_{ja} < d_j$;如果 $\tau = b$,则此时必有 $is\_preemptive = \mathrm{false}$,且 $d_{j\tau} = d_{jb} = d_j - d_{ja}$。

3. 迭代改进阶段

任务 agent 在迭代改进阶段的决策行为与在调度阶段一样,配合调度 agent,从黑板系统读取环境信息、计算调度方案、评估调度方案以及决定提交的调度方案。

10.3　计算示例

以图 9.1 所示的 RCPSP 为例来说明 MAO 的整个过程,包括任务 agent 策略制定过程、调度 agent 资源分配机制,以及任务 agent 与调度 agent 之间的协商过程。

10.3.1　初始化阶段

每个任务相应的 $aag_i (i = 1, 2, \cdots, 8)$ 都在 MAS 中完成注册。调度 agent sag 随之完成以下任务:

（1）生成项目网络图，置于黑板系统，以便所有 aag_i 都能读取。

（2）使用问题求解器，调用 ACO 或 PSO 算法求得 RCPSP 的一个最优进度计划，如图 10.4 所示，其对应的任务列表和最优进度计划分别为：

$$\lambda^{opt}(RCPSP)=(0,2,1,4,7,3,5,6,8,9),$$
$$S^{opt}(RCPSP)=(0,2,0,2,6,7,12,9,16,18)。$$

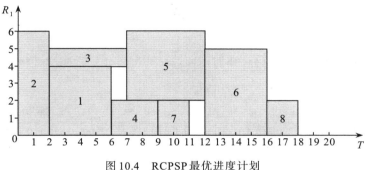

图 10.4 RCPSP 最优进度计划

（3）计算上述进度计划中各时刻的资源利用率，如图 10.5 所示。

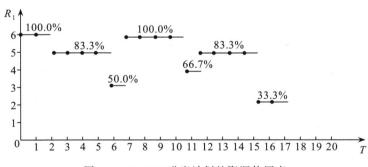

图 10.5 RCPSP 进度计划的资源使用率

（4）根据任务列表，赋予各任务优先权值：

$$PV^{opt}(RCPSP)=(0.9,0.7,0.8,0.4,0.6,0.3,0.2,0.5,0.1,0.0)。$$

（5）将 $\lambda^{opt}(RCPSP)$ 和 $PV^{opt}(RCPSP)$ 转化为 1_PRCPSP 的任务列表 $\lambda(1\_PRCPSP)$ 和优先权值列表 $PV(1\_PRCPSP)$，如图 10.6 所示。

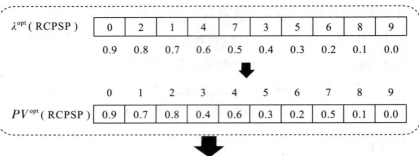

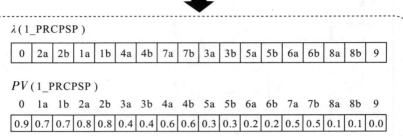

图 10.6　1_RCPSP 任务列表与优先权值列表

（6）最后，sag 启动项目再调度流程，这意味着任务 0 已完成，令 $s_0 = 0$，$SS_0 = \{0\}$。

10.3.2　再调度阶段

再调度阶段引入允许一次抢占的机制，利用由 PV^{opt}(RCPSP)转化的 PV(1_PRCPSP)的信息，通过 aag_i 与 sag 间的请求与响应完成任务开始时间的重新安排。计算步骤详述如下：

（1）黑板系统显示，$ES_1 = \{1a, 2a, 3a\}$；此时 aag_1、aag_2 和 aag_3 启动，分别计算各自在非抢占和抢占情况下的开始时间。对于任务 1、2 和 3，都有 $s_j = s_{ja}$，因此，三个任务都只有一个方案，即非抢占调度方案。

三个任务 agent 分别发送各自的请求：

$$rq(1) = \{a, 0, 4, (4), false\}$$

$$rq(2) = \{a, 0, 2, (6), false\}$$

$$rq(3) = \{a, 0, 5, (1), false\}$$

sag 根据收到的请求，计算三项任务执行后的资源利用率：

$$ARU(1, 0, 4) = 66.7\%$$
$$ARU(2, 0, 2) = 100\%$$
$$ARU(3, 0, 5) = 16.7\%$$

sag 产生 $(0, 1)$ 区间上的随机数 α_1，假设 $\alpha_1 = 0.2$。计算各项任务的动态优先权值：

$$dpv_1 = 0.674$$
$$dpv_2 = 0.96$$
$$dpv_3 = 0.214$$

由于 $dpv_2 > dpv_1 > dpv_3$，故 aag_2 请求成功。

因此，任务 2 的开始时间安排为 $s_2 = 0$；将任务 2 加入 SS_0 中，形成 $SS_1 = \{0, 2a, 2b\}$。此时的部分进度计划（partial schedule）如图 10.7 所示。

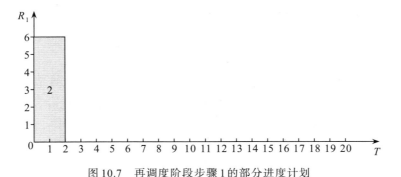

图 10.7　再调度阶段步骤 1 的部分进度计划

（2）黑板系统更新，显示 $ES_2 = \{1a, 3a\}$。此时 aag_1、aag_3 启动，分别计算各自在非抢占和抢占情况下的开始时间。对于任务 1 和 3，都有 $s_j = s_{ja}$，因此两个任务都只有非抢占调度方案。

两个任务 agent 分别发送各自的请求：

$$rq(1) = \{a, 2, 4, (4), \text{false}\}$$
$$rq(3) = \{a, 2, 5, (1), \text{false}\}$$

sag 根据收到的请求，计算两个任务执行后的资源利用率：

$$ARU(1, 2, 4) = 66.7\%$$
$$ARU(3, 2, 5) = 16.7\%$$

取 $\alpha_2 = 0.3$,计算动态优先权值:

$$dpv_1 = 0.677$$

$$dpv_3 = 0.237$$

由于 $dpv_1 > dpv_3$,故 aag_1 请求成功。

因此,任务 1 的开始时间安排为 $s_1 = 2$;将任务 1 加入 SS_1 中,形成 $SS_2 = \{0, 1a, 1b, 2a, 2b\}$。此时的部分进度计划如图 10.8 所示。

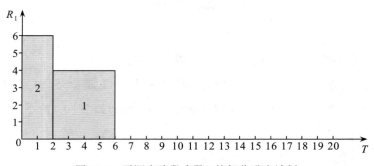

图 10.8 再调度阶段步骤 2 的部分进度计划

(3)黑板系统更新,显示 $ES_3 = \{3a, 4a\}$。此时 aag_3、aag_4 启动,分别计算各自在非抢占和抢占情况下的开始时间。对于任务 3 和 4,都有 $s_j = s_{ja}$,因此两个任务都只有非抢占调度方案。

两个任务 agent 分别发送各自的请求:

$$\text{rq}(3) = \{a, 2, 5, (1), \text{false}\}$$

$$\text{rq}(4) = \{a, 6, 3, (2), \text{false}\}$$

sag 根据收到的请求,计算两个任务执行后的资源利用率:

$$\text{ARU}(3, 2, 5) = 70\%$$

$$\text{ARU}(4, 6, 3) = 33.3\%$$

取 $\alpha_3 = 0.5$,计算动态优先权值:

$$dpv_3 = 0.55$$

$$dpv_4 = 0.467$$

由于 $dpv_3 > dpv_4$,故 aag_3 请求成功。

因此,任务 3 的开始时间安排为 $s_3 = 2$;将任务 3 加入 SS_2 中,形成 $SS_3 =$

{0, 1a, 1b, 2a, 2b, 3a, 3b}。相应的部分进度计划如图10.9所示。

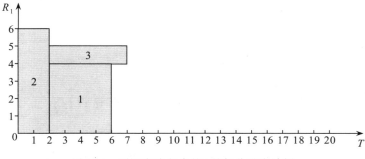

图10.9 再调度阶段步骤3的部分进度计划

(4)黑板系统更新,显示 $ES_4 = \{4a, 5a, 6a\}$。此时 aag_4、aag_5 和 aag_6 启动,分别计算各自在非抢占和抢占情况下的开始时间。对于任务4、5和6,都有 $s_j = s_{ja}$,因此三个任务都只有非抢占调度方案。

三个任务agent分别发送各自的请求:

$$\mathrm{rq}(4) = \{a, 6, 3, (2), \mathrm{false}\}$$
$$\mathrm{rq}(5) = \{a, 7, 5, (4), \mathrm{false}\}$$
$$\mathrm{rq}(6) = \{a, 7, 4, (5), \mathrm{false}\}$$

sag 根据收到的请求,计算三个任务执行后的资源利用率:

$$\mathrm{ARU}(4, 6, 3) = 38.9\%$$
$$\mathrm{ARU}(5, 7, 5) = 66.7\%$$
$$\mathrm{ARU}(6, 7, 4) = 83.3\%$$

取 $\alpha_4 = 0.8$,计算动态优先权值:

$$dpv_4 = 0.558$$
$$dpv_5 = 0.373$$
$$dpv_6 = 0.327$$

由于 $dpv_4 > dpv_5 > dpv_6$,故 aag_4 请求成功。

因此,任务4的开始时间安排为 $s_4 = 6$;将任务4加入 SS_3 中,形成 $SS_4 = \{0, 1a, 1b, 2a, 2b, 3a, 3b, 4a, 4b\}$。相应的部分进度计划如图10.10所示。

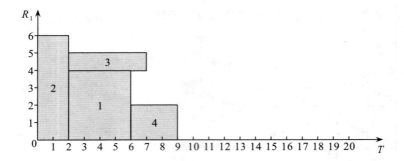

图 10.10　再调度阶段步骤 4 的部分进度计划

（5）黑板系统更新，显示 $ES_5 = \{5a, 6a, 7a\}$。此时 aag_5、aag_6 和 aag_7 启动，分别计算各自在非抢占和抢占情况下的开始时间。由于任务 5、6 和 7，都有 $s_j = s_{ja}$，因此三个任务都只有非抢占调度方案。

三个任务 agent 分别发送各自的请求：

$$rq(5) = \{a, 7, 5, (4), false\}$$
$$rq(6) = \{a, 9, 4, (5), false\}$$
$$rq(7) = \{a, 9, 2, (2), false\}$$

sag 根据收到的请求，计算三个任务执行后的资源利用率：

$$ARU(5, 7, 5) = 80\%$$
$$ARU(6, 9, 4) = 83.3\%$$
$$ARU(7, 9, 2) = 33.3\%$$

取 $\alpha_5 = 0.2$，计算动态优先权值：

$$dpv_5 = 0.7$$
$$dpv_6 = 0.706$$
$$dpv_7 = 0.366$$

由于 $dpv_6 > dpv_5 > dpv_7$，故 aag_6 请求成功。

因此，任务 6 的开始时间安排为 $s_6 = 9$；将任务 6 加入 SS_4 中，形成 $SS_5 = \{0, 1a, 1b, 2a, 2b, 3a, 3b, 4a, 4b, 6a, 6b\}$。相应的部分进度计划如图 10.11 所示。

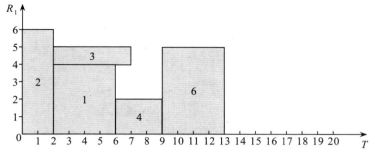

图 10.11　再调度阶段步骤 5 的部分进度计划

（6）黑板系统更新，显示 $ES_6 = \{5a, 7a, 8a\}$。此时 aag_5、aag_7 和 aag_8 启动，分别计算各自非抢占和抢占情况下的开始时间。

对于任务 5，有 $s_{5a} = 7$，$d_{5a} = 2$，$s_5 = 13$。因此，任务 5 有两套方案，如图 10.12 所示。aag_5 需要计算抢占情况下的效用：

$$U\left(5a, S^{\mathrm{opt}}(\mathrm{RCPSP})\right) = \sqrt{\frac{13-7}{13} \cdot \frac{2}{5}} = 0.43$$

假设 aag_5 的阈值为 0.4，则抢占效用超过阈值（0.43>0.4），将提交抢占方案。

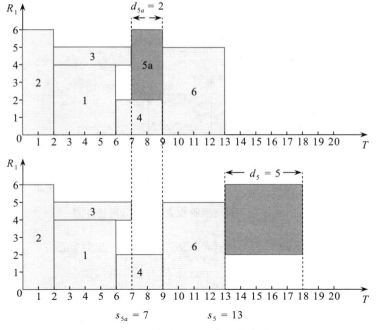

图 10.12　任务 5 的两套调度方案

对于任务 7 和 8,都有 $s_j = s_{ja}$,因此这两个任务都只有非抢占调度方案。

三个任务 agent 分别发送各自的请求:

$$rq(5) = \{ a, 7, 2, (4), \text{true} \}$$
$$rq(7) = \{ a, 13, 2, (2), \text{false} \}$$
$$rq(8) = \{ a, 13, 2, (2), \text{false} \}$$

sag 根据收到的请求,计算三个任务执行后的资源利用率:

$$\text{ARU}(5, 7, 2) = 100\%$$
$$\text{ARU}(7, 13, 2) = 33.3\%$$
$$\text{ARU}(8, 13, 2) = 33.3\%$$

取 $\alpha_6 = 0.5$,计算动态优先权值:

$$dpv_5 = 0.65$$
$$dpv_7 = 0.417$$
$$dpv_8 = 0.217$$

由于 $dpv_5 > dpv_7 > dpv_8$,故 aag_5 请求成功。任务 5 的开始时间安排为 $s_{5a} = 7, d_{5a} = 2$;将子任务 5a 加入 SS_5 中,形成 $SS_6 = \{0, 1a, 1b, 2a, 2b, 3a, 3b, 4a, 4b, 5a, 6a, 6b\}$。相应的部分进度计划如图 10.13 所示。

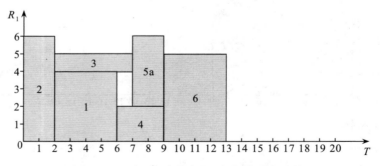

图 10.13 再调度阶段步骤 6 的部分进度计划

(7)黑板系统更新,显示 $ES_7 = \{5b, 7a, 8a\}$。此时 aag_5、aag_7 和 aag_8 启动,分别计算各自在非抢占和抢占情况下的开始时间。

对于 aag_5,由于需要调度的是任务 5 的第二部分,即子任务 5b,因此只有非抢占调度方案。对于 aag_7 和 aag_8,由于 $s_j = s_{ja}$,均只有非抢占方案。

三个任务 agent 分别发送各自的请求：

$$\text{rq}(5) = \{\,b, 13, 3, (4), \text{false}\,\}$$

$$\text{rq}(7) = \{\,a, 13, 2, (2), \text{false}\,\}$$

$$\text{rq}(8) = \{\,a, 13, 2, (2), \text{false}\,\}$$

sag 根据收到的请求，计算三个任务执行后的资源利用率：

$$\text{ARU}(5, 13, 3) = 66.7\%$$

$$\text{ARU}(7, 13, 2) = 33.3\%$$

$$\text{ARU}(8, 13, 2) = 33.3\%$$

取 $\alpha_7 = 0.5$，计算动态优先权值：

$$dpv_5 = 0.484$$

$$dpv_7 = 0.417$$

$$dpv_8 = 0.217$$

由于 $dpv_5 > dpv_7 > dpv_8$，故 aag_5 请求成功。子任务 5b 的开始时间安排为 $s_{5b} = 13, d_{5b} = 3$。将子任务 5b 加入 SS_6 中，形成 $SS_7 = \{0, 1a, 1b, 2a, 2b, 3a, 3b, 4a, 4b, 5a, 5b, 6a, 6b\}$。相应的部分进度计划如图 10.14 所示。

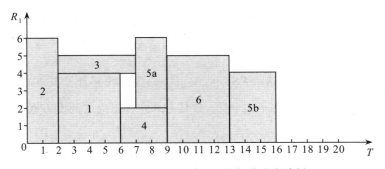

图 10.14　再调度阶段步骤 7 的部分进度计划

（8）黑板系统更新，显示 $ES_8 = \{7a, 8a\}$。aag_7 和 aag_8 启动，分别计算各自在非抢占和抢占情况下的开始时间。对于任务 7 和 8，都有 $s_j = s_{ja}$，因此两个任务都只有非抢占调度方案。

两个任务 agent 分别发送各自的请求：

$$\text{rq}(7) = \{\,a, 13, 2, (2), \text{false}\,\}$$

$$\mathrm{rq}\,(8) = \{\,a,\,13,\,2,\,(2),\,\text{false}\,\}$$

sag 根据收到的请求,计算两个任务执行后的资源利用率:

$$\mathrm{ARU}\,(7,\,13,\,2) = 100\%$$
$$\mathrm{ARU}\,(8,\,13,\,2) = 100\%$$

取 $\alpha_8 = 0.5$,计算动态优先权值:

$$dpv_7 = 0.75$$
$$dpv_8 = 0.55$$

由于 $dpv_7 > dpv_8$,故 aag_7 请求成功。任务 7 的开始时间安排为 $s_7 = 13$。将任务 7 加入 SS_7 中,形成 $SS_8 = \{0,\,1a,\,1b,\,2a,\,2b,\,3a,\,3b,\,4a,\,4b,\,5a,\,5b,\,6a,\,6b,\,7a,\,7b\}$。相应的部分进度计划如图 10.15 所示。

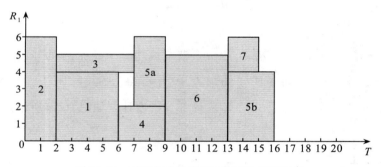

图 10.15　再调度阶段步骤 8 的部分进度计划

（9）黑板系统更新,显示 $ES_9 = \{8a\}$。aag_8 启动,并计算其在非抢占和抢占情况下的开始时间。由于 $s_8 = s_{8a}$,故任务 8 只有非抢占调度方案。

aag_8 发送请求:

$$\mathrm{rq}\,(8) = \{a,\,15,\,2,\,(2),\,\text{false}\}$$

sag 收到 aag_8 的请求。由于只有一个请求,因此 aag_8 请求成功。任务 8 的开始时间安排为 $s_8 = 15$。将任务 8 加入 SS_8 中,形成 $SS_9 = \{0,\,1a,\,1b,\,2a,\,2b,\,3a,\,3b,\,4a,\,4b,\,5a,\,5b,\,6a,\,6b,\,7a,\,7b,\,8a,\,8b\}$。相应的部分进度计划如图 10.16 所示。

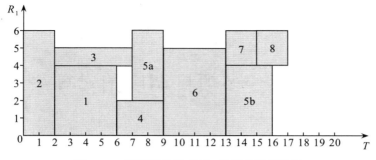

图 10.16　再调度阶段步骤 9 的部分进度计划

（10）最后，sag 为虚拟结束任务 9 安排开始时间和结束时间，均为 17，生成新的调度方案：

$$\lambda_0(1\_PRCPSP) = (0, 2a, 2b, 1a, 1b, 3a, 3b, 4a, 4b, 6a, 6b, 5a, 5b, 7a, 7b, 8a, 8b, 9),$$
$$S_0(1\_PRCPSP) = (0, 2, 6, 0, 2, 2, 7, 6, 9, 7, 13, 9, 13, 13, 15, 15, 17, 17)_\circ$$

至此，再调度阶段完成。sag 在这一阶段所积累的策略体现为各步骤中随机生成的 α 值：$(0.2, 0.3, 0.5, 0.8, 0.2, 0.5, 0.5, 0.5, -)$，其中 α_9 未生成。之后，MAO 算法进入迭代改进阶段，其中的 sag 对每一阶段的 α 进行改进，以试图生成更好的调度方案。

10.3.3　迭代改进阶段

再调度阶段的结果是 $\lambda_0(1\_PRCPSP)$、$S_0(1\_PRCPSP)$ 和 A_0，项目总工期为 $s_9 = 17$，区间 $[(1/4)\cdot s_{n+1}, (3/4)\cdot s_{n+1}]$ 为 $[4.25, 2.75]$。假设峰片段的长度为 $l = 8$，则根据 $S_0(1\_PRCPSP)$ 可识别出资源利用高峰时间段为 $[7, 15]$。对应到 $\lambda_0(1\_PRCPSP)$ 上，可得 $\lambda^{peak} = (4a, 4b, 6a, 6b, 5a, 5b, 7a, 7b, 8a, 8b)$，这些活动对应 A_0 上的 $\alpha_4 \sim \alpha_9$。因此，在第一次迭代中，$\alpha_4 \sim \alpha_9$ 保持不变，$\alpha_1 \sim \alpha_3$ 随机产生新的取值，然后重新执行上述再调度过程。

最终，系统输出最优调度 $S^{opt}(1\_PRCPSP)$，即为 $S_0(1\_PRCPSP)$，项目总工期为 17。

第11章 多项目调度拍卖算法

多项目调度与单项目调度在本质上具有差异,因为各个项目之间存在资源竞争关系,而且很可能具有截然不同的项目目标。因此,将多个项目整合在一起进行调度并不是非常合理的想法。分布式的处理方式更加接近实际情况。企业的项目管理实践表明,在多项目管理中普遍存在双层管理机制,即高层经理或项目管理办公室(project management office,PMO)负责项目之间的资源配置和协调,而项目经理则负责项目内部的具体事务,包括项目调度等(Yang and Sum,1993)。其中,项目间的资源配置与协调成为一个关键,需要有合适的机制来进行合理的配置(刘东宁等,2019)。拍卖理论提供了这样的机制,通过定价来协调项目间的资源配置,从而实现多项目的有效调度。从某种角度来说,拍卖算法也是一种多智能体优化算法。

11.1 拍卖理论与拍卖算法

11.1.1 拍卖理论

拍卖理论起源于Vickrey(1961)的早期研究,他也因此获得1996年的诺贝尔经济学奖。自Vickery开始利用博弈论对拍卖进行研究以来,经过诸多学者几十年的努力,已经逐步形成了拍卖理论的研究体系,取得了丰硕的研究和实践成果(Engelbrecht-Wiggans, 1980; Klemperer, 1999; Stark and Rothkopf, 1979)。

拍卖(auction)是一种市场机制,有预先设定的规则,利用价格机制进行资源分配(McAfee and McMillan,1987)。因此,拍卖可以被认为是一种有效的资源分配方式,尤其适用于分配难以定价的资源。

早期的拍卖研究着重于私有价值模型(private-value model),一般都遵循四个重要假设(谢安石、李一军,2004):(1)竞买人是风险中性的;(2)私有价值假设,即竞买人对拍卖商品的最大愿意支付为其私人的价值,且不知道其他竞买人的私人价值;(3)所有竞买人对拍卖品的估值是独立同分布的随机变量,竞买人和拍卖人知道这个分布函数,分布是对称的;(4)支付是报价的函数。遵循这四个假设的模型被称为基准模型(benchmark model)。由于竞买人之间不存在信息交流,因此拍卖被看作竞买人之间的非合作博弈。随着对拍卖理论研究的深入,上述基准模型的假设也逐步得到了放松和扩展(王宏,2009)。

按照价格是否公开,拍卖可以分为公开拍卖与密封拍卖。其中,公开拍卖又分为两种:升价拍卖(ascending-bid auction),也被称为英式拍卖(English auction);降价拍卖(descending-bid auction),最早用于荷兰的鲜花市场,因此也被称为荷兰式拍卖(Dutch auction)。密封拍卖则分为首价密封拍卖(first-price sealed-bid auction)和二价密封拍卖(second-price sealed-bid auction),二价密封拍卖是由Vickery最先提出的,因此也被称为Vickrey拍卖。

Riley和Samuelson(1981)研究了不同形式的拍卖,并提出了最优拍卖设计的概念。所谓最优拍卖是从拍卖人的角度来考虑如何设计拍卖机制使得拍卖人的期望收益最大化。Myerson(1981)基于显示原理(revalation principle)(Myerson,1979)发展了机制设计理论,将最优机制设计建模为一个数学优化问题。从拍卖机制设计角度来说,可以认为对拍卖人存在两种类型的优化目标,一类是最大化拍卖人的期望收益,另一类是最优化社会的整体效率。传统的拍卖机制设计多集中于前一目标。

谢安石、李一军(2004)提出可以从拍卖品数量、单位、属性三个维度对拍卖进行划分。事实上,在Vickrey的开创性工作之后,多数学者都致力于单物品拍卖(single item auction)研究。在单物品拍卖中,拍卖品是不可分割的,最终只出售给一名竞买人(Milgrom and Weber,1982)。Demange等(1986)首次对多物品拍卖(multi-item auction/multi-object auction)做了深入研究。在他们设计的多物品拍卖中,有一组物品可供拍卖,但每位竞买人最多可以标得一件物品。

上述多物品拍卖可以进一步拓展。如果允许竞买人标得一组物品，就形成组合拍卖（combinatorial auction）。在组合拍卖中，一名竞买人每次投标都包含一组（bundle）拍卖品，也就是拍卖品组合。组合拍卖已成为近期研究的热点。在组合拍卖中，拍卖品组合的最终价值并非各标的物品价值的简单代数和，而是一个函数（Rassenti et al.，1982）。对组合拍卖的更多解释和说明可以参考王宏（2009）的综述。

在单物品拍卖或多物品拍卖中，通常假设只有一个单位的拍卖品，即认为拍卖品是不可分割的，是所谓的单一单位拍卖（single-unit auction）。但在许多实际拍卖中，拍卖品可以进一步拆分，并不限定每个拍卖品只允许出售给一个竞买人。例如，在网络带宽拍卖中，每条网络的带宽都可以分配给若干网络用户（Dramitinos et al.，2007）。这样的拍卖即被称为多单位拍卖（multi-unit auction）。

在拍卖过程中，竞买人和拍卖人一般以经济收益作为决策依据。但是，在许多现实情况中，交易双方需要考虑价格之外的多项决策标准。通常，采用多属性效用理论对这样的多属性拍卖（multi-attribute auction）进行分析，利用多属性效用评价函数来表达用户的偏好。

此外，还可以按照市场结构，将拍卖分为一对多的单向拍卖和多对多的双向拍卖。或按照买卖双方地位，分为传统的以卖方为主的正向拍卖和以买方为主的逆向拍卖（reverse auction）。随着互联网应用的日益广泛和深入，在线拍卖也得到越来越多的关注和研究（谢安石等，2006）。

11.1.2 组合拍卖与优化

拍卖理论被广泛应用于各种组合优化问题。由于多物品拍卖与指派问题（assignment problem）之间的等价性，Bertsekas（1990）为指派问题开发了所谓的拍卖算法（auction algorithm）。之后，Bertsekas（1992）进一步拓展了拍卖算法，将其应用到网络流问题（network flow problem），如最短路径问题、最小价格流问题、运输问题等。

从拍卖机制设计的角度来说，拍卖人希望寻找效用最大化的拍卖品分配方案。基于拍卖人的不同效用函数,组合拍卖可以界定为两类典型的优化问题。一是胜者决定问题(winner determination problem,WDP),一是组合分配问题(combinatorial allocation problem,CAP)。前者希望最大化拍卖人的期望收益,后者希望最大化拍卖品分配的社会效益。

Rothkopf 等(1998)研究了单一单位组合拍卖(single-unit combinatorial auction,SUCA)问题,其中每个拍卖品(bidding object)都只有一个单位物品,因此只能出售给一名竞买人(bidder)。记所有拍卖品的集合为 G,其中包含 m 项不可分割的拍卖品,每项拍卖品只有一个单位。一共有 N 个竞买人,第 i 个竞买人的投标(bid)可定义为一个元组 $(b, P_{i,b})$,其中 $b \subseteq G$ 为拍卖品组合,$P_{i,b}$ 为竞买人 i 愿意为 b 支付的费用。对于拍卖人(auctioneer)来说,可定义如下的决策变量:

$$x_{i,b} = \begin{cases} 1, & \text{分配} b \text{给竞买人} i; \\ 0, & \text{其他} \end{cases} \tag{11.1}$$

拍卖人所面临的胜者决定问题(WDP)可描述为(Abrache et al.,2007; De Vries and Vohra,2003):

$$\max \sum_{i=1}^{N} \sum_{b \subseteq G} P_{i,b} x_{i,b} \tag{11.2}$$

s.t.

$$\sum_{i=1}^{N} \sum_{b \subseteq G} \delta_{j,b} x_{i,b} \leqslant 1, \quad \forall j \in G \tag{11.3}$$

$$\sum_{b \subseteq G} x_{i,b} \leqslant 1, \quad \forall i \tag{11.4}$$

$$x_{i,b} \in \{0, 1\}, \quad \forall i, \forall b \subseteq G \tag{11.5}$$

其中,$\delta_{j,b}$ 为判别函数:

$$\delta_{j,b} = \begin{cases} 1, & j \in b; \\ 0, & j \notin b \end{cases} \tag{11.6}$$

式(11.3)限定每项拍卖品最多分配给一位竞买人;式(11.4)限定每位竞买人最多提出一个拍卖品组合;式(11.5)定义决策域。WDP 的目标函数(11.2)为拍卖人收益最大化。WDP 是一个 NP-complete 问题(Rothkopf et al., 1998),甚至于难以求得次优解(Sandholm,2002)。

如果定义竞买人 i 对拍卖品组合 $b \subseteq G$ 的偏好(preference)为 $v_i(b)$,则拍卖人所面临的组合分配问题(CAP)可描述为(Abrache et al.,2007):

$$\max \sum_{i=1}^{N} \sum_{b \subseteq G} v_i(b) x_{i,b} \qquad (11.7)$$

s.t.

$$\sum_{i=1}^{N} \sum_{b \subseteq G} \delta_{j,b} x_{i,b} \leqslant 1, \quad \forall j \in G \qquad (11.8)$$

$$\sum_{b \subseteq G} x_{i,b} \leqslant 1, \quad \forall i \qquad (11.9)$$

$$x_{i,b} \in \{0,1\}, \quad \forall i, \forall b \subseteq G \qquad (11.10)$$

可见,对于单一单位组合拍卖(SUCA)来说,WDP 和 CAP 具有一样的约束条件,唯一区别就是目标函数。而目标函数恰恰反映了两种不同的拍卖机制设计思想。

式(11.2)至(11.5)定义了 SUCA 的胜者决定问题。对于多单位组合拍卖(multi-unit combinatorial auctin,MUCA)的胜者决定问题,还需要进行拓展。假设拍卖品 j 的供应量为 M_j。将竞买人 i 的投标定义为 $b=(\{a_{b,j}\}_j \in _G, P_b)$,其中 $a_{b,j}$ 为拍卖品组合中包含的物品 j 的单位数量,P_b 是竞买人的报价。称所有竞买人的投标构成的集合为 B,并定义如下的决策变量:

$$x_b = \begin{cases} 1, & b \text{胜出}; \\ 0, & \text{其他} \end{cases} \qquad (11.11)$$

则 MUCA 的胜者决定问题可描述为(Abrache et al.,2007):

$$\max \sum_{b \in B} P_b x_b \qquad (11.12)$$

s.t.

$$\sum_{b \in B} a_{b,j} x_b \leqslant M_j, \quad \forall j \in G \qquad (11.13)$$

$$x_b \in \{0,1\}, \quad \forall b \in B \qquad (11.14)$$

式(11.13)限定任何拍卖品最终的出售量不能超过其供应量;式(11.14)定义决策域。目标函数(11.12)仍然是拍卖人的收益最大化。MUCA 的 WDP 等价于一个多维背包问题(multidimensional knapsack problem),并已经发展出一些精确算法和搜索算法(Abrache et al.,2007)。

以上的组合拍卖问题并不必须限制在一轮竞拍中结束（Pekeč and Rothkopf,2003）。迭代拍卖（iterative auction）允许竞买人在多轮拍卖过程中改变投标。不断调整的投标事实上成为一种信息披露机制。此时，拍卖人的定价策略就极为重要。对单物品拍卖而言，定价比较容易。但是，对于组合拍卖来说，定价就成为很艰巨的挑战（Xia et al.,2004）。

上述三种组合拍卖问题是现有文献中最常见的问题，在实践中也得到较多的应用。许多优化问题都可以转化为上述组合拍卖问题，从而通过拍卖机制设计加以实现和解决。例如，Graves 等（1993）将组合拍卖机制应用于选课系统。学生通过信息系统选择课程模块，而非单门课程，学生也可以在选课过程中调整他们的选项。学生完成选课之后，信息系统根据学生的投标分配教室与教师。Rassenti 等（1982）设计了应用于机场的密封组合拍卖机制，用于在航空公司之间分配机场跑道。Kutanoglu 和 Wu（1999）应用组合拍卖机制解决作业车间调度问题（job shop scheduling problem,JSP）。应瑛、寿涌毅（2009）采用组合拍卖方式进行多项目调度以实现项目加强拖期最小化。不过，由于组合拍卖问题是 NP-hard 问题，在网络带宽分配这样实时性要求比较高的场合，目前尚不能得到很好的应用（Dramitinos et al.,2007）。

表 11.1 总结了组合拍卖与上述应用之间的对应关系。在这些应用中，由一名（虚拟的）拍卖人负责调整拍卖品的价格，而竞买人则根据自身的约束与偏好，结合当前拍卖品定价，选择合适的一组拍卖品进行投标。显然，在组合拍卖与多项目调度之间也可以建立类似的对应关系，如表 11.1 最后一行所示。

表 11.1　组合拍卖及其应用

应用	拍卖人	竞买人	拍卖品	拍卖品组合
空港时间调配	空港	航空公司	跑道时段	跑道时段组合
课程注册	研究生院	学生	课程	课程模块
作业车间调度	虚拟代理	作业	设备时段	设备时段组合
多项目调度	高层经理	项目经理	资源时段	项目进度计划

11.2　多单位组合拍卖算法

考虑如下的资源受限多项目调度问题：

$$\min \sum_{i=1}^{N} w_i c_{iJ_i} \tag{11.15}$$

s.t.

$$s_{ij} \geqslant \max_{(i,h)\in P_{ij}} c_{ih}, \quad \forall i, j \tag{11.16}$$

$$\sum_{(i,j)\in A_t} r_{ijk} \leqslant R_k, \quad \forall k, t \tag{11.17}$$

对于资源受限多项目调度问题,组合拍卖方式具有一定的合理性和优越性。组合拍卖在机制上与多项目管理的双层管理机制(Yang and Sum,1993)存在一定的类似性。传统的按项目优先权分配资源的方式比较类似于计划经济方式,而组合拍卖则类似于自由市场经济方式。此外,拍卖方法具有其他方法所不具有的灵活性,因为方法本身不涉及具体的项目目标函数,从理论上说适合于各类项目调度问题。最后,拍卖过程中最终形成的资源价格,可以作为影子价格(De Vries and Vohra,2003)让项目经理直接了解不同资源的重要程度,从而有助于改善项目的资源管理。

11.2.1　拍卖品组合

在描述组合拍卖机制前,首先需要定义拍卖品。将资源k在时段t的使用权φ_{kt}看作一项独立的拍卖品,该拍卖品可进一步均匀分割为R_k份。因此,对于RCMPSP问题而言,一共存在$K'T$项拍卖品,组成所有拍卖品的集合：

$$G = \left\{ \varphi_{kt} \middle| 1 \leqslant k \leqslant K \wedge 1 \leqslant t \leqslant T \right\} \tag{11.18}$$

在资源受限多项目调度问题中,竞买人(单个项目的项目经理)试图在给定的拍卖品定价基础上寻求一个合理的拍卖品组合,也就是寻求一个可行的项目进度计划,以优化其项目目标函数。同时,拍卖人(高层主管)根据竞买人对拍卖品的需求不断更新拍卖品定价以实现合理的项目间资源分配。这样,拍卖过程持续进行,通过更新资源使用权定价不断调整资源分配方案。

首先对单个任务进行分析。每一个任务都需要占用一种或一组资源。例如,任务 (i,j) 在执行期间对资源 k 的需求可以描述为一组拍卖品:

$$B_{ijk} = \{ \varphi_{kt} | s_{ij} \leqslant t < c_{ij} \} \tag{11.19}$$

其中,B_{ijk} 对拍卖品 φ_{kt} 的需求量为 r_{ijk}。

因此,一项任务所对应的拍卖品组合为:

$$B_{ij} = \bigcup_{k=1}^{K} B_{ijk} \tag{11.20}$$

相应地,一个单项目进度计划包含了所有任务,其所对应的拍卖品组合为:

$$B_i = \bigcup_{j=1}^{J_i} B_{ij} \tag{11.21}$$

由于项目任务需要满足紧前关系,因而对应于项目进度计划的可行拍卖品组合也受到相应限制。此外,项目的进度计划还需要符合资源约束。因此,一个可行的项目进度计划可以表示为如下的拍卖品组合:

$$B_i = \bigcup_{j=1}^{J_i} B_{ij} \tag{11.22}$$

s.t.

$$s_{ij} \geqslant \max_{(i,h) \in \mathrm{P}_{ij}} c_{ih}, \quad \forall j \tag{11.23}$$

$$D_{kt}^i \leqslant R_k, \quad \forall k,t \tag{11.24}$$

其中,D_{kt}^i 为项目 i 在时段 t 对资源 k 的总需求:

$$D_{kt}^i = \sum_{(i,j) \in A_t} r_{ijk} \tag{11.25}$$

可见,对于项目调度组合拍卖设计来说,紧前关系和资源约束造成了额外的困难,是传统组合拍卖问题中未曾涉及的(Demir and Gini,2007)。

全部的单项目进度计划的组合就构成一个多项目进度计划。显然,满足式(11.22)至(11.24)要求的多项目进度计划满足各个项目内部的紧前关系,但是由于存在项目之间的资源竞争,因而无法确保满足资源约束。一个满足资源约束的多项目进度计划可以定义为如下的拍卖品组合:

$$B = \bigcup_{i=1}^{N} B_i \tag{11.26}$$

s.t.

$$D_{kt}(B) \leqslant R_k, \quad \forall k, t \tag{11.27}$$

其中，B_i 是满足紧前关系约束的单项目拍卖品组合，$D_{kt}(B)$ 是所有项目在时段 t 对资源 k 的总需求：

$$D_{kt}(B) = \sum_{i=1}^{N} D_{kt}^i = \sum_{i=1}^{N} \sum_{(i,j) \in A_t} r_{ijk} \tag{11.28}$$

11.2.2　竞买人效用

在拍卖过程中，每个项目的项目经理相当于是竞买人，需要根据当前拍卖品定价与项目资源需求来决定最优的拍卖品组合，以实现效用最大化。

假设在当前拍卖阶段，λ_{kt} 是拍卖品 φ_{kt} 的价格，即资源 k 在时段 t 的价格。则项目 i 在当前给定的拍卖品价格下的支付函数为：

$$P_i(B_i, \lambda) = \sum_{j=1}^{J_i} \sum_{k=1}^{K} \sum_{t=s_{ij}}^{c_{ij}-1} r_{ijk} \lambda_{kt} \tag{11.29}$$

对于项目经理而言，项目加权工期决定了其偏好，因此可以将项目加权工期的负值看成是其收益，该收益与当前价格向量无关：

$$Y_i(B_i) = (-w_i \cdot c_{i,J_i}) \tag{11.30}$$

显然，对于其他项目调度目标函数，可以参考式（11.30）定义类似的收益函数。这说明组合拍卖算法具有非常好的适应性。

项目经理必须提高收益并同时尽量降低支付成本，因此可以定义如下的效用函数：

$$U_i(B_i, \lambda) = Y_i(B_i) - P_i(B_i, \lambda) \tag{11.31}$$

项目经理在最大化其效用时，需要保证满足式（11.23）和（11.24）设定的紧前关系和资源约束条件。所以，每个项目经理需要针对项目 i 求解以下的优化问题：

$$\max U_i(B_i, \lambda) = (-w_i \cdot c_{i,J_i}) - P_i(B_i, \lambda) \tag{11.32}$$

即：

$$\min\left(w_i \cdot c_{i,J_i} + \sum_{j=1}^{J_i} \sum_{k=1}^{K} \sum_{t=s_{ij}}^{c_{ij}-1} r_{ijk} \lambda_{kt}\right) \tag{11.33}$$

s.t.

$$s_{ij} \geqslant \max_{(i,h) \in \mathbf{P}_{ij}} c_{ih}, \quad \forall j \tag{11.34}$$

$$\sum_{(i,j) \in A_t} r_{ijk} \leqslant R_k, \quad \forall k, t \tag{11.35}$$

式（11.33）至（11.35）定义了一个特殊的单项目调度问题，该问题不涉及项目之间的资源竞争，其约束条件等同于经典的单项目 RCPSP 问题，但目标函数为非常规目标函数。对于这类问题，可以采用启发式算法快速求解。式（11.33）至（11.35）所述问题实际上是原多项目调度问题（11.15）至（11.17）的单项目拉格朗日松弛问题（De Vries and Vohra，2003；Kutanoglu and Wu，1999；寿涌毅，2004a），因此如果能求得式（11.33）至（11.35）的最优解，则可以保证对应的多项目问题可行解能够接近原问题的全局最优解。

11.2.3　拍卖人效用

一般而言，拍卖人期望最大化拍卖品的总销售收入。各竞买人的总支付费用对于拍卖人而言即为其总销售收入。但是，对于多项目调度问题，所对应的组合拍卖比较特殊。首先，所有的项目经理在拍卖过程中没有退出机制，而是必须完成拍卖过程得到一个可行的拍卖品组合。其次，拍卖人的目的在于合理分配拍卖品，使得各项目经理能够尽量优化各自的项目目标。所以，在这样的考虑下，总销售收入并非合理的效用函数。而且，如果采用总销售收入作为收益函数，会鼓励拍卖人逐步抬高拍卖品价格，最终导致无法实现有效的资源分配。

换言之，在多项目调度问题中的高层经理相当于组合分配问题而非胜者决定问题中的拍卖人，其目标应当是增进整体的市场效率。因此，一个合适的效用函数可以定义为：

$$U(B) = \sum_{i=1}^{N} Y_i(B_i) \tag{11.36}$$

值得指出的是，如果在多项目调度问题中，各项目具有不同类型的目标函数，使得各个项目经理的收益函数具有不同的量纲，则式（11.36）需要转化为多属性效用函数。如此,则需要参考多属性拍卖算法进行调整。

拍卖人期望通过拍卖机制寻找最佳的拍卖品组合,使得其效用函数(11.36)最大化。而要实现这一目的,拍卖人需要有合理的定价策略,来指导各项目经理实现拍卖品组合的优化。

在竞拍过程中,每一竞买人都根据自己的单项目调度问题式(11.33)至(11.35)寻求最佳拍卖品组合。所有竞买人的最优拍卖品组合都依赖于当前的拍卖品价格。假设在初始阶段,所有拍卖品价格均为零,则各竞买人的投标即为单项目 RCPSP 最优解。拍卖人根据所有竞买人的投标,判断是否存在项目间的资源冲突。如果在当前竞拍中存在资源冲突,拍卖人将根据冲突情况调整拍卖品价格。价格调整的目的在于减少资源冲突。最直接的方法就是提高冲突资源的价格。对于供大于求的拍卖品,也可以适当降低价格,当然资源价格不能为负。

记拍卖品 φ_{kt} 在第 b 次竞拍时的定价为 λ_{kt}^{b},则价格调整可以描述为:

$$\lambda_{kt}^{b+1} = \max\{0, \lambda_{kt}^{b} + g(D_{kt}^{b}, R_k)\} \tag{11.37}$$

其中,g 是拍卖品价格调整函数,一个常用的价格调整函数为:

$$g(D_{kt}^{b}, R_k) = \rho^{b}(D_{kt}^{b} - R_k) \tag{11.38}$$

其中,ρ^{b} 为价格调整步长。

这就是所谓的瓦尔拉斯卖者喊价过程(Walrasian tâtonnement process)。对于一般的组合拍卖而言,可以设定 ρ^{b} 为一合适的常数 ρ,以逐步达到均衡价格(Bikhchandani and Mamer, 1997)。但是,上述定价策略无法确保 MUCA 能够达到均衡价格。因此可以考虑动态价格调整步长,以更有效地调整拍卖品价格,实现组合分配优化(Guo et al., 2006; Shou and Huang, 2010)。

11.2.4 组合拍卖流程

根据以上分析,资源受限多项目调度组合拍卖算法的伪代码如下所示(Shou and Huang, 2010)。

Procedure of Combinatorial Auction for Multi-Project Scheduling (CAMPS)

```
BEGIN
    INIT:λₖₜ:= 0
    DO
        FOR each project
            SCHEDULE single project /*according to(11.32)-(11.35)*/
            SUBMIT schedule
        ENDFOR
        IF resource feasible THEN
            FORM multi-project schedule
        ELSE
            UPDATE price vector
            CONVERT multi-project schedule by SMPSGS
        END IF
    WHILE criteria NOT satisfied
END
```

算法首先读取数据,完成初始化,将各时段资源价格归零。然后按式(11.33)至(11.35)求解各独立的单项目调度问题。如所得的各项目进度计划之间不存在资源冲突,即为多项目调度问题的可行解。如存在资源冲突,则需要更新各时段的资源价格。同时,为了产生原问题的可行解,可以按当前各单项目进度计划设定的任务开始时间 s_{ij} 对各个任务进行排序,然后采用串行多项目进度生产机制生成可行的多项目进度计划。如拍卖次数尚未达到设定的最大次数,则重新根据当前资源价格重复进行上述组合拍卖过程直至算法终止。

11.3　计算示例

采用 Tsai 和 Chiu(1996)的多项目实例来说明组合拍卖方法的应用。该实例包括两个项目,其项目网络图如图 11.1 所示。

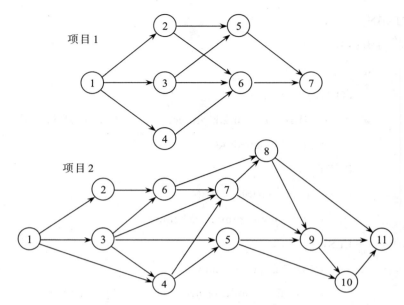

图 11.1 多项目实例的节点式网络图

项目涉及两种可更新资源。资源 1 的供给量为 4 个单位,资源 2 的供给量为 5 个单位。各任务的工期和资源需求量如表 11.2 所示。两个项目的权重均为 1。

表 11.2 项目任务工期与资源需求

项目 1				项目 2			
任务	工期	资源		任务	工期	资源	
		#1	#2			#1	#2
1	6	0	2	1	6	1	0
2	4	0	3	2	5	2	1
3	6	2	0	3	8	2	0
4	10	3	0	4	6	1	2
5	5	0	1	5	15	0	2
6	8	1	0	6	3	0	2
7	8	1	1	7	4	1	2
				8	2	1	2
				9	8	2	1
				10	4	0	3
				11	2	1	3

在第一轮竞价时,由于在所有时段的初始资源价格均为零,且资源供应量均超过单个项目的最大需求量,因此各项目经理给出的进度计划实际上为关键路线法(CPM)进度计划,如图11.2所示。初始进度计划符合任务紧前关系,满足项目内部资源约束,但不满足多项目整体资源约束。例如,资源1的供应量需要达到9个单位才能满足该多项目进度计划的要求,已远超资源最大供应量。

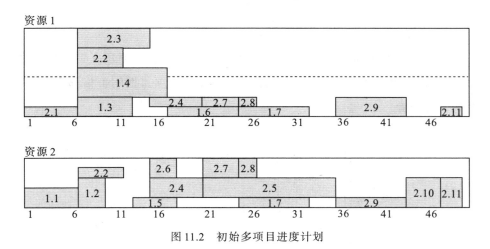

图11.2　初始多项目进度计划

拍卖人可以逐步调整各时段的资源价格。例如在第一轮竞拍结束后,可以根据资源需求状况(见图11.2),利用式(11.37)调整资源价格。如此,将显著提高资源1在时段7至14的价格,并维持其他时段的资源价格,从而吸引竞买人调整项目进度计划以降低项目资源总成本。反复进行竞拍与价格调整过程,直到各项目之间不存在资源冲突。

组合拍卖过程结束后得到的多项目进度计划如图11.3所示。该进度计划对资源1的需求恰好满足资源供给量限制,而对资源2的需求实际上并没有达到最大供应量。与CPM进度计划(见图11.2)相比,项目2的工期没有延长,而项目1的工期则有一定延长以消除资源冲突。

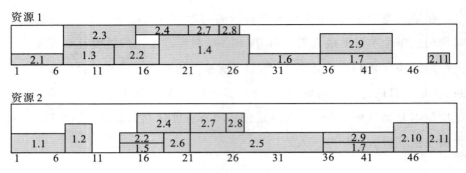

图 11.3　最终可行多项目进度计划

拍卖过程结束时的资源价格如图 11.4 所示。资源 1 在时段 6 至 24 之间价格相当高,显然是企业的稀缺资源;而资源 2 在整个项目期间价格都不高,并非稀缺性资源。

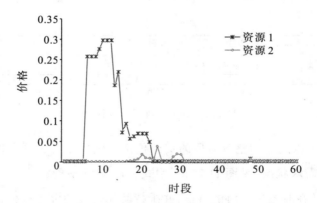

图 11.4　拍卖结束时的资源价格曲线

这样的结论为项目经理提供了额外的决策支持信息,提醒项目经理应当优先关注高价格时段的资源,避免因资源不到位而影响项目进度。另外,如果企业期望进一步缩短项目工期,显然提高资源 1 的供应量将是优先考虑的选项。参照关键链项目管理方法的分析思路,可以发现对于多项目调度来说,关键时段的资源才是真正的核心约束,而上述的组合拍卖算法则提供了一种有效的发现和分析核心约束的方法。换言之,组合拍卖方法不仅能够有效分配现有资源,还能够估算资源影子价格,有助于企业进一步对项目整体资源进行优化,从而提高项目执行效率。

第12章 项目组合选择调度问题及算法

　　一方面,企业往往同时开展多个项目,而这些项目之间又共享部分资源;另一方面,企业需要考虑选择合适的项目(Liu et al.,2019;Mahdavi et al.,2019),选择合适的项目伙伴和项目资源(寿涌毅、宋淳江,2014),从而在符合企业战略的前提下充分利用有限资源,有效地并行开展多个项目,从而实现企业战略目标。但是,项目组合选择是一个复杂的决策问题,面临着项目评估不恰当、组合搭配不合理等诸多风险。设计科学有效的方法来选择最佳项目组合,并对这些项目进行合理的调度与资源分配,成为项目决策者迫切需要解决的问题。

　　作为典型的组合优化问题,项目组合选择问题已被证明是 NP-hard 问题(Doerner et al.,2006)。项目组合选择问题就是在有限的资源或其他约束条件下,从一组有限的备选项目中选择一个项目子集作为一个组合,使得该组合在满足约束条件的情况下获得最大的收益(Ghasemzadeh and Archer,2000;寿涌毅、姚伟建,2009)。近 20 年来,项目组合选择问题得到了广泛关注,学者们不断引入新的决策情境。Schmidt(1993)讨论了项目之间存在的三类交互作用,即收益交互、资源交互及产出交互。Stummer 和 Heidenberger(2003)进一步扩展了具有交互作用的项目数量。刘亚旭、汪应洛(2007)则分析了项目之间的不对称交互风险。赵静等(2011)分析了项目的组合风险。Gabriel 等(2006)考虑了项目成本的不确定性。Yu 等(2012)在项目组合选择过程中纳入了决策者偏好。针对项目组合选择问题,现有文献也提出了各种求解方法,既有定性的评价指标体系(杨敏等,2006),也有定量的优化算法,如模拟退火(杨颖等,2011)、邻域搜索(Gutjahr and Froeschl,2013)、蚁群优化(Doerner et al.,2004;Doerner et al.,2006)、遗传算法(Yu et al.,2012;杜先进等,2008;赵静等,2011)、演化算法(Medaglia et al.,2007)。

在项目组合选择研究中,通常会割裂项目选择与项目调度之间的内在联系。传统的项目组合选择问题通常假定项目的进度计划是固定不变的,而只考虑项目组合选择对最终收益的影响。然而,项目调度能够调整任务的起止时间,往往会对项目组合选择的可行域与目标函数值造成影响(Coffin and Taylor,1996)。尤其是在资源受限的情况下,决策者可以通过重新调度项目任务实现资源的有效配置从而优化项目组合收益(Shou et al.,2014)。

然而,项目调度本身就是一个NP-hard问题,将项目调度引入项目组合选择问题将显著增加问题的复杂度和求解难度。因此,这类问题适合采用启发式或元启发式等非精确方法进行求解(Chen and Askin,2009;Gutjahr et al.,2008)。Liu和Wang(2011)考虑了项目选择过程中的调度问题,但是其调度单元是单个项目,而非项目中的各个任务。任嵘嵘、祝丹梅(2009)将每个项目分为三个阶段,然后对中选项目的各个阶段进行调度优化。少数文献则已经将调度单元深入到项目任务层面。例如,Gutjahr等(2008)将项目任务调度、人员分配作为子问题与项目组合选择一起求解,采用贪婪算法处理项目调度和人员分配,采用蚁群优化算法处理项目组合选择。针对项目组合选择及调度问题所开发的隐枚举法(Chen and Askin,2009)和多单位组合拍卖算法(Shou and Huang,2010)都有效提高了项目组合选择及调度问题的求解效率。徐汉川等(2010)在对企业项目伙伴选择模型进行研究时,综合考虑了项目优先关系、子任务加工时间和工期等关键约束,并将项目调度算法嵌入到禁忌搜索方案中对模型进行求解,优化求解速度和最优率。

12.1 数学模型

资源受限项目组合选择及调度优化问题(resource-constrained project portfolio selection and scheduling problem,RCPPSSP),是指在资源受限条件下,决策者从备选项目集合中选择一组可行项目作为一个项目组合,并安排其进度计划,以使得该项目组合在满足约束条件的前提下最大化收益目标。

经典的RCPPSSP可以视为一个双层决策问题:上层决策,从备选项目集合中选取符合约束条件的一组可行项目；下层决策，对上层决策所选取的项目组合进行多项目调度，以合理分配资源，优化各被选项目完工时间，最大化组合收益。这是典型的双层决策，上层决策不仅要考虑问题的目标函数和约束条件，其实际目标函数值还取决于下层问题的最优解，而下层问题的最优解又受上层决策方案的影响。

表 12.1 给出了用于描述 RCPPSSP 数学模型的变量及其说明。

表 12.1　RCPPSSP 数学模型的变量及说明

变量	说明
Ω	备选项目集合
i	项目编号，$i=1,2,\cdots,N$，其中 N 表示项目总数量，$N=\lvert\Omega\rvert$
T_i	项目 i 的完工期限
b_{it}	项目 i 在时刻 t 完工所产生的收益
j	任务编号，$j=1,2,\cdots,J_i$，其中 J_i 表示项目 i 中的任务数量
(i,j)	项目 i 的第 j 个任务
S_{ij}	任务 (i,j) 的紧后任务集合
d_{ij}	任务 (i,j) 的工期
EF_{ij}	任务 (i,j) 的最早完工时间
LF_{ij}	任务 (i,j) 的最晚完工时间
k	资源编号，$k=1,2,\cdots,K$，其中 K 为资源种类
r_{ijk}	任务 (i,j) 对资源 k 的需求
t	时段编号，$t=0,1,2,\cdots,T$，其中 $T=\max\{T_i\}$
A_t	时段 t 处于执行状态的任务集合
R_{kt}	资源 k 在时段 t 的供应量
x_i	$0-1$ 决策变量，用于表示项目 i 是否中选
C_{ijt}	$0-1$ 决策变量，用于表示任务 (i,j) 是否在时段 t 完工
Φ	中选项目组合，$\Phi=\{i\mid x_i=1\}$

综上，RCPPSSP 的数学模型可表示为（寿涌毅等，2014b）：

$$\max \sum_{i=1}^{N} \sum_{t=EF_{iJ_i}}^{LF_{iJ_i}} b_{it} C_{iJ_i t} \tag{12.1}$$

s.t.

$$\sum_{t=EF_{iJ_i}}^{LF_{iJ_i}} C_{iJ_it} = x_i, \quad \forall i \tag{12.2}$$

$$\sum_{t=EF_{iJ_i}}^{LF_{iJ_i}} tC_{iJ_it} \leqslant T_i, \quad \forall i \tag{12.3}$$

$$\sum_{t=EF_{ij}}^{LF_{ij}} tC_{ijt} \leqslant \sum_{t=EF_{ih}}^{LF_{ih}} tC_{iht}, \quad \forall(i,j), \forall(i,h) \in S_{ij} \tag{12.4}$$

$$\sum_{(i,j)\in A_t} x_i r_{ijk} \leqslant R_{kt}, \quad \forall k, t \tag{12.5}$$

$$x_i \in \{0, 1\}, \quad \forall i \tag{12.6}$$

$$C_{ijt} \in \{0, 1\}, \quad \forall(i,j), \forall t \tag{12.7}$$

其中,式(12.1)为目标函数,要求最大化项目组合收益;式(12.2)和式(12.3)要求所有中选项目必须在规定的截止时间内完工;式(12.4)为项目内部任务之间优先关系约束;式(12.5)规定了所有中选项目在任意时间的资源总需求量不能超出资源供应量;式(12.6)定义上层问题的决策变量;式(12.7)定义下层问题的决策变量。

12.2 双层决策算法

针对上述资源受限项目组合选择及调度问题,设计双层决策方法进行求解。其中,上层决策采用蚁群优化(ant colony optimization,ACO)算法负责项目组合选择决策,下层决策采用启发式算法负责中选项目的多项目调度决策。

12.2.1 上层决策

蚁群算法是对蚂蚁群体利用信息素进行觅食行为的放生,已被广泛用于各种组合优化问题。在RCPPSSP的上层决策中,采用ACO算法进行项目组合选择,并评价所得项目组合的质量,也就是项目组合收益。

假设人工蚁群中有 M 只蚂蚁,其中的蚂蚁 m 按照一定的规则逐一选择项目进入项目组合。由于 RCPPSSP 存在约束条件,因此通常来说蚂蚁 m 无法遍历所有项目,而是选取部分项目。蚂蚁在所选的项目组合上释放信息素,从而影响后续蚂蚁的选择决策。通过每一代蚁群的不断搜索,算法逐渐找到更好的项目组合。

1.蚂蚁搜索过程

蚂蚁 m 的搜索过程中涉及三个项目集合:(1)已选项目集合 Φ_g,存放当前阶段 g 已被选中的项目;(2)备选项目集合 D_g,存放当前阶段可供选择的可行项目;(3)禁忌项目集合 Γ_g,存放因为已中选或不符合约束条件而无须考虑的项目。

在每一阶段 g,首先判断是否存在可行备选项目,若 $D_g = \Phi$,则蚂蚁停止搜索;否则,蚂蚁 m 采用一定的规则从备选项目集合 D_g 中选择项目,并相应更新禁忌项目集合 Γ_g。如果 $\Gamma_g = \Omega$,则搜索过程结束;否则进入下一阶段。

在图 12.1 所示的项目组合选择问题示例中,共有 8 个候选项目。前 3 个阶段,蚂蚁 m 分别选择了项目 1、3、7。因此,在第 4 个阶段,$\Phi_4 = \{1, 3, 7\}$。假设在当前阶段项目 4 和 8 已不符合约束条件,则禁忌项目集合为 $\Gamma_4 = \{1, 3, 4, 7, 8\}$。因此,当前阶段的备选项目集合为 $D_g = \{2, 5, 6\}$,蚂蚁需要从中选择一个新项目。

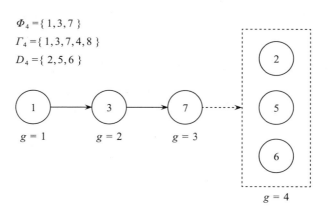

图 12.1 蚂蚁搜索过程示意图

当从备选项目集合 D_g 中选择项目时,蚂蚁采用随机比例规则。设定各项目的初始信息素浓度 $\tau_i = 1 (i = 1, 2, \cdots, N)$,启发式信息 η_i 则为各项目基础

收益 B_i 与资源总投入的比值:

$$\eta_i = \frac{B_i}{\sum\limits_{j=1}^{J_i}\sum\limits_{k=1}^{K} r_{ijk}d_{ij}}$$ (12.8)

如此,蚂蚁 m 选择项目 i 的概率为:

$$p_i = \begin{cases} \dfrac{\tau_i^{\alpha}\eta_i^{\beta}}{\sum\limits_{i \in D_g} \tau_h^{\alpha}\eta_h^{\beta}}, & i \in D_g; \\ 0, & \text{其他} \end{cases}$$ (12.9)

其中,α 与 β 分别为信息素信息和启发式信息的权重系数。

2. 信息素挥发机制

为了避免蚂蚁过度依赖已有信息素而导致无效的重复搜索,在蚁群完成一次完整的搜索后,需要引入信息素挥发机制,以改善蚁群选择的多样性。信息素挥发机制可以表示为:

$$\tau_i \leftarrow (1 - \rho) \cdot \tau_i$$ (12.10)

其中,$\rho \in (0, 1)$ 为信息素挥发系数。

3. 信息素更新机制

在第 n 代蚁群完成搜索后,对所有 M 只蚂蚁通过搜索行为构造的 M 个项目组合进行分析,根据项目组合收益判定其质量。记这一代蚁群中的最优解为 $\Phi^*(n)$,对应的项目组合收益为 $B^*(n)$。记当前最优解为 Φ^*,对应的项目组合收益为 B^*。然后,采取如下形式计算各项目的信息素更新量:

若迭代次数 n 不是 5 的倍数,则信息素更新量 $\Delta\tau$ 为:

$$\Delta\tau_i = \begin{cases} Q\dfrac{b_i}{B^*(n)}, & i \in \Phi^*(n); \\ 0, & \text{其他} \end{cases}$$ (12.11)

若迭代次数 n 是 5 的倍数,则:

$$\Delta\tau_i = \begin{cases} Q\dfrac{b_i}{B^*}, & i \in \Phi^*; \\ 0, & \text{其他} \end{cases}$$ (12.12)

其中,b_i 为项目 i 的预期收益,Q 为信息素更新常数。如果项目 i 属于第 n 代蚁群所得的最优项目组合，则增加其信息素浓度，其信息素更新量取决于项目收益在组合收益中的比重，如式（12.11）所示。为了加速算法搜索效率，每迭代 5 次，根据当前最优解对项目进行信息素更新，如式（12.12）所示。

12.2.2　下层决策

下层决策以上层决策所产生的项目组合 $\Phi = \{i \mid x_i = 1\}$ 为决策对象，通过 MINSLK 规则和串行进度生成机制（SSGS）进行多项目调度（寿涌毅，2006），获得其进度计划，并检验该项目组合是否满足约束条件。

下层决策所面对的多项目调度问题如下所示：

$$\min \sum_{i \in \Phi} t C_{iJ_i t} \tag{12.13}$$

s.t.

$$\sum_{t=EF_{ij}}^{LF_{ij}} t C_{ijt} \leqslant \sum_{t=EF_{ih}}^{LF_{ih}} t C_{iht}, \quad \forall (i,j), \forall (i,h) \in S_{ij} \tag{12.14}$$

$$\sum_{(i,j) \in A_t} r_{ijk} \leqslant R_{kt}, \quad \forall k, t, \forall i \in \Phi \tag{12.15}$$

$$C_{ijt} \in \{0, 1\}, \quad \forall (i,j), \forall t \tag{12.16}$$

在多项目调度中采用 MINSLK 规则。对于某一任务 (i,j)，根据 CPM 计算其最晚开始时间（LF_{ij}）与最早开始时间（EF_{ij}），并据此计算其松弛时间（SLK_{ij}）：

$$SLK_{ij} = LF_{ij} - EF_{ij} \tag{12.17}$$

在 MINSLK 规则中，任务的优先级与其松弛时间大小相反，即松弛时间越小，则优先级越高。对于给定的项目组合，基于 MINSLK 优先规则及 SSGS 启发式算法得到的多项目进度计划是确定的。当然，所得的多项目进度计划还需要判断其可行性。根据模型（12.1）至（12.7），多项目进度计划的可行性可以通过项目完工时间 T_i 予以判断，即对式（12.3）进行检验。如果项目组合 Φ 中的任一项目 i 不满足式（12.3），则说明该组合不满足约束条件，为不可行项目组合。

12.3 计算测试与分析

由于并不存在广泛适用的RCPPSSP算例库,因此利用Patterson算例库中的项目调度问题实例,采用实验设计(design of experiment,DOE)方法系统生成RCPPSSP算例。然后通过算例测试,确定算法参数并讨论算法性能。

12.3.1 算例设计

选取Patterson算例库中只涉及3种可更新资源且项目网络结构存在差异的72个项目实例,随机生成六组RCPPSSP算例。其中,3组算例分别包含10个备选项目,另外3组算例分别包含20个备选项目。上述算例分别记为PAT10_1,PAT10_2,PAT10_3,PAT20_1,PAT20_2,PAT20_3。

以上算例只包含了项目网络结构、各个任务的工期及资源需求等信息,但缺乏资源供应量和项目预期收益信息。因此,需要额外补充所缺信息。参照Chen和Askin(2009)所做的如下设计。假定每个项目在关键路径长度(CPL)所设定的最短工期内完工能获得最大收益,记为基准收益B_i。在CPL之后完工,则所得收益以系数λ_1线性递减。基准收益B_i与项目实际收益的计算式见式(12.18)和(12.19)。项目的截止时间以CPL为基准进行设计,见式(12.20);资源供应量则为CPM进度计划下资源消耗量最大值$R_k^{\max}$乘以相应的资源强度ω_k,见式(12.21)。

$$B_i = \sigma_i \cdot \sum_{k=1}^{K} \sum_{j=1}^{J_i} r_{ijk} d_{ij} \tag{12.18}$$

$$b_{it} = B_i \cdot \left[1 - \lambda_1 \cdot (t - CPL_i) \right] \tag{12.19}$$

$$T_i = CPL_i + \min\left\{ 10, (CPL_i \cdot \lambda_2) \right\} \tag{12.20}$$

$$R_k = \omega_k \cdot R_k^{\max} \tag{12.21}$$

其中,σ_i为收益对资源消耗量的折算系数,在$[0.5, 1.5]$区间内服从均匀分布;λ_1为收益递减率,取2%和8%两个值;λ_2表示项目完工期的松弛率,取值为0.4;$\omega_k \in (0, 1]$,为资源强度,取30%和60%两个值。

根据收益递减率和资源强度的两类取值可分别构成 $2 \times 2 = 4$ 个情境,如表 12.2 所示。结合基于 Patterson 算例库设计的六个项目组合选择及调度问题算例,共生成 $6 \times 4 = 24$ 个 RCPPSSP 实例。

表 12.2　实验设计

实验情境	收益递减率/%	资源强度/%
1	2	30
2	2	60
3	8	30
4	8	60

12.3.2　算法参数设计

资源受限项目组合选择及调度问题的双层决策方法主要设计参数包括:蚁群优化算法的迭代次数 GEN,蚁群规模 M,信息权重系数 α 与 β,信息素挥发系数 ρ 以及信息素更新常量 Q 等。

迭代次数越多,蚁群规模 M 越大,ACO 算法对解空间的搜索就越彻底,但是搜索时间也就越长。根据 Dorigo 和 Stützle(2004)的建议,结合实际测试,当 $GEN = 100$、$M = N$ 时,ACO 算法有较好的搜索效率。

α 与 β 分别为信息素信息和启发式信息权重系数,在 ACO 算法中扮演着极其重要的角色。经实际测试,取 $\alpha = 1$ 与 $\beta = 1$。

信息素挥发系数直接影响算法性能。ρ 越低算法的收敛性与稳定性越差;当 ρ 过高时,信息素信息挥发过快,蚂蚁间的信息交流降低,容易造成算法无法收敛。经实际测试,信息素挥发系数取值 $\rho = 0.2$。

当 Q 值较大时,算法易早熟,陷于局部收敛,造成收益偏差较大;当 Q 值较小时,特别是 $Q = 0$ 时,信息素无法积累,蚁群内部信息正反馈效应减弱,搜索能力降低。经实际测试,取 $Q = 0.5$。

综上所述,ACO 算法选定如下参数组合:$GEN = 100$,$M = N$,$\alpha = 1$,$\beta = 1$,$\rho = 0.2$,$Q = 0.5$。

12.3.3　计算结果分析

针对上述 24 个 RCPPSSP 实例，本文分别采用 Ranking、MKP_ranking（Chen and Askin, 2009）和所设计的双层决策方法进行求解。每种算法分别运算 5 次，取组合收益的均值。表12.3 给出了三种求解方法的运算结果。

表 12.3　计算测试结果

编号	情境	问题规模	备选项目集合	求解方法		
				Ranking	MKP_ranking	双层决策算法
1	1	10	PAT10_1	7076.77	7076.77	7754.63
2	1	10	PAT10_2	6343.67	6343.67	7128.61
3	1	10	PAT10_3	7700.29	7700.29	8109.66
4	1	20	PAT20_1	13512.07	13512.07	14987.3
5	1	20	PAT20_2	10510.92	10510.92	11556.38
6	1	20	PAT20_3	11672.9	11672.9	12520.37
7	2	10	PAT10_1	6988.4	6988.4	7329.52
8	2	10	PAT10_2	6199.9	6199.9	6391.59
9	2	10	PAT10_3	7700.29	7700.29	7920.52
10	2	20	PAT20_1	12829.7	12829.7	13698.09
11	2	20	PAT20_2	10033.22	10033.22	10715.38
12	2	20	PAT20_3	11580.28	11580.28	11922.36
13	3	10	PAT10_1	4316.8	4316.8	4871.05
14	3	10	PAT10_2	3850.56	3850.56	4300.49
15	3	10	PAT10_3	4320.24	4320.24	5381.88
16	3	20	PAT20_1	7522.15	7558.27	9288.56
17	3	20	PAT20_2	6323.93	6323.93	7086.58
18	3	20	PAT20_3	7902.9	7902.9	8383.34
19	4	10	PAT10_1	3942.85	3942.85	4441.45
20	4	10	PAT10_2	3850.56	3850.56	3850.56
21	4	10	PAT10_3	4320.24	4320.24	4581.36
22	4	20	PAT20_1	7464.19	7485.53	8462.52
23	4	20	PAT20_2	6176.77	6176.77	6273.44
24	4	20	PAT20_3	7544.8	7544.8	7945.27
		均值		7486.85	7489.24	8120.87

由表12.3可见,Ranking和MKP_ranking两种算法的求解性能相近,而双层决策算法得到的项目组合收益均值明显优于前两者。对上述三种方法进行两两对比秩和检验,如表12.4所示,括号中数值为相应的显著性概率。可见,Ranking和MKP_Ranking之间不存在显著差异,而双层决策算法在0.05的水平上显著优于其他两种算法,能够得到更优的求解结果。

表12.4　三种算法的秩和检验

算法	双层决策算法	MKP_Ranking	Ranking
双层决策算法	—	$631.628^*(0.032)$	$634.022^*(0.031)$
MKP_Ranking		—	$2.394(0.993)$
Ranking			—

注:*表示在0.05的水平上存在显著差异。

在对于项目组合进行评价时,目前主要基于传统的经济指标进行评价与比较。后续可以考虑引入更能反映项目真实价值与环境不确定性的评价方法,如实物期权等,对项目组合进行评价。此外,在所设计的双层决策方法中,下层决策采用了快速简便的启发式算法对多项目进行调度,后续可以考虑采用更有效的多项目调度算法提高资源分配效率,从而进一步提升项目组合的预期收益。

参考文献

程铁信,霍吉栋,刘源张,2004.项目管理发展述评[J].管理评论,16(2):59-62.

褚春超,陈术山,郑丕谔,2006.基于依赖结构矩阵的项目规划模型[J].计算机集成制造系统,12(10):1591-1595.

丁建立,陈增强,袁著祉,2003.遗传算法与蚂蚁算法的融合[J].计算机研究与发展,40(9):1351-1356.

杜先进,孙树栋,司书宾,等,2008.不确定条件下多目标R&D项目组合选择优化[J].系统工程理论与实践,28(2):98-104.

方炜,欧立雄,2005.多项目环境下新产品研发项目资源分配问题研究[J].管理工程学报,19(S1):6-10.

郭平,鄢文晋,2007.基于TSP问题的蚁群算法综述[J].计算机科学,34(10):181-184,194.

何正文,贾涛,徐渝,2007.求解资源约束项目调度问题的启发式算法综述[J].运筹与管理,16(3):78-84.

何正文,徐渝,朱少英,2005.Max-nPV项目进度问题研究评述[J].管理工程学报,19(4):60-63.

何正文,郑维博,刘人境,2016.不同支付条件银行授信约束折现流项目调度[J].系统工程理论与实践,36(8):2013-2023.

胡仕成,徐晓飞,李向阳,2004.项目优化调度的病毒协同进化遗传算法[J].软件学报,15(1):49-57.

江瑞,罗予频,胡东成,等,2001.一种协调勘探和开采的遗传算法:收敛性及性能分析[J].计算机学报,24(12):1233-1241.

李洪波,徐哲,2014.鲁棒项目调度研究综述[J].系统工程,32(2):123-131.

廖仁,陈庆新,毛宁,2004.模具虚拟企业项目调度遗传算法研究[J].计算机集成制造系统,10(7):815-819,857.

刘东宁,徐哲,李飞飞,2019.基于合作博弈协商机制的分布式资源受限多项目调度[J].系统工程理论与实践,39(6):1507-1516.

刘士新,宋健海,2008.模糊多目标资源受限项目调度问题的优化方法[J].系统工程学报,23(6):744-750.

刘士新,王梦光,1997.多资源受限工程网络的随机生成器[J].东北大学学报(自然科学版),18(5):494-497.

刘士新,王梦光,唐加福,2001.资源受限工程调度问题的优化方法综述[J].控制与决策,16(S1):647-651.

刘亚旭,汪应洛,2007.具有不对称风险交互效应的R&D项目组合选择方法[J].系统工程,25(2):18-21.

刘寅斌,胡子怡,李洪波,等,2019.可抢占条件下的项目调度研究综述[J].运筹与管理,28(4):191-199.

雒兴刚,汪定伟,唐加福,2006.任务可拆分项目调度问题[J].东北大学学报(自然科学版),27(9):961-964.

彭喜元,彭宇,戴毓丰,2003.群智能理论及应用[J].电子学报,31(12A):1982-1988.

任嵘嵘,祝丹梅,2009.R&D项目组合选择的决策分析与思考——基于模糊集理论和启发调度视角[J].科学学研究,27(10):1518-1522.

寿涌毅,2004a.多项目资源配置的拉格朗日分解方法[J].数量经济技术经济研究,21(8):98-102.

寿涌毅,2004b.资源约束下多项目调度的迭代算法[J].浙江大学学报(工学版),38(8):1095-1099.

寿涌毅,2005.随机抽样算法在多项目调度中的应用[J].管理工程学报,19(3):32-35.

寿涌毅,2006.并行工程项目调度的组合随机抽样算法[J].浙江大学学报（工学版）,40(2):344-347.

寿涌毅,傅奥,2010.多目标资源受限项目调度的多种群蚁群算法[J].浙江大学学报（工学版）,44(1):51-55.

寿涌毅,赖昌涛,吕如福,2011.班轮船舶调度多目标优化模型与蚁群优化算法[J].交通运输工程学报,11(4):84-88.

寿涌毅,彭晓峰,李菲,等,2014a.抢占式资源受限项目调度问题的遗传算法[J].浙江大学学报（工学版）,48(8):1473-1480.

寿涌毅,宋淳江,2014.复杂产品系统研发项目合作伙伴选择优化[J].科研管理,35(10):144-149.

寿涌毅,王承超,李盈,等,2014b.资源受限项目组合选择及调度的双层决策方法[J].系统管理学报,23(4):489-494.

寿涌毅,王伟,2009.基于鲁棒优化模型的项目调度策略遗传算法[J].管理工程学报,23(4):148-152.

寿涌毅,姚伟建,2009.信息不确定下项目组合选择问题的鲁棒优化[J].系统工程,27(7):90-95.

王宏,2009.组合拍卖的理论与实践:一个文献综述[J].产业经济评论,8(1):111-146.

王宏,林丹,李敏强,2006.求解模糊资源受限项目调度问题的遗传算法[J].系统工程学报,21(3):323-327.

文诗华,郑金华,李密青,2009.多目标进化算法中变异算子的比较与研究[J].计算机工程与应用,45(2):74-78.

吴庆洪,张纪会,徐心和,1999.具有变异特征的蚁群算法[J].计算机研究与发展,36(10):1240-1245.

谢安石,李一军,2004.拍卖理论的研究内容、方法与展望[J].管理学报,1(1):46-52.

谢安石,李一军,尚维,等,2006.拍卖理论的最新进展——多属性网上拍卖研究[J].管理工程学报,20(3):17-22.

邢文训,谢金星,1999.现代优化计算方法[M].北京:清华大学出版社.

徐汉川,徐晓飞,何霆,2010.考虑资源置信度的跨企业项目伙伴选择方法[J].计算机集成制造系统,16(7):1480-1486.

玄光南,程润伟,2004.遗传算法与工程优化[M].北京:清华大学出版社.

杨敏,董纪昌,霍国庆,2006.基于多因素分析的IT项目组合选择模型[J].管理科学,19(2):55-61.

杨颖,杨善林,马英,等,2011.改进的基于多依赖性的R&D项目组合选择模型[J].系统工程学报,26(6):834-841.

应瑛,寿涌毅,2009.基于组合拍卖方法的资源受限多项目调度[J].计算机集成制造系统,15(11):2160-2165.

应瑛,寿涌毅,李敏,2009.资源受限多项目调度的混合遗传算法[J].浙江大学学报(工学版),43(1):23-27.

余建星,李彦苍,2007.基于蚁群算法的海洋工程群项目资源调度研究[J].系统工程理论与实践,27(7):57-63.

张勇德,黄莎白,2005.多目标优化问题的蚁群算法研究[J].控制与决策,20(2):170-173,178.

赵静,郭鹏,潘女兆,2011.基于交互效应的项目组合风险度量及选择优化[J].运筹与管理,20(6):120-126.

Abbasi B, Shadrokh S, Arkat J, 2006. Bi-objective resource-constrained project scheduling with robustness and makespan criteria [J]. Applied Mathematics and Computation, 180(1): 146-152.

Abbasi G Y, Arabiat Y A, 2001. A heuristic to maximize the net present value for resource-constrained project-scheduling problems [J]. Project Management Journal, 32(2): 17-24.

Abrache J, Crainic T G, Gendreau M, Rekik M, 2007. Combinatorial auctions[J]. Annals of Operations Research, 153(1): 131-164.

Adhau S, Mittal M L, Mittal A, 2013. A multi-agent system for decentralized multi-project scheduling with resource transfers [J]. International Journal of Production Economics, 146(2): 646-661.

Alcaraz J, Maroto C, 2001. A robust genetic algorithm for resource allocation in project scheduling[J]. Annals of Operations Research, 102(1-4): 83-109.

Allam S I G,1988. Multi-project scheduling: A new categorization for heuristic scheduling rules in construction scheduling problems [J]. Construction Management and Economics, 6(2): 93-115.

Almeida B F, Correia I, Saldanha-da-Gama F, 2016. Priority-based heuristics for the multi-skill resource constrained project scheduling problem [J]. Expert Systems with Applications, 57: 91-103.

Angus D,Woodward C,2009. Multiple objective ant colony optimisation [J]. Swarm Intelligence, 3(1): 69-85.

Ash R,Smith-Daniels D E,1999. The effect of learning, forgetting, and relearning on decision rule performance in multiproject scheduling [J]. Decision Sciences, 30(1): 47-82.

Baccarini D,1999. The logical framework for defining project success [J]. Project Management Journal, 30(4): 25-32.

Back T, 1994. Selective pressure in evolutionary algorithms: A characterization of selection mechanisms [J]. IEEE Conference on Evolutionary Computation: 57-62.

Back T,Hoffmeister F,1991. Extended selection mechanisms in genetic algorithms[J]. International Conference on Genetic Algorithms: 92-99.

Ballestín F, Valls V, Quintanilla S, 2008. Pre-emption in resource-constrained project scheduling [J]. European Journal of Operational Research, 189(3): 1136-1152.

Baroum S M, Patterson J H, 1996. The development of cash flow weight procedures for maximizing the net present value of a project[J]. Journal of Operations Management, 14(3): 209-227.

Bartusch M,Mohring R H,Radermacher F J,1988. Scheduling project networks with resource constraints and time windows [J]. Annals of Operations Research, 16(1): 201-240.

Bellifemine F, Caire G, Greenwood D, 2007. Developing multi-agent systems with JADE[J]. Hoboken: John Wiley and Sons.

Bertsekas D P, 1990. The auction algorithm for assignment and other network flow problems: A tutorial[J]. Interfaces, 20(4): 133-149.

Bertsekas D P, 1992. Auction algorithm for network flow problems: A tutorial introduction [J]. Computational Optimization and Applications, 1 (1): 7-66.

Bikhchandani S, Mamer J W, 1997. Competitive equilibrium in an exchange economy with indivisibilities[J]. Journal of Economic Theory, 74 (2): 385-413.

Boctor F F, 1993. Heuristics for scheduling projects with resource restrictions and several resource-duration modes[J]. International Journal of Production Research, 31(11): 2547-2558.

Boctor F F, 1996. Resource-constrained project scheduling by simulated annealing[J]. International Journal of Production Research, 34(8): 2335-2351.

Bonabeau E, Meyer C, 2001. Swarm intelligence: A whole new way to think about business[J]. Harvard Business Review, 9(5): 107-114.

Bottcher J, Drexl A, Kolisch R., et al., 1999. Project scheduling under partially renewable resource constraints [J]. Management Science, 45 (4): 543-559.

Bowers J A, 1995. Criticality in resource constrained network [J]. Journal of the Operational Research Society, 46(1): 80-91.

Bowers J A, 2000. Interpreting float in resource constrained projects [J]. International Journal of Project Management, 18(6): 385-392.

Bowers M R, Groom K, Morris R, 1996. A practical application of a multi-project scheduling heuristic [J]. Production and Inventory Management Journal, 37(4): 19-25.

Bowman R A, 1995. Efficient estimation of arc criticalities in stochastic activity networks[J]. Management Science, 41(1): 58-67.

Brooks F P, 1995. The Mythical Man-month: Essays on Software Engineering[M]. Reading, MA: Addison Wesley Longman, Inc.

Browning T R, 2001. Applying the design structure matrix to system decomposition and integration problems: A review and new directions[J]. IEEE Transactions on Engineering Management, 48(3): 292-306.

Browning T R, 2016. Design structure matrix extensions and innovations: A survey and new opportunities[J]. IEEE Transactions on Engineering Management. 63(1): 27-52.

Browning T R, Yassine A A, 2010. Resource-constrained multi-project scheduling: Priority rule performance revisited[J]. International Journal of Production Economics, 126(2): 212-228.

Brucker P, Drexl A, Möhring R., et al., 1999. Resource-constrained project scheduling: Notation, classification, models, and methods[J]. European Journal of Operational Research, 112(1): 3-41.

Bullnheimer B, Hartle R F, Strauss C, 1997. A new rank based version of the ant system-A computational study[J]. Working Paper. University of Vienna, Austria.

Cavagna A, Cimarelli A, Giardina I, et al., 2010. Scale-free correlations in starling flocks[J]. Proceedings of the National Academy of Sciences, 107 (26): 11865-11870.

Chen C H, Ling S F, Chen W, 2003. Project scheduling for collaborative product development using DSM[J]. International Journal of Project Management, 21(4): 291-299.

Chen J Q, Askin R G, 2009. Project selection, scheduling and resource allocation with time dependent returns[J]. European Journal of Operational Research, 193(1): 23-34.

Chen Y L, Rinks D, Tang K, 1997. Critical path in an activity network with time constraints[J]. European Journal of Operational Research, 100

（1）: 122-133.

Chen Y M, Wang S C, 2007. Framework of agent-based intelligence system with two-stage decision-making process for distributed dynamic scheduling[J]. Applied Soft Computing, 7(1): 229-245.

Chen Z, Demeulemeester E, Bai S J, et al., 2018. Efficient priority rules for the stochastic resource-constrained project scheduling problem [J]. European Journal of Operational Research, 270(3): 957-967.

Chiu H N, Tsai D M, 2002. An efficient search procedure for the resource-constrained multi-project scheduling problem with discounted cash flows[J]. Construction Management and Economics, 20(1): 55-66.

Cho J H, Kim Y D, 1997. A simulated annealing algorithm for resource constrained project scheduling problems [J]. Journal of the Operational Research Society, 48(7): 736-744.

Clerc M, 2004. Discrete particle swarm optimization illustrated by the traveling salesman problem [M]//Onwubolu G C, Babu B V (Eds), New Optimization Techniques in Engineering. New York: Springer: 219-239.

Coello C A C, Pulido G T, 2001. Multiobjective optimization using a micro-genetic algorithm [J]. Genetic and Evolutionary Computation Conference: 274-282.

Coffin M A, Taylor B W, 1996. Multiple criteria R & D project selection and scheduling using fuzzy logic[J]. Computers and Operations Research, 23(3): 207-220.

Confessore G, Giordani S, Rismondo S, 2007. A market-based multi-agent system model for decentralized multi-project scheduling[J]. Annals of Operations Research, 150(1): 115-135.

Cooper D F, 1976. Heuristics for scheduling resource-constrained projects: An experimental investigation[J]. Management Science, 22(11): 1186-1194.

Cottrell W D, 1999. Simplified program evaluation and review technique （PERT） ［J］. Journal of Construction Engineering and Management, 125(1): 16-22.

Creemers S, 2019. The preemptive stochastic resource-constrained project scheduling problem［J］. European Journal of Operational Research, 277(1): 238-247.

Damak N, Jarboui B, Siarry P, et al., 2009. Differential evolution for solving multi-mode resource-constrained project scheduling problems ［J］. Computers and Operations Research, 36(9): 2653-2659.

Davis E M, 1973. An experimental investigation of resource allocation in multiactivity projects ［J］. Operational Research Quarterly, 24 (4): 587-591.

Davis E W, 1975. Project network summary measures constrained-resource scheduling［J］. IIE Transactions, 7(2): 132-142.

De Reyck B, Herroelen W, 1996. On the use of complexity index as a measure of complexity in activity networks ［J］. European Journal of Operational Research, 91(2): 347-366.

De Reyck B, Herroelen W, 1998. A branch-and-bound procedure for the resource-constrained project scheduling problem with generalized precedence relations［J］. European Journal of Operational Research, 111(1): 152-174.

De Reyck B, Herroelen W, 1999. The multi-mode resource-constrained project scheduling problem with generalized precedence relations ［J］. European Journal of Operational Research, 119(2): 538-556.

De Vries S, Vohra S, 2003. Combinatorial auctions: A survey ［J］. INFORMS Journal on Computing, 15(3): 284-309.

Dean B V, Denzler D R, Watkins J J, 1992. Multiproject staff scheduling with variable resource constraints ［J］. IEEE Transactions on Engineering Management, 39(1): 59-72.

Deb K, Pratap A, Agarwal S, et al., 2002. A fast and elitist multiobjective genetic algorithm: NSGA-II. IEEE Transactions on Evolutionary Computation, 6(2): 182-197.

Debels D, Vanhoucke M, 2005. A bi-population based genetic algorithm for the resource-constrained project scheduling problem[J]. Lecture Notes in Computer Science, 3483: 378-387.

Debels D, Vanhoucke M, 2007. A decomposition-based genetic algorithm for the resource-constrained project-scheduling problem [J]. Operations Research, 55(3): 457-469.

Demange G, Gale D, Sotomayor M, 1986. Multi-item auctions [J]. Journal of Political Economy, 94(4): 863-872.

Demeulemeester E, 1995. Minimizing resource availability cost in time-limited project networks[J]. Management Science, 41(10): 1590-1598.

Demeulemeester E, Herroelen W, 1992. A branch-and-bound procedure for the multiple resource-constrained project scheduling problem [J]. Management Science, 38(12): 1803-1818.

Demeulemeester E, Herroelen W, 1996. An efficient optimal solution procedure for the preemptive resource-constrained project scheduling problem[J]. European Journal of Operational Research, 90(2): 334-348.

Demeulemeester E, Herroelen W, 2002. Project Scheduling: A Research Handbook[M]. New York: Kluwer Academic Publishers.

Demeulemeester E, Vanhoucke M, Herroelen W, 2003. RanGen: A random network generator for activity-on-the-node networks[J]. Journal of Scheduling, 6(1): 17-38.

Demir G, Gini M, 2007. Winner determination for combinatorial auctions for tasks with time and precedence constraints[J]. Journal of Intelligent and Fuzzy Systems, 18(3): 267-280.

Diaz C F, Hadipriono F C, 1993. Nondeterministic networking methods [J]. Journal of Construction Engineering and Management, 119(1): 40-57.

Doerner K F, Gutjahr W J, Hartl R F, et al., 2004. Pareto ant colony optimization: A metaheuristic approach to multiobjective portfolio selection [J]. Annals of Operations Research, 131(1-4): 79-99.

Doerner K F, Gutjahr W J, Hartl R F, et al., 2006. Pareto ant colony optimization with ILP preprocessing in multiobjective project portfolio selection[J]. European Journal of Operational Research, 171(3): 830-841.

Dorigo M, Blum C, 2005. Ant colony optimization theory: A survey[J]. Theoretical Computer Science, 344(2-3): 243-278.

Dorigo M, Di Caro G, 1999. The Ant Colony Optimization Meta-Heuristic [M]//Corne D, Dorigo M, Glover F, et al. New Ideas in Optimization. London: McGraw Hill: 11-32.

Dorigo M, Di Caro G, Gambardella L M, 1999. Ant algorithms for discrete optimization[J]. Artificial Life, 5(2): 137-172.

Dorigo M, Gambardella L M, 1997. Ant colony system: A cooperative learning approach to the traveling salesman problem[J]. IEEE Transactions on Evolutionary Computation, 1(1): 53-66.

Dorigo M, Maniezzo V, Colorni A, 1996. The ant system: optimization by a colony of cooperating agents [J]. IEEE Transactions on Systems, Man, and Cybernetics-Part B, 26(1): 29-41.

Dorigo M, Stützle T, 2004. Ant Colony Optimization [M]. Cambridge: The MIT Press.

Dramitinos M, Stamoulis G D, Courcoubetis C, 2007. An auction mechanism for allocating the bandwidth of networks to their users [J]. Computer Networks, 51(18): 4979-4996.

Drexl A, 1991. Scheduling of project networks by job assignment[J]. Management Science, 37(21): 1590-1602.

Drexl A, Nissen R, Patterson J H, et al., 2000. ProGen/πx — An instance generator for resource-constrained project scheduling problems with partially renewable resources and further extensions [J]. European Journal of Operational Research, 125(1): 59-72.

Dumond E J, Dumond J, 1993. An examination of resourcing policies for the multi-resource problem[J]. International Journal of Operations and Production Management, 13(5): 54-76.

El Emam K, Koru A G, 2008. A replicated survey of IT software project failures[J]. IEEE Software, 25(5): 84-90.

Elmaghraby S E, 1995. Activity nets: A guided tour through some recent developments[J]. European Journal of Operational Research, 82(3): 383-408.

Elmaghraby S E, Herroelen W S, 1990. The scheduling of activities to maximize the net present value of projects [J]. European Journal of Operational Research, 49(1): 35-49.

Elmaghraby S E, Kamburowski J, 1992. The analysis of activity networks under generalized precedence relations (GPRs) [J]. Management Science, 38(9): 1245-1263.

Engelbrecht-Wiggans R, 1980. Auctions and bidding models: A survey [J]. Management Science, 26(2): 119-142.

Engwall M, Jerbrant A, 2003. The resource allocation syndrome: The prime challenge of multi-project management? [J]. International Journal of Project Management, 21(6): 403-409.

Eskerod P, 1996. Meaning and action in a multi-project environment: Understanding a multi-project environment by means of metaphors and basic assumptions[J]. International Journal of Project Management, 14(2): 61-65.

FIPA, 2002. FIPA Abstract Architecture Specification [M]. Geneva, Switzerland: Foundation for Intelligent Physical Agents.

Fricke S E, Shenhar A J, 2000. Managing multiple engineering projects in a manufacturing support environment [J]. IEEE Transactions on Engineering Management, 47(2): 258-268.

Gabriel S A, Kumar S, Ordóñez J, et al., 2006. A multiobjective optimization model for project selection with probabilistic considerations [J]. Socio-Economic Planning Sciences, 40(4): 297-313.

Gambardella L M, Dorigo M, 1995. Ant-Q: A reinforcement learning approach to the traveling salesman problem [J]. International Conference on Machine Learning: 252-260.

Ghasemzadeh F, Archer N P, 2000. Project portfolio selection through decision support[J]. Decision Support System, 29(1): 73-88.

Ghomi S M T F, Ashjari B, 2002. A simulation model for multi-project resource allocation[J]. International Journal of Project Management, 20(2): 127-130.

Goldberg D E, Deb K, 1991. A comparative analysis of selection schemes used in genetic algorithms [M]//Rawlins G J E. Foundations of Genetic Algorithms. San Mateo, CA: Morgan Kaufmann Publisher: 69-93.

Goldberg D E, Korb B, Deb K, 1989. Messy genetic algorithms: Motivation, analysis, and first results[J]. Complex Systems, 3: 493-530.

Goldratt E M, 1997. Critical Chain [M]. Great Barrington: The North River Press.

Gonçalves J F, Mendes J J M, Resende M G C, 2008. A genetic algorithm for the resource constrained multi-project scheduling problem [J]. European Journal of Operational Research, 189(3): 1171-1190.

Graves R L, Schrage L, Sankaran J, 1993. An auction method for course registration[J]. Interfaces, 23(5): 81-92.

Guo Y S, Lim A, Rodrigues B, Tang J Q, 2006. Using a Lagrangian heuristic for a combinatorial auction problem[J]. International Journal on Artificial Intelligence Tools, 15(3): 481-489.

Gutjahr W J, 2015. Bi-objective multi-mode project scheduling under risk aversion [J]. European Journal of Operational Research, 246 (2): 421-434.

Gutjahr W J, Froeschl K A, 2013. Project portfolio selection under uncertainty with outsourcing opportunities [J]. Flexible Services and Manufacturing Journal, 25(1): 255-281.

Gutjahr W J, Katzensteiner S, Reiter P, et al., 2008. Competence-driven project portfolio selection, scheduling and staff assignment [J]. Central European Journal of Operations Research, 16(3): 281-306.

Hartmann S, 1997. Project scheduling with multiple modes: A genetic algorithm[J]. Working Paper. University of Kiel, Germany.

Hartmann S, 1998. A competitive genetic algorithm for resource-constrained project scheduling [J]. Naval Research Logistics, 45 (7): 733-750.

Hartmann S, 2002. A self-adapting genetic algorithm for project scheduling under resource constraints[J]. Naval Research Logistics, 49(5): 433-448.

Hartmann S, Kolisch R, 2000. Experimental evaluation of state-of-the-art heuristics for the resource-constrained project scheduling problem [J]. European Journal of Operational Research, 127(2): 394-407.

Herroelen W, 2005. Project schedulin—heory and practice [J]. Production and Operations Management, 14(4): 413-432.

Herroelen W, De Reyck B, Demeulemeester E, 1998. Resource constrained project scheduling: A survey on recent developments [J]. Computers and Operations Research, 25(4): 279-302.

Herroelen W, Demeulemeester E, De Reyck B, 1999. An Integrated Classification Scheme for Resource Scheduling [J]. Working Paper. Katholieke Universiteit Leuven, Belgium.

Herroelen W, Demeulemeester E, De Reyck B, 2001. A note on the paper "Resource-constrained project scheduling: Notation, classification, models and methods" by Brucker et al. [J]. European Journal of Operational Research, 128(3): 679-688.

Herroelen W, Gallens E, 1993. Computational experience with an optimal procedure for the scheduling of activities to maximize the net present value of projects[J]. European Journal of Operational Research, 65 (2): 274-277.

Herroelen W, Leus R, 2004. Robust and reactive project scheduling: A review and classification of procedures [J]. International Journal of Production Research, 42(8): 1599-1620.

Herroelen W, Leus R, 2005. Project scheduling under uncertainty: Survey and research potentials [J]. European Journal of Operational Research, 165(2): 289-306.

Herroelen W, Van Dommelen P, Demeulemeester E L, 1997. Project network models with discounted cash flows a guided tour through recent development[J]. European Journal of Operational Research, 100(1): 97-121.

Hindi K S, Yang H B, Fleszar K, 2002. An evolutionary algorithm for resource-constrained project scheduling [J]. IEEE Transactions on Evolutionary Computation, 6(5): 512-518.

Holland J H, 1992. Adaptation in Natural and Artificial Systems: An Introductory Analysis with Applications to Biology, Control, and Artificial Intelligence[M]. Cambridge: The MIT Press.

Homberger J, 2007. A multi-agent system for the decentralized resource-constrained multi-project scheduling problem[J]. International Transactions in Operational Research, 14(6): 565-589.

Icmeli O, Erenguc S S, 1994. A tabu search procedure for the resource constrained project scheduling problem with discounted cash flows [J]. Computers and Operations Research, 21(8): 841-853.

Icmeli-Tukel O, Rom W O, 1997. Ensuring quality in resource constrained project scheduling [J]. European Journal of Operational Research, 103(3): 483-496.

Jarboui B, Damak N, Siarry P, Rebai A, 2008. A combinatorial particle swarm optimization for solving multi-mode resource-constrained project scheduling problems[J]. Applied Mathematics and Computation, 195(1): 299-308.

Jedrzejowicz P, Ratajczak-Ropel E, 2007. Agent-based approach to solving the resource constrained project scheduling problem[C]. Lecture Notes in Computer Science, 4431: 480-487.

Jedrzejowicz P, Wierzbowska I, 2006. JADE-based A-team environment [C]. Lecture Notes in Computer Science, 3993: 719-726.

Jennings N R, Sycara K, Wooldridge M, 1998. A roadmap of agent research and development [J]. Autonomous Agents and Multi-Agent Systems, 1(1): 7-38.

Jones D F, Mirrazavi S K, Tamiz M, 2002. Multi-objective meta-heuristics: An overview of the current state-of-the-art[J]. European Journal of Operational Research, 137(1): 1-9.

Kara S, Kayis B, Kaebernick H, 2001. Concurrent resource allocation (CRA): A heuristic for multi-project scheduling with resource constraints in concurrent engineering [J]. Concurrent Engineering: Research and Applications, 9(1): 64-73.

Kawamura H, Yamamoto M, Suzuki K, et al., 2000. Multiple ant colonies algorithm based on colony level interactions[J]. IEICE Transactions on Fundamentals of Electronics, Communications and Computer, E83-A (2): 371-379.

Keefer D L, Verdini W A, 1993. Better estimation of PERT activity time parameters[J]. Management Science, 39(9): 1086-1091.

Kennedy J, Eberhart R C, 1995. Particle swarm optimization. IEEE International Conference on Neural Networks[C]. Perth, Australia: 1942-1948.

Kennedy J, Eberhart R C, Shi Y H, 2001. Swarm Intelligence[M]. San Francisco: Morgan Kaufmann Publishers.

Kerzner H, 2017. Project Management: A Systems Approach to

Planning, Scheduling, and Controlling[M]. Hoboken: John Wiley and Sons.

Kim K W, Gen M, Yamazaki G, 2003. Hybrid genetic algorithm with fuzzy logic for resource-constrained project scheduling [J]. Applied Soft Computing, 2(3): 174-188.

Kim S Y, Leachman R C, 1993. Multi-project scheduling with explicit lateness costs[J]. IIE Transactions, 25(2): 34-44.

Klein R, 2000. Bidirectional planning: Improving priority rule-based heuristics for scheduling resource-constrained projects[J]. European Journal of Operational Research, 127(3): 619-638.

Klemperer P, 1999. Auction theory: A guide to the literature [J]. Journal of Economic Surveys, 13(3): 227-286.

Knotts G, Dror M, Hartman B C, 2000. Agent-based project scheduling [J]. IIE Transactions, 32(5): 387-401.

Kolisch R, 1996a. Serial and parallel resource-constrained project scheduling methods revisited: Theory and computation [J]. European Journal of Operational Research, 90(2): 320-333.

Kolisch R, 1996b. Efficient priority rules for the resource-constrained project scheduling problem[J]. Journal of Operations Management, 14(3): 179-192.

Kolisch R, 1999. Resource allocation capabilities of commercial project management software packages[J]. Interfaces, 29(4): 19-31.

Kolisch R, Drexl A, 1996. Adaptive search for solving hard project scheduling problems[J]. Naval Research Logistics, 43(1): 23-40.

Kolisch R, Hartmann S, 2006. Experimental investigation of heuristics for resource-constrained project scheduling: An update [J]. European Journal of Operational Research, 174(1): 23-37.

Kolisch R, Padman R, 2001. An integrated survey of deterministic project scheduling[J]. Omega, 29(3): 249-272.

Kolisch R, Sprecher A, 1996. PSPLIB—A project scheduling problem library[J]. European Journal of Operational Research, 96(1): 205-216.

Kolisch R, Sprecher A, Drexl A, 1995. Characterization and generation of a general class of resource-constrained project scheduling problems[J]. Management Science, 41(10), 1693-1703.

Kolltveit B J, Karlsen J T, Gronhaug K, 2007. Perspectives on project management[J]. International Journal of Project Management, 25(1): 3-9.

Kreter S, Rieck J, Zimmermann J, 2016. Models and solution procedures for the resource-constrained project scheduling problem with general temporal constraints and calendars [J]. European Journal of Operational Research, 251(2): 387-403.

Krüger D, Scholl A, 2009. A heuristic solution framework for the resource constrained (multi -) project scheduling problem with sequence-dependent transfer times[J]. European Journal of Operational Research, 197 (2): 492-508.

Kurtulus I, 1985. Multiproject scheduling: Analysis of scheduling strategies under unequal delay penalties [J]. Journal of Operations Management, 5(3): 291-307.

Kurtulus I, Davis E W, 1982. Multi-project scheduling: Categorization of heuristic rule performance[J]. Management Science, 28(2): 161-172.

Kurtulus I, Narula S C, 1985. Multi-project scheduling: Analysis of project performance[J]. IIE Transactions, 17(1): 58-66.

Kutanoglu E, Wu S D, 1999. On combinatorial auction and Lagrangean relaxation for distributed resource scheduling[J]. IIE Transactions, 31(9): 813-826.

Kwak Y H, Anbari F T, 2009. Analyzing project management research: Perspectives from top management journals [J]. International Journal of Project Management, 27(5): 435-446.

Lambrechts O, Demeulemeester E, Herroelen W, 2008. A tabu search procedure for developing robust predictive project schedules [J].

International Journal of Production Economics, 111(2): 492-508.

Lancaster J, Ozbayrak M, 2007. Evolutionary algorithms applied to project scheduling problems: A survey of the state-of-the-art [J]. International Journal of Production Research, 45(2): 425-450.

Lawrence S R, Morton T E, 1993. Resource-constrained multi-project scheduling with tardy costs: Comparing myopic, bottleneck, and resource pricing heuristics [J]. European Journal of Operational Research, 64 (2): 168-187.

Lee C Y, Lei L, 2001. Multiple-project scheduling with controllable project duration and hard resource constraint: Some solvable cases [J]. Annals of Operations Research, 102(1-4): 287-307.

Lee J K, Kim Y D, 1996. Search heuristics for resource constrained project scheduling[J]. Journal of the Operational Research Society, 47(5): 678-689.

Leyman P, Van Driessche N, Vanhoucke M, et al., 2019. The impact of solution representations on heuristic net present value optimization in discrete time/cost trade-off project scheduling with multiple cash flow and payment models[J]. Computers and Operations Research, 103: 184-197.

Leyman P, Vanhoucke M, 2015. A new scheduling technique for the resource-constrained project scheduling problem with discounted cash flows [J]. International Journal of Production Research, 53(9): 2771-2786.

Leyman P, Vanhoucke M, 2017. Capital - and resource-constrained project scheduling with net present value optimization [J]. European Journal of Operational Research, 256(3): 757-776.

Li K Y, Willis R J, 1992. An iterative scheduling technique for resource-constrained project scheduling [J]. European Journal of Operational Research, 56(3): 370-379.

Lino P, 1997. Planificación de Proyectos en Diagramas de Precedencias [M]. Valencia: Universidad de Valencia.

Liu F,Chen Y W,Yang J B,et al.,2019. Solving multiple-criteria R & D project selection problems with a data-driven evidential reasoning rule [J]. International Journal of Project Management, 37(1): 87-97.

Liu S S,Wang C J,2011. Optimizing project selection and scheduling problems with time-dependent resource constraints [J]. Automation in Construction, 20(8): 1110-1119.

Lova A,Maroto C,Tormos P,2000. A multicriteria heuristic method to improve resource allocation in multiproject scheduling [J]. European Journal of Operational Research, 127(2): 408-424.

Lova A,Tormos P,2001. Analysis of scheduling schemes and heuristic rules performance in resource-constrained multiproject scheduling [J]. Annals of Operations Research, 102(1-4): 263-286.

Lova A,Tormos P,Cervantes M,et al.,2009. An efficient hybrid genetic algorithm for scheduling projects with resource constraints and multiple execution modes[J]. International Journal of Production Economics, 117 (2): 302-316.

Lycett M,Rassau A,Danson J,2004. Programme management: A critical review[J]. International Journal of Project Management, 22(4): 289-299.

Ma Z Q,He Z W,Wang N M,et al.,2019. A genetic algorithm for the proactive resource-constrained project scheduling problem with activity splitting [J]. IEEE Transactions on Engineering Management, 66 (3): 459-474.

Mahdavi A,Naderpajouh N,Choi J, et al., 2019. Dynamics of project selection and growth in project-based organizations [J]. International Journal of Construction Management, DOI: 10.1080/15623599.2019.160 4307.

Maheswari J U,Varghese K,2005. Project scheduling using dependency structure matrix[J]. International Journal of Project Management, 23 (3): 223-230.

Marler R T, Arora J S, 2004. Survey of multi-objective optimization methods for engineering［J］. Structural and Multidisciplinary Optimization, 26(6): 369-395.

Mastor A A, 1970. An experimental investigation and comparative evaluation of production line balancing techniques ［J］. Management Science, 16(11): 728-746.

Matta N F, Ashkenas R N, 2003. Why good projects fail anyway［J］. Harvard Business Review, 81(9): 109-116.

McAfee R P, McMillan J, 1987. Auctions and bidding［J］. Journal of Economic Literature, 25(2): 699-738.

Medaglia A L, Graves S B, Ringuest J L, 2007. A multiobjective evolutionary approach for linearly constrained project selection under uncertainty［J］. European Journal of Operational Research, 179(3): 869-894.

Mendes J, Gonçalves J, Resende M, 2009. A random key based genetic algorithm for the resource constrained project scheduling problem ［J］. Computers and Operations Research, 36(1): 92-109.

Merkle D, Middendorf M, Schmeck H, 2002. Ant colony optimization for resource-constrained project scheduling ［J］. IEEE Transactions on Evolutionary Computation, 6(4): 333-346.

Michalewicz Z, 1996. Genetic Algorithms ＋ Data Structures＝Evolution Programs［M］. Berlin: Springer-Verlag.

Milgrom P R, Weber R J, 1982. A theory of auctions and competitive bidding［J］. Econometrica, 50(5): 1089-1122.

Minsky M, 1988. The Society of Mind［M］. New York: Simon and Schuster.

Moder J J, Phillips C R, Davis E D, 1983. Project Management with CPM, PERT and Precedence Diagramming［J］. New York: Van Nostrand Reinhold Company.

Moder J J, Rodgers E G, 1968. Judgment estimates of the moments of

PERT type distributions[J]. Management Science, 15(2): B76-B83.

Mohanty R P, Siddiq M K, 1989. Multiple projects-multiple resource-constrained scheduling: Some studies [J]. International Journal of Production Research, 27(2): 261-280.

Mohring R H, 1984. Minimizing costs of resource requirements in project networks subject to a fixed completion time [J]. Operations Research, 32(1): 89-120.

Moore L J, Taylor B W, 1977. Multiteam, multiproject research and development planning with GERT [J]. Management Science, 24 (4): 401-410.

Mori M, Tseng C C, 1997. A genetic algorithm for multi-mode resource constrained project scheduling problem[J]. European Journal of Operational Research, 100(1): 134-141.

Myerson R B, 1979. Incentive compatibility and the bargaining problem [J]. Econometrica, 47(1): 61-74.

Myerson R B, 1981. Optimal auction design [J]. Mathematics of Operations Research, 6(1): 58-73.

Neumann K, Schwindt C, 1997. Activity-on-node networks with minimal and maximal time lags and their application to make-to-order production [J]. OR Spectrum, 19(3): 205-217.

Ozdamar L, 1999. A genetic algorithm approach to a general category project scheduling problem[J]. IEEE Transactions on Systems, Man, and Cybernetics, Part C: Applications and Reviews, 29(1): 44-59.

Ozdamar L, Ulusoy G, 1996. An iterative local constraint based analysis for solving the resource constrained project scheduling problem[J]. Journal of Operations Management, 14(3): 193-208.

Padman R, Smith-Daniels D E, 1993. Early-tardy cost trade-offs in resource constrained projects with cash flows: An optimization-guided heuristic approach[J]. European Journal of Operational Research, 64 (2):

295-311.

Padman R, Smith-Daniels D E, Smith-Daniels V L, 1997. Heuristic scheduling of resource-constrained projects with cash flows[J]. Naval Research Logistics, 44(4): 365-381.

Patterson J H,1984. A comparison of exact approaches for solving the multiple constrained resource, project scheduling problem[J]. Management Science, 30(7): 854-867.

Payne J H, 1995. Management of multiple simultaneous projects: A state-of-the-art review[J]. International Journal of Project Management, 13 (3): 163-168.

Pekeč A, Rothkopf M H, 2003. Combinatorial auction design [J]. Management Science, 49(11): 1485-1503.

Pinder J P,Marucheck A S,1996. Using discounted cash flow heuristics to improve project net present value [J]. Journal of Operations Management, 14(3): 229-240.

Pinto J K,Mantel S J,1990. The causes of project failure[J]. IEEE Transactions on Engineering Management, 37(4): 269-276.

Pritsker A A B,Watters L J,Wolfe P M,1969. Multiproject scheduling with limited resources: A zero-one programming approach[J]. Management Science, 16(1): 93-108.

Project Management Institute, 2001. Practice standard for work breakdown structures [J]. Newtown Square, Pennsylvania: Project Management Institute.

Project Management Institute, 2006. The standard for portfolio management [J]. Newtown Square, Pennsylvania: Project Management Institute.

Rassenti S J, Smith V L, Bulfin R L, 1982. A combinatorial auction mechanism for airport time slot allocation [J]. The Bell Journal of Economics, 13(2): 402-417.

Riley J G, Samuelson W F, 1981. Optimal auctions [J]. American Economic Review, 71(3): 381-392.

Rothkopf M H, Pekec A, Harstad R M, 1998. Computationally manageable combinatorial auctions[J]. Management Science, 44(8): 1131-1147.

Russell A H,1970. Cash flows in networks[J]. Management Science, 16(5): 357-373.

Sampson S E, Weiss E N, 1993. Local search techniques for the generalized resource constrained project scheduling problem [J]. Naval Research Logistics, 40(5): 665-675.

Sandholm T, 2002. Algorithm for optimal winner determination in combinatorial auctions[J]. Artificial Intelligence, 135(1-2): 1-54.

Schirmer A, 2001. Resource-constrained project scheduling: An evaluation of adaptive control schemes for parameterized sampling heuristics [J]. International Journal of Production Research, 39(7): 1343-1365.

Schirmer A, Riesenberg S, 1997. Parameterized heuristics for project scheduling—Biased random sampling methods [J]. Working Paper. Universität Kiel, Germany.

Schmid R L, 1993. A model for R & D project selection with combined benefit, outcome and resource interactions[J]. IEEE Transactions on Engineering Management, 40(4): 403-410.

Schwindt C,1995. ProGen/max: A new problem generator for different RCPSP with minimal and maximal time lags [J]. Working Paper. University of Karlsruhe, Germany.

Sebt M H, Alipouri Y, Alipouri Y, 2013. Solving resource-constrained project scheduling problem with evolutionary programming[J]. Journal of the Operational Research Society, 64(9): 1327-1335.

Selvi V, Umarani R, 2010. Comparative analysis of ant colony and particle swarm optimization techniques [J]. International Journal of

Computer Applications, 5(4), 1-6.

Sepil C, Ortac N, 1997. Performance of the heuristic procedures for constrained projects with progress payment[J]. Journal of the Operational Research Society, 48(11): 1123-1130.

Shi Y H, Eberhart R, 1998. A modified particle swarm optimizer. IEEE International Conference on Evolutionary Computation [J]. Anchorage, Alaska: 69-73.

Shou Y Y, 2005. A neural network based heuristic for resource-constrained project scheduling [J]. Lecture Notes in Computer Science, 3496: 794-799.

Shou Y Y, 2006. An ant colony algorithm for improving the net present values of resource constrained projects[J]. Journal of the Chinese Institute of Industrial Engineers, 23(6): 478-483.

Shou Y Y, Hu W J, Lai C T, et al., 2019. A multi-agent optimization method for preemptive resource-constrained project scheduling [J]. International Journal of Information Technology Project Management, 10 (1): 21-33.

Shou Y Y, Huang Y L, 2010. Combinatorial auction algorithm for project portfolio selection and scheduling to maximize the net present value [J]. Journal of Zhejiang University-SCIENCE C, 11(7): 562-574.

Shou Y Y, Li Y, Lai C T, 2015. Hybrid particle swarm optimization for preemptive resource-constrained project scheduling[J]. Neurocomputing, 148: 122-128.

Shou Y Y, Xiang W W, Li Y, et al., 2014. A multiagent evolutionary algorithm for the resource-constrained project portfolio selection and scheduling problem[J]. Mathematical Problems in Engineering(4): 1-9.

Son J, Skibniewski M J, 1999. Multiheuristic approach for resource leveling problem in construction engineering: Hybrid approach[J]. Journal of Construction Engineering and Management, 125(1): 23-31.

Sprecher A, Kolisch R, Drexl A, 1995. Semi-active, active, and non-delay schedules for the resource-constrained project scheduling problem[J]. European Journal of Operational Research, 80(1): 94-102.

Srinivas M, Patnaik L M, 1994. Genetic algorithm: A survey [J]. Computer, 27(6): 17-26.

Stark R M, Rothkopf M H, 1979. Competitive bidding: A comprehensive bibliography[J]. Operations Research, 27(2): 364-390.

Stummer C, Heidenberger K, 2003. Interactive R&D portfolio analysis with project interdependencies and time profiles of multiple objectives[J]. IEEE Transactions on Engineering Management, 50(2): 175-183.

Stützle T, Hoos H, 1996. Improvements on ant-system: Introducing MAX-MIN ant system [J]. Working Paper. Technical University of Darmstadt, Germany.

Suresh M, Dutta P, Jain K, 2015. Resource constrained multi-project scheduling problem with resource transfer times[J]. Asia-Pacific Journal of Operational Research, 32(6), 1550048.

Talbot F B, 1982. Resource-constrained project scheduling with time-resource tradeoffs: The nonpreemptive case [J]. Management Science, 28 (10): 1197-1210.

Talukdar S, Baerentzen L, Gove A, et al., 1998. Asynchronous teams: Cooperation schemes for autonomous agents [J]. Journal of Heuristics, 4 (4): 295-321.

Taylor B W, Moore L J, 1980. R & D project planning with Q-GERT network modeling and simulation[J]. Management Science, 26(1): 44-59.

Thomas P R, Salhi S, 1998. A tabu search approach for the resource constrained project scheduling problem [J]. Journal of Heuristics, 4 (2): 123-139.

Toklu Y C, 2002. Application of genetic algorithms to construction scheduling with or without resource constraints [J]. Canadian Journal of

Civil Engineering, 29(3): 421-429.

Tormos P, Lova A, 2001. A competitive heuristic solution technique for resource-constrained project scheduling[J]. Annals of Operations Research, 102(1-4): 65-81.

Tormos P, Lova A, 2003. An efficient multi-pass heuristic for project scheduling with constrained resources [J]. International Journal of Production Research, 41(5): 1071-1086.

Tsai D M, Chiu H N, 1996. Two heuristics for scheduling multiple projects with resource constraints [J]. Construction Management and Economics, 14(4): 325-340.

Tukel O I, Rom W O, 1998. Analysis of the characteristics of projects in diverse industries[J]. Journal of Operations Management, 16(1): 43-61.

Turner J R, 2008. The Handbook of Project-based Management[M]. New York: McGraw-Hill.

Ulusoy G, Ozdamar L, 1989. Heuristic performance and network / resource characteristics in resource-constrained project scheduling [J]. Journal of the Operational Research Society, 40(12): 1145-1152.

Ulusoy G, Ozdamar L, 1994. A constraint-based perspective in resource constrained project scheduling [J]. International Journal of Production Research, 32(3): 693-705.

Ulusoy G, Ozdamar L, 1995. A heuristic scheduling algorithm for improving the duration and net present value of a project[J]. International Journal of Operations and Production Management, 15(1): 89-98.

Ulusoy G, Sivrikaya-Serifoglu F, Sahin S, 2001. Four payment models for the multi-mode resource constrained project scheduling problem with discounted cash flows [J]. Annals of Operations Research, 102 (1-4): 237-261.

Valls V, Ballestín F, Quintanilla S, 2008. A hybrid genetic algorithm for the resource-constrained project scheduling problem[J]. European Journal of Operational Research, 185(2): 495-508.

Valls V, Ballestín F, Qutintanilla S, 2005. Justification and RCPSP: A technique that pays[J]. European Journal of Operational Research, 165(2): 375-386.

Valls V, Laguna M, Lino P, et al., 1999. Project scheduling with stochastic activity interruptions [M]//Weglarz J. Project Scheduling: Recent Models, Algorithms and Applications. Boston: Kluwer Academic Publishers: 333-353.

Valls V, Quintanilla S, Ballestín F, 2003. Resource-constrained project scheduling: A critical activity reordering heuristic[J]. European Journal of Operational Research, 149(2): 282-301.

Van de Vonder S, Demeulemeester E, Herroelen W, 2007. A classification of predictive-reactive project scheduling procedures [J]. Journal of Scheduling, 10(3): 195-207.

Van Der Merwe A P, 1997. Multi-project management—Organizational structure and control[J]. International Journal of Project Management, 15 (4): 223-233.

Van Peteghem V, Vanhoucke M, 2010. A genetic algorithm for the preemptive and non-preemptive multi-mode resource-constrained project scheduling problem[J]. European Journal of Operational Research, 201(2): 409-418.

Vanhoucke M, Coelho J, 2019. Resource-constrained project scheduling with activity splitting and setup times [J]. Computers and Operations Research, 109: 230-249.

Vanhoucke M, Demeulemeester E, Herroelen W, 2001. On maximizing the net present value of a project under renewable resource constraints[J]. Management Science, 47(8): 1113-1121.

Viana A, De Sousa J P, 2000. Using metaheuristics in multiobjective resource constrained project scheduling [J]. European Journal of Operational Research, 120(2): 359-374.

Vickrey W, 1961. Counterspeculation, auctions, and competitive sealed tenders[J]. Journal of Finance, 16(1): 8-37.

Wang J, 2002. A fuzzy project scheduling approach to minimize schedule risk for product development[J]. Fuzzy Sets and Systems, 127 (2): 99-116.

Whitley D, 1989. The Genitor algorithm and selection pressure: Why rank-based allocation of reproductive trials is best[C]. Proceedings of the Third International Conference on Genetic Algorithms: 116-121.

Whitley D, 1994. A genetic algorithm tutorial [J]. Statistics and Computing, 4(2): 65-85.

Wiest J D, 1964. Some properties of schedules for large projects with limited resources[J]. Operations Research, 12(3): 395-418.

Williams T M, 1992. Criticality in stochastic networks[J]. Journal of the Operational Research Society, 43(4): 353-357.

Wooldridge M, Jennings N R, 1995. Intelligent agents: Theory and practice[J]. Knowledge Engineering Review, 10(2): 115-152.

Xia M, Koehler G J, Whinston A B, 2004. Pricing combinatorial auctions [J]. European Journal of Operational Research, 154(1): 251-270.

Xie X F, Liu J M, 2009. Multiagent optimization system for solving the traveling salesman problem (TSP) [J]. IEEE Transactions on Systems, Man, and Cybernetics, Part B: Cybernetics, 39(2): 489-502.

Yamashita D S, Armentano V A, Laguna M, 2007. Robust optimization models for project scheduling with resource availability cost[J]. Journal of Scheduling, 10(1): 67-76.

Yan Y H, Kuphal T, Bode J, 2000. Application of multiagent systems in project management[J]. International Journal of Production Economics, 68 (2): 185-197.

Yang K K, Sum C C, 1993. A comparison of resource allocation and activity scheduling rules in a dynamic multi-project environment [J].

Journal of Operations Management, 11(2): 207-218.

Yang K K, Sum C C, 1997. An evaluation of due date, resource allocation, project release, and activity scheduling rules in a multiproject environment [J]. European Journal of Operational Research, 103 (1): 139-154.

Yannibelli V, Amandi A, 2013. Hybridizing a multi-objective simulated annealing algorithm with a multi-objective evolutionary algorithm to solve a multi-objective project scheduling problem [J]. Expert Systems with Applications, 40(7): 2421-2434.

Yassine A A, 2004. An introduction to modeling and analyzing complex product development processes using the design structure matrix (DSM) method[J]. Quaderni di Management, 9: 72-88.

Yeo K T, 1993. Systems thinking and project management—Time to reunite[J]. International Journal of Project Management, 11(2): 111-117.

Yu L, Wang S Y, Wen F H, et al., 2012. Genetic algorithm-based multi-criteria project portfolio selection[J]. Annals of Operations Research, 197 (1): 71-86.

Zhang H, Li H, Tam C M, 2006. Particle swarm optimization for preemptive scheduling under break and resource-constraints[J]. Journal of Construction Engineering and Management, 132(3): 259-267.

Zhang H, Li X D, Li H, et al., 2005. Particle swarm optimization-based schemes for resource-constrained project scheduling [J]. Automation in Construction, 14(3): 393-404.

Zheng W B, He Z W, Wang N M, et al., 2018. Proactive and reactive resource-constrained max-NPV project scheduling with random activity duration[J]. Journal of the Operational Research Society, 69(1): 115-126.

Zheng X L, Wang L, 2015. A multi-agent optimization algorithm for resource constrained project scheduling problem[J]. Expert Systems with Applications, 42(15-16): 6039-6049.

Zhu D, Padman R, 1997. Connectionist approaches for solver selection in constrained project scheduling [J]. Annals of Operations Research, 72: 265-298.